RAPPORT

PRÉSENTÉ

AU CONSEIL GÉNÉRAL DE L'EURE

(SESSION D'AOUT 1891)

SUR

L'ASILE PUBLIC D'ALIÉNÉS D'ÉVREUX

PAR

Le Docteur DANIEL BRUNET

DIRECTEUR MÉDECIN EN CHEF DE CET ASILE

ÉVREUX

DE L'IMPRIMERIE DE ERNEST QUETTIER

Rue Chartraine, n° 37

—

1891

RAPPORT

DU DIRECTEUR MÉDECIN EN CHEF

Sur l'Asile public d'aliénés de l'Eure

POUR 1891

MONSIEUR LE PRÉFET,

J'ai l'honneur de vous adresser mon rapport annuel sur l'asile d'Evreux, que je vous prie de vouloir bien soumettre au Conseil général, à sa session d'août.

Ce rapport comprend :

1° Le compte médical de 1890;
2° Le compte administratif et moral de la même année;
3° Le budget supplémentaire de 1891;
4° Le budget primitif de 1892.

Compte médical de 1890.

Le 1er janvier 1890, l'asile contenait 866 aliénés. Le nombre des admissions ayant été de 111 pendant l'année, le total des malades traités s'est élevé à 977.

En 1889, ce chiffre avait été de 997 ; nous avons eu, par conséquent, une diminution de 20 aliénés.

La moyenne quotidienne, qui a été de 843, est inférieure de 31 malades à celles de 1889.

Le nombre des décès a été de 93 et celui des sorties de 49, total 142. Ce chiffre dépassant de 31 celui des admissions, le nombre des aliénés existant le 31 décembre n'était plus que de 835.

Les 866 aliénés présents au 1er janvier comprenaient 89 pensionnaires et 777 indigents de divers départements, dont 567 au compte de l'Eure.

Le tableau suivant indique la forme d'aliénation mentale dont ces malades étaient atteints :

	Hommes.	Femmes.	Total.
Folie simple	102	92	194
Paralysie générale	15	7	22
Démence et folie épileptiques	18	15	33
Démence consécutive aux diverses formes de folie	173	201	374
Démence sénile	1	3	4
Démence organique	3	»	3
Idiotie et imbécillité simple	104	99	203
Idiotie et imbécillité épileptiques	9	24	33
	425	441	866

Les 194 cas de folie simple présentaient seuls quelques chances de guérison, qui, pour la plupart d'entre eux, étaient bien faibles en raison de l'ancienneté de la maladie.

Sous le nom de démence organique, nous avons compris 3 malades dont l'intelligence s'était affaiblie à la suite d'anciens foyers hémorrhagiques de la substance cérébrale.

Admissions. — Nous avons reçu 60 indigents de l'Eure, 16 de divers départements et 35 pensionnaires.

Jamais le nombre des admissions n'avait été, depuis 1870, moins élevé que cette année, comme le montre le tableau suivant:

| | PENSIONNAIRES | | | INDIGENTS | | | | | | TOTAL des pensionnaires et des indigents | | TOTAL GÉNÉRAL |
| | | | | Eure | | | Autres départements et état | | | | | |
	H.	F.	TOTAL	H.	F.	TOTAL	H.	F.	TOTAL	H.	F.	
1870	23	21	44	46	43	89	215	95	310	284	159	443
1871	19	11	30	36	39	75	46	58	104	101	108	209
1872	19	25	44	44	42	86	24	33	57	87	100	187
1873	29	23	52	49	49	98	17	37	54	95	109	204
1874	18	25	43	66	39	105	5	[illegible]	7	89	66	155
1875	16	20	36	52	55	107	46		73	114	102	216
1876	28	23	51	67	33	100	27	[illegible]	46	122	75	197
1877	18	22	40	52	48	100	9		20	79	81	160
1878	28	22	50	56	50	106	13		21	97	80	177
1879	23	25	48	47	38	85	47	10	57	117	73	190
1880	23	33	56	49	43	92	15	1	16	87	77	164
1881	25	23	48	43	44	87	19	2	21	87	69	156
1882	24	19	43	31	36	67	29	4	33	84	59	143
1883	23	28	51	32	49	81	37	3	40	92	80	172
1884	16	20	36	35	41	76	22	3	25	73	64	137
1885	14	25	39	42	34	76	23	2	25	79	61	140
1886	22	23	45	39	23	62	9	3	12	70	49	119
1887	22	31	53	33	26	59	17	1	18	72	58	180
1888	31	17	48	30	37	67	18	38	56	79	92	171
1889	15	23	38	31	32	63	14	»	14	60	55	115
1890	20	15	35	32	28	60	15	1	16	67	44	111
Totaux.	456	474	930	912	829	1.741	667	358	1.025	2.035	1.661	3.696
MOYENNES depuis 21 ans.	22	22	44	43	40	83	32	17	49	97	79	176

La moyenne des admissions depuis 21 ans a été, pour les indigents de l'Eure, de 83 et pour les pensionnaires de 44, tandis que nous n'avons reçu en 1890 que 60 malades de la première catégorie et 35 de la seconde.

Les 111 malades admis en 1890 comprenaient : 72 admissions pour la première fois dans un asile, 11 rechutes, 14 réintégrations par suite de sortie avant guérison et 14 transfèrements d'autres établissements d'aliénés.

Les admissions, pour la première fois, présentaient 28 cas de folie simple, 10 de démence, 18 de paralysie générale, 7 de folie épileptique, 7 d'idiotie simple et 2 d'idiotie épileptique.

Des 11 aliénés qui ont rechuté, 10 rentraient pour la deuxième fois et une femme pour la troisième.

Parmi les 15 malades transférés de divers établissements d'aliénés, 8 venaient de Gaillon, 2 de Villejuif, 1 de Pont-l'Abbé, 2 de Saint-Yon et 1 d'Alençon.

Les aliénés transférés de Gaillon étaient placés à l'asile en attendant que leur domicile de secours fût reconnu; les 6 autres transférés appartenaient au département de l'Eure.

Les 39 aliénés rechutés, réintégrés ou transférés étaient atteints : 24 de folie simple, 2 de démence, 4 de paralysie générale, 4 de folie épileptique, 4 d'idiotie simple et 1 d'idiotie épileptique.

Parmi les aliénés admis pour la première fois, 35 étaient mariés, 8 veufs et 29 célibataires.

Le célibat prédispose plus à la folie que le mariage qui surexcite moins les instincts égoïstes et entraîne moins avec lui d'excès de diverse nature.

50 aliénés avaient reçu une instruction primaire, 6 une instruction plus élevée, 12 ne savaient ni lire ni écrire et 4 malades, atteints de paralysie générale, n'ont pu nous donner aucun renseignement sur leur instruction.

Le degré d'instruction ne paraît d'ailleurs exercer aucune influence sur la fréquence de l'aliénation mentale.

Les professions des aliénés et les époques mensuelles des admissions ne donnent lieu à aucune considération digne d'intérêt.

Les mois de janvier, mai, juin, juillet, août et décembre sont ceux où les admissions ont été le plus nombreuses, elles ont varié pendant ces mois de 7 à 11.

L'arrondissement d'Evreux a été, comme les années précédentes, celui qui a fourni le plus d'aliénés d'une manière absolue et relativement à sa population. 26 appartenaient à cet arrondissement, 35 aux quatre autres arrondissements et 11 étaient étrangers au département.

Sous le rapport de l'âge, nous avons reçu 6 enfants idiots âgés de 9 à 20 ans, 13 aliénés ayant de 20 à 30 ans, 16 de 30 à 40 ans, 21 de 40 à 50, 9 de 50 à 60, 6 de 60 à 70 et 1 vieillard atteint de démence sénile ayant 74 ans.

La période moyenne de la vie où la surexcitation cérébrale est la plus grande et les excès le plus nombreux, est celle qui compte le plus cas de folie.

Etiologie de l'aliénation mentale. — L'hérédité comme cause prédisposante, l'alcoolisme, la surexcitation des instincts égoïstes, les revers de fortune, les chagrins divers, comme causes occasionnelles, sont les principaux faits auxquels se rattache ordinairement l'aliénation mentale.

Ces différentes causes se combinent souvent entre elles, sans qu'on puisse toujours dire qu'elle est celle qui doit être considérée comme prédominante.

Nous avons signalé vingt fois des excès alcooliques chez les malades admis pour la première fois, ce qui prouve combien ces excès sont fréquents dans l'Eure.

2 malades atteints de paralysie générale avaient eu la syphilis, mais rien ne prouve que cette dernière affection ait été la cause de la première.

Une femme ayant contracté la syphilis avec un nourrisson, il y a 18 ans, est morte au bout de 18 mois, de péricérébrite chronique, dont les lésions cérébrales étaient très-considérables et très-nombreuses ; mais cette femme avait des antécédents héréditaires très-accusés : sa mère avait succombé à une paralysie et sa fille était morte folle et choréïque à l'âge de 18 ans, sans avoir atteint un développement physique normal, et l'on peut attribuer plutôt à l'hérédité qu'à la syphilis, la paralysie générale que cette femme a présentée.

Un homme âgé de 50 ans, ayant occupé une profession libérale, a été atteint d'une forme anormale de paralysie générale qu'on a cherché aussi à rattacher à la syphilis qu'il avait eue longtemps auparavant. Ce point étiologique est également loin d'être prouvé; en effet, cet homme avait surmené beaucoup son cerveau en déployant pour ses affaires une très-grande activité et l'on sait que le surmenage cérébral est la cause la plus fréquente de la péricérébrite chronique. Voici, du reste, le résumé de cette observation.

La maladie, qui a duré 8 ans, a présenté de nombreuses rémissions; elle a été caractérisée par des idées dépressives et des troubles de la motilité beaucoup plus marqués que ceux de l'intelligence.

La mort est survenue à la suite d'un affaiblissement progressif et des eschares au sacrum.

L'inflammation cérébrale qui avait déterminé la paralysie générale avait été très-peu intense et n'avait produit qu'une atrophie des circonvolutions cérébrales de la région sylvienne, avec épaississement considérable des membranes viscérales de cette région sans aucune adhérence à la substance corticale, ce qui est une exception excessivement rare dans cette maladie.

Nous croyons qu'on a exagéré beaucoup l'importance étiologique de la syphilis dans la production de la paralysie générale.

Sorties. — 17 aliénés sont sortis guéris, 16 améliorés, 11 ont été transférés dans les asiles des départements où

— 9 —

ils avaient droit à leur domicile de secours, 4 ont été réclamés par les familles et 1 s'est évadé.

Les 17 aliénés guéris étaient tous atteints de folie simple et leur guérison a été obtenue pendant la première année de leur séjour à l'asile.

Le tableau suivant indique le genre de folies des malades sortis en 1890.

| | FOLIE simple | | PARALYSIE générale | | DÉMENCE | | | | IDIOTIE | | | | TOTAL | | |
| | | | | | simple | | épileptique | | simple | | épileptique | | | | |
	H.	F.	H.	F.	H.	F.	H.	F.	H.	F.	H.	F.	H.	F.	2 s.
Guérisons	14	2	»	»	1	»	»	»	»	»	»	»	15	2	17
Améliorations	2	4	»	1	1	1	2	1	2	2	»	»	7	9	16
Évasions	»	»	»	»	»	»	»	»	»	»	1	»	1	»	1
Transfèrements dans un autre asile	5	»	1	»	2	»	1	»	1	1	»	»	10	1	11
Demande des familles, etc..	2	»	»	2	»	»	»	»	»	»	»	»	2	2	4
Totaux	23	6	1	3	4	1	3	1	3	3	1	»	35	14	49

Décès. — La mortalité a été de 9.37 % par rapport au nombre d'aliénés traités, et de 11.03 par rapport à la population moyenne.

Pendant la période décennale précédente, de 1880 à 1889, la mortalité n'avait été, dans le premier cas, que de 6.83 et dans le second que de 7.99.

Cette augmentation de la mortalité en 1890 est due à l'épidémie d'influenza qui a sévi avec beaucoup d'intensité à l'asile, surtout pendant le premier trimestre et dont tous les aliénés et tout le personnel ont subi plus ou moins les atteintes.

CAUSES DES DÉCÈS.	1er Trimestre		2e Trimestre		3e Trimestre		4e Trimestre		TOTAL		
	H.	F.	H.	F.	H.	F.	H.	F.	H.	F.	2 s.
Paralysie générale	2	2	3	»	2	»	4	»	11	2	13
Hémorrhagie cérébrale	»	»	1	»	»	»	1	1	2	1	3
Ramollissement cérébral	1	»	»	»	»	1	»	»	1	1	2
Anciens foyers du cerveau	»	»	»	1	1	2	2	1	3	4	7
Hydrocéphalie	»	»	»	»	1	»	»	»	1	»	1
Attaques d'épilepsie	2	»	»	1	1	»	»	»	3	1	4
Nécrose des os du crâne et tuberculose	»	»	»	»	»	»	1	»	1	»	1
Erysipèle	»	»	»	»	»	1	»	»	»	1	1
Scarlatine	»	»	»	3	»	»	»	»	»	3	3
Congestion pulmonaire	2	1	»	»	»	»	»	1	2	2	4
Bronchite	»	2	»	»	»	»	»	1	»	3	3
Pneumonie	4	5	1	»	»	»	1	»	6	5	11
Broncho-pneumonie	3	2	»	»	»	»	»	»	3	2	5
Pleurésie	»	1	»	»	»	1	»	»	»	2	2
Pleuro-pneumonie	»	»	1	»	»	»	1	»	2	»	2
Phtisie pulmonaire	2	2	»	»	»	»	»	1	2	3	5
Affection du cœur	»	3	»	»	1	1	»	»	1	4	5
Néphrite albumineuse	2	1	»	»	»	»	»	»	2	1	3
— calculeuse	»	»	»	»	»	»	»	1	»	1	1
Entérite chronique	»	1	»	1	»	»	»	»	»	2	2
Dyssenterie	3	1	»	»	»	2	»	»	3	3	6
Abcès périrénal	»	»	»	»	»	1	»	»	»	1	1
Sénilité	1	1	1	»	1	1	»	2	3	4	7
Suicide	»	»	»	»	»	1	»	»	»	1	1
Totaux { par sexe	22	22	7	6	7	11	10	8	46	47	93
Totaux { par trimestre	44		13		18		18				

La mortalité a été considérable surtout le 1er trimestre, pendant lequel 44 malades sont décédés par suite d'affections diverses provoquées ou aggravées par l'influenza.

11 hommes et 2 femmes atteints de paralysie générale ont succombé à cette maladie, après s'être affaiblis progressivement et sans avoir présenté d'affections intercurrentes.

L'étiologie est restée douteuse dans tous ces cas faute de renseignements suffisamment précis.

On nous avait signalé 6 fois des excès alcooliques, 3 fois la syphilis, 2 fois des antécédents héréditaires, et dans presque tous les cas des peines morales, qui nous paraissent être le facteur le plus important dans la production de la paralysie générale.

Nous n'avons pu pratiquer l'autopsie que sur 9 hommes ; 8 ont présenté les lésions bien nettes de la péricérébrite chronique, des adhérences des membranes viscérales à la substance corticale du cerveau, tandis que chez l'autre, dont nous avons résumé plus haut l'observation, nous n'avons trouvé que de l'atrophie des circonvolutions.

Le cerveau était atrophié dans 5 cas et l'atrophie prédominait dans 3 cas sur l'hémisphère gauche.

Les adhérences des membranes viscérales étaient plus marquées sur l'hémisphère où prédominait l'atrophie.

Dans ces 5 cas le poids de l'encéphale variait de 1,061 à 1,182 grammes.

La péricérébrite était plus marquée à la région sylvienne que sur les autres régions ; elle n'atteignait que dans un cas, et sur l'hémisphère gauche seulement, la région occipitale.

Les granulations de l'épendyme du ventricule manquaient 3 fois ; dans les 6 autres cas, elles n'étaient bien marquées que 4 fois.

Nous n'avons trouvé que 3 fois des néomembranes de l'arachnoïde pariétale.

2 hommes et 1 femme sont morts d'hémorrhagie cérébrale. L'épanchement sanguin s'était produit dans la capsule interne deux fois à gauche et une fois à droite. Il avait fait irruption dans les ventricules latéraux.

La femme présentait une manie chronique et des 2 hommes, l'un était atteint de démence, suite de délire chronique, et l'autre d'intoxication alcoolique.

L'autopsie des deux aliénés morts de ramollissement cérébral n'a pas été faite.

Anciens foyers du cerveau (7). — 1re *Observation.* — Homme de 64 ans, atteint d'hémiplégie gauche, idées de graudeur et de persécution.

Pòids de l'encéphale 1,099 grammes. 2 anciens foyers hémorrhagiques du côté droit, l'un occupant la plus grande partie du corps strié et l'autre la pariétale inférieure et le tiers antérieur de l'occipitale moyenne.

2e *Obs.* — Homme de 42 ans atteiut de démence avec embarras considérable de la parole et chorée intense de toutes les parties du corps. Poids de l'encéphale 1,103 grammes. Néomembrane épaisse de l'arachnoïde pariétale au niveau du cerveau. Anciens foyers hémorrhagiques occupant, à droite, la partie antérieure des 3 frontales et la corne sphénoïdale; à gauche, l'extrémité antérieure des 1re et 2e frontales.

3e *Obs.* — Homme de 76 ans. Mégalomanie incohérente, paralysie des 4 membres prédominant sur les inférieurs. Pas d'autopsie.

4e *Obs.* — Femme de 81 ans. Démence, agitation. Hémiplégie gauche. Encéphale 1,205 grammes. Ancien foyer hémorrhagique ayant détruit la pariétale supérieure, le tiers antérieur de l'occipitale moyenne et la substance blanche sous-jacente. Le foyer pénétrait daus la corne occipitale du ventricule latéral.

5e *Obs.* — Femme de 32 ans. Alcoolisme, syphilis, misère. Démence avec paralysie des quatre membres, de la face, de la langue, du pharynx. Encéphale 1,227 grammes. Anciens foyers bistrés des deux corps striés. Le droit était plus considérable que le gauche.

6ᵉ *Obs.* — Femme de 68 ans. Délire chronique, ancien petit foyer hémorrhagique de la couche optique gauche. Encéphale 1,102 grammes.

7ᵉ *Obs.* — Femme de 44 ans. Démence, hémiplégie droite. Embarras de la parole, inégalité pupillaire. Emotivité très-grande. Vaste foyer ischémique de l'hémisphère gauche, occupant presque tout cet hémisphère, s'étendant depuis le ventricule latéral jusqu'à la substance corticale et depuis le sommet du lobe antérieur jusqu'au lobe postérieur.

Hydrocéphalie. — Homme de 43 ans. Hydrocéphalie congénitale. Imbécillité, irritabilité. Accès épileptiformes. Ventricules très-dilatés contenant de la sérosité transpareute. Encéphale 1,500 grammes sans ses membranes.

Attaques épileptiques. — 1ʳᵉ *Observation.* Homme de 36 ans, épileptique depuis l'âge de 15 ans, succombe à une série d'attaques épileptiques. Encéphale 1,504 grammes.

Les saillies des fosses orbitaires et surtout sphénoïdales étaient plus prononcées qu'à l'état normal.

2ᵉ *Obs.* — Homme de 36 ans. Démence épileptique. Mort à la suite d'une série nombreuse d'attaques convulsives.

3ᵉ *Obs.* — Homme de 22 ans. Manie épileptique. Mort à la suite d'une série d'attaques.

4ᵉ *Obs.* — Jeune fille de 18 ans, atteinte d'idiotie épileptique. Atrophie et contracture des membres inférieurs prédominant à gauche. Morte à la suite d'une série d'attaques.

Nécrose des os du crâne et tuberculose. — Jeune homme de 22 ans, épileptique depuis 8 ans à la suite d'une chute d'un lieu élevé. Manie intense. Mort de tuberculose des ganglions bronchiques mésentériques et du rein gauche ; nécrose de la partie moyenne et latérale droite du frontal dans une étendue de 0ᵐ 04 carrés environ, produite par une ancienne brûlure avant son entrée à l'asile. Encéphale 1,424 grammes. Les os du crâne sont très-denses et les sutures de la voûte presque complètement ossifiées. Circonvolutions cérébrales très-nombreuses, très-flexueuses mais petites, surtout à la région occipitale. Substance corticale du cerveau pâle, moins épaisse qu'à l'état normal.

Erysipèle. — A la fin de janvier, à la suite d'un violent coriza, j'ai été pris d'un érysipèle de la face et du cuir chevelu. Une infirmière et 5 malades ont été atteints de la même forme d'érysipèle.

Une jeune idiote âgée de 10 ans a succombé à cette affection qui avait envahi la région dorsale. Poids de l'encéphale 1,001 grammes. Os du crâne minces, sutures non ossifiées. Membranes viscérales très-injectées adhérentes à la substance corticale, d'une teinte beaucoup plus foncée que la teinte normale.

Scarlatine. — Le commis de la direction et 10 aliénées ont été atteints de la scarlatine; 3 d'entre elles sont mortes de cette affection.

Affections des voies respiratoires. — 4 malades ont succombé à la congestion pulmonaire, 3 à la bronchite aiguë, 5 à la broncho-pneumonie, 11 à la pneumonie, 2 à la pleurésie, 2 à la pleuro-pneumonie.

Ce sont surtout ces affections qui ont causé la mortalité de l'influenza.

Phtisie pulmonaire (5). — Un homme atteint d'un commencement de péricérébrite était malade de cette affection lorsqu'il est entré à l'asile où il n'est resté que trois mois.

A l'autopsie, la péricérébrite s'est traduite par de très-légères adhérences sur les lobes frontaux. Les 4 autres aliénés paraissent avoir contracté cette maladie à l'établissement, qui d'ailleurs y est assez rare : 1 était atteint de mégalomanie, 2 de lypémanie et 1 de démence.

Maladies du cœur. — 5 aliénés ont succombé à ces affections : l'homme était atteint de démence et les 4 femmes du délire des persécutions.

Une de ces femmes, la nommée B..., entrée à Sainte-Anne le 25 janvier 1875, transférée à Eveux le 18 mai 1875, âgée à sa mort de 71 ans, a présenté une phtisie pulmonaire. guérie. Nous avons trouvé au sommet du poumon gauche un tissu induré parsemé de petits points crétacés, et dans le poumon droit une vaste caverne, pouvant contenir un gros œuf de poule, dont les parois étaient indurées et noirâtres, sans qu'il y eût dans ce poumon aucune trace de tubercules.

3 malades sont morts de néphrite interstitielle compliquée d'affection cardiaque, 1 de néphrite calculeuse du rein gauche avec hypertrophie du rein droit, 8 d'entérite simple ou ulcéreuse.

Une démente a succombé à un abcès de la région lombaire du côté gauche, qui avait pris naissance dans le tissu cellulo-adipeux qui enveloppe le rein de ce côté.

7 aliénés sont morts de sénilité ; 6 étaient âgés de 71

à 74 ans, 1 de 77 ans et 1 de 81 ans; 2 de ces vieillards étaient à l'asile depuis 22 ans et 1 depuis 24 ans.

Une malade, atteinte du délire des persécutions, est parvenue à se suicider. Elle s'est pendue à une solive de la galerie de son préau avec deux mouchoirs qu'elle avait attachés l'un à l'autre. Elle s'était glissée derrière la porte et la sœur, qui s'aperçut presque immédiatement de sa disparition, s'empressa de la rechercher et de couper les mouchoirs qu'elle s'était passés autour du cou. La mort avait été presque instantanée, ayant été produite par une action réflexe sur les centres nerveux. En effet, on ne trouva pas de sillon parcheminé autour du cou, pas de signes d'asphyxie des organes de la cavité thoracique et abdominale. L'encéphale était légèrement congestionné.

Les 93 aliénés qui ont succombé aux causes que nous venons d'examiner étaient atteints : 14 de paralysie générale, 13 de folie simple, 44 de démence, 13 d'idiotie et 9 d'épilepsie compliquée de démence ou d'idiotie.

Traitement de l'aliénation mentale. — Ce traitement ayant été indiqué assez longuement dans nos précédents rapports, et n'ayant pas subi en 1890 de modifications importantes, nous croyons inutile d'y revenir cette année.

Les sorties par essai auxquelles nous avons eu toujours recours depuis 32 ans que nous sommes chef de service, ont continué à nous donner de très-bons résultats, et nous croyons que souvent la convalescence des malades s'achève mieux au sein des familles qu'au milieu des aliénés.

Hypnotisme. — On appelle hypnotisme l'hypnotisation et l'hypnose.

L'hypnotisation comprend les procédés employés pour produire l'hypnose, qui est un état de sommeil spécial.

Nous avons eu recours à l'hypnotisation chez 3 femmes hystériques dont l'état cérébral a été très-amélioré par ce moyen thérapeutique très-propre à calmer l'irritation du système nerveux.

L'hypnose a été produite de la même manière chez nos 3 malades par la suggestion aidée de la pression des globes oculaires. Le temps nécessaire pour la déterminer a varié de quelques secondes à quelques minutes.

Le réveil est obtenu par la suggestion seule ou aidée de l'insufflation sur les globes oculaires. Il ne s'accompagne pas de phénomènes morbides, à la condition de bien recommander aux malades de n'en avoir aucun; sans cette suggestion elles éprouvent souvent une violente céphalalgie, de l'hébétude ou de l'agitation, de l'inappétence, de la gastralgie, etc.

Le sommeil hypnotique nous a toujours présenté les mêmes phénomènes consistant dans l'occlusion des paupières, l'insensibilité de toutes les parties du corps, la perte complète du souvenir de tout ce qui s'est passé pendant ce sommeil. Les malades répondent à toutes les questions qu'on leur adresse, avec plus ou moins de lenteur, suivant que le sommeil est plus ou moins profond, satisfont à tous leurs besoins, obéissent à tout ce qu'on leur commande, et les fonctions nutritives s'exécutent mieux que pendant la veille. Les membres ne présentent jamais de contracture, ils conservent quelque temps la position qu'on leur donne, mais restent flasques et l'on ne constate aucune excitation musculaire.

Nous n'avons jamais pu obtenir les trois périodes léthargique, cataleptique et somnambulique qu'on observe chez les malades de la Salpêtrière.

Le sommeil hypnotique est maintenu de quelques secondes à trois jours, suivant la ténacité plus ou moins grande des symptômes que nous voulons faire disparaître.

La nommée O..., née le 19 février 1869, est entrée à l'asile en mai 1888, pour des crises d'hystéro-épilepsie datant de 7 mois, revenant depuis quelque temps tous les jours et étant d'une extrême violence. Elles avaient résisté aux traitements les plus variés qu'on avait employés pour les combattre. Pas d'antécédents héréditaires; bonne conformation physique; menstruation irrégulière; affaiblissement général tenant à ce que, depuis quarante jours, elle n'a pris presque aucun aliment.

Elle a été vivement peinée de la ruine de ses parents, qui l'a forcée d'apprendre un état manuel pour vivre, et on attribue sa maladie à cette cause. Analgésie du côté gauche, coxalgie du même côté. Douleur très-vive au niveau des ovaires pour laquelle ou a appliqué des cautères, sans aucun succès.

Les quatre périodes de l'hystéro-épilepsie sont très-marquées chez cette jeune fille, et leur durée est d'au moins une heure. La période des mouvements de clonisme est très-intense : il faut cinq personnes pour la maintenir dans son lit et l'empêcher de se faire du mal. Elle pousse des aboiements, décrit des mouvements en arc de cercle très-étendus, cherche à mordre les personnes qui sont près d'elle, se débat en tous sens, se frappe la tête, etc.

La compression des ovaires n'a aucune influence sur ses attaques, tandis que celle des globes oculaires les arrête immédiatement.

L'hydrothérapie employée pendant les trois premiers mois de son séjour à l'asile a diminué la fréquence de ses attaques, qui sont restées aussi violentes.

A partir du mois d'août, nous avons eu recours exclusivement à l'hypnotisme qui a fait disparaître complétement sa coxalgie et a rendu très-rares et très-faibles ses attaques convulsives.

Elle est sortie très-améliorée le 28 janvier 1890 et son amélioration a persisté dans sa famille.

En l'hypnotisant seulement tous les quinze jours, nous étions parvenu à suspendre pendant plusieurs mois les attaques qui revenaient quand on cessait complètement d'avoir recours à l'hypnose.

La nommée L..., née le 18 mars 1853, ayant des attaques hystériques très-rares mais bien caractérisées, a été transférée de la Salpétrière à l'asile, en décembre 1888.

Elle est atteinte d'accès de stupeur intermittents, revenant sous l'influence d'hallucinations terrifiantes pendant lesquelles elle cherche à attenter à ses jours et refuse de prendre presque aucune nourriture. Ces accès se produisent surtout au moment de la menstruation et duraient autrefois assez longtemps, tandis que l'hypnose, d'une durée de douze ou vingt-quatre heures, suffit ordinairement pour les faire disparaître.

La nommée O..., née le 26 janvier 1872, est entrée à l'asile en août 1887, pour des crises qu'on a rattachées à l'épilepsie et qui nous paraissent être de nature hystérique.

Elles ont débuté à l'âge de 9 ans et consistent dans des mouvements tumultueux très-intenses avec perte de connaissance ; elle n'a pas d'écume à la bouche ni de stertor. Elles sont suivies souvent d'agitation.

Un de ses oncles et son frère étaient épileptiques, et celui-ci est mort à l'asile en 1890.

Ses crises sont excessivement fréquentes. Du mois d'octobre 1887 à la fin de septembre de l'année suivante, nous en avons compté 3,110.

Nous avons commencé à l'hypnotiser en octobre 1888, et ses attaques sont alors devenues très-rares ; elle n'en a eu que quelques-unes en 1889 et 1890, et elle n'en a pas eu une seule depuis le 12 janvier 1891 jusqu'au 25 juin de cette année.

L'hypnose, d'abord très-difficile à obtenir, est devenue, au bout de quelque temps d'une facilité extrême, et, le plus souvent, il suffit de lui dire de dormir pour qu'elle s'endorme immédiatement.

Nous n'avons pu parvenir à hypnotiser les aliénés qui n'étaient pas hystériques, parce qu'ils se refusent de se prêter à la suggestion, qui joue le principal rôle dans la production de l'hypnose.

Promenades et distractions. — Comme les années précédentes, les malades tranquilles continuent à aller en promenade tous les dimanches et jours fériés, et, une dizaine de fois par an, ils emploient une partie de leur pécule à déjeuner ou goûter à la campagne, à assister à des représentations théâtrales, soit à l'asile, soit à Évreux, au moment de la foire Saint-Taurin.

La fanfare qui a été réorganisée depuis deux ans, fonctionne d'une manière satisfaisante, malgré les éléments peu favorables dont nous disposons.

Nous avons très-peu d'hommes aliénés présentant quelque aptitude pour l'art musical.

Notre asile continue à recevoir les criminels devenus aliénés qui sont traités à Gaillon, quand, à l'expiration de leur peine, leur domicile de secours n'a pas été reconnu. La promiscuité de ces individus avec les aliénés ordinaires est fâcheuse à tous égards, et, il serait à désirer, comme l'a demandé plusieurs fois la commission de surveillance, qu'on recherchât le domicile de secours de ces aliénés criminels, dès leur entrée à Gaillon, pour qu'ils fussent tranférés directement dans les départements et les pays étrangers auxquels ils appartiennent, sans passer par notre établissement.

Les aliénés criminels présentent, pour la plupart, une grande perversion morale jointe à des troubles intellectuels souvent peu accusés, et il serait à désirer que l'on créât, pour eux, des asiles spéciaux, comme l'a demandé si justement le Sénat.

Nous persistons à penser que du moment que les troubles moraux prédominent sur ceux de l'intelligence, et que ces individus ont commis des actes crimiuels, ils ne doivent pas être placés daus les asiles ordinaires qui doivent de plus en plus se rapprocher des hôpitaux-hospices et s'écarter des maisons de détention.

Le tableau suivant résume le mouvement de la population dans tous ses détails :

MOUVEMENT DE LA POPULATION en 1890.

INDIGENTS / MINISTÈRES etc. / TOTAL des indigents

MOUVEMENT DE LA POPULATION en 1890.	Eure H	Eure F	Seine H	Seine F	Seine-et-Oise H	Seine-et-Oise F	Autres départements H	Autres départements F	Guerre H	Intérieur H	Justice H	Nationalité étr.	Total des indigents H	Total des indigents F
Existant le 31 décembre 1889	281	286	87	90	15	9	2	»	1	5	»	1	392	385
(Entrés) Admis pour la première fois	24	18	»	»	»	»	1	1	1	2	1	»	29	19
(Entrés) Rechutés	2	6	»	»	»	»	»	»	»	»	»	»	2	6
(Entrés) Réintégrés par suite de sortie avant guérison	4	»	»	»	»	»	1	»	»	»	1	»	6	»
(Entrés) Transférés d'un autre asile	2	4	2	»	»	»	4	»	»	2	»	»	10	4
Total des aliénés entrés	32	28	2	»	»	»	6	1	1	4	2	»	47	29
Total des aliénés traités	313	314	89	90	15	9	8	1	2	9	2	1	439	414
(Mutations de classe) 1 indigent du ministère de l'intérieur passé aux autres départements	»	»	»	»	»	»	1	»	»	»	»	»	1	»
(10 pensionnaires de 4e classe passés) 7 à l'Eure	2	5	»	»	»	»	»	»	»	»	»	»	2	5
1 à Seine-et-Oise	»	»	»	»	»	1	»	»	»	»	»	»	»	1
1 aux autres départements	»	»	»	»	»	»	»	1	»	»	»	»	»	1
1 aux pensionnaires de 3e classe	»	»	»	»	»	»	»	»	»	»	»	»	»	»
(4 Pensionnaires de 3e classe passés) 1 à l'Eure	1	»	»	»	»	»	»	»	»	»	»	»	1	»
3 aux pensionnaires de 4e classe	»	»	»	»	»	»	»	»	»	»	»	»	»	»
Total des mutations de classe	3	5	»	»	»	1	1	1	»	»	»	»	4	7
Total des aliénés traités et des mutations de cl.	316	319	89	90	15	10	9	2	2	9	2	1	443	421
(Sortis) Guéris	7	1	»	»	»	»	1	»	1	»	»	»	9	1
(Sortis) Améliorés	1	2	»	1	»	»	»	»	»	1	»	»	2	3
(Sortis) Évadés	»	»	»	»	»	»	»	»	»	»	1	»	1	»
(Sortis) Transférés	»	»	3	»	1	»	6	1	»	»	»	»	10	1
(Sortis) Réclamés par leurs familles, etc.	»	»	»	»	»	»	»	»	»	»	»	»	»	»
Total des aliénés sortis	8	3	3	1	1	»	7	1	1	1	1	»	22	5
Décédés	29	30	6	12	1	1	1	»	1	»	»	1	39	43
Total des sortis et des décédés	37	33	9	13	2	1	8	1	2	1	1	1	61	48
(Mutations de classe) 1 indigent du ministère de l'intérieur passé aux autres départements	»	»	»	»	»	»	»	»	»	1	»	»	1	»
(10 pensionnaires de 4e classe passés) 7 à l'Eure	»	»	»	»	»	»	»	»	»	»	»	»	»	»
1 à la Seine-et-Oise	»	»	»	»	»	»	»	»	»	»	»	»	»	»
1 aux autres départements	»	»	»	»	»	»	»	»	»	»	»	»	»	»
1 aux pensionnaires de 3e classe	»	»	»	»	»	»	»	»	»	»	»	»	»	»
(4 pensionnaires de 3e classe passés) 1 à l'Eure	»	»	»	»	»	»	»	»	»	»	»	»	»	»
3 aux pensionnaires de 4e classe	»	»	»	»	»	»	»	»	»	»	»	»	»	»
Total des mutations de classe	»	»	»	»	»	»	»	»	»	1	»	»	1	»
Total des sorties décès et mutations de classe	37	33	9	13	2	1	8	1	2	2	1	1	62	48

PENSIONNAIRES / TOTAL des pensionnaires et des indigents / TOTAL GÉNÉRAL

MOUVEMENT DE LA POPULATION en 1890.	1re cl. H	1re cl. F	2e cl. H	2e cl. F	3e cl. H	3e cl. F	4e cl. H	4e cl. F	Total des pensionnaires H	Total des pensionnaires F	Total des pensionnaires et des indigents H	Total des pensionnaires et des indigents F	TOTAL GÉNÉRAL
Existant le 31 décembre 1889	2	1	»	8	9	9	22	38	33	56	425	441	866
(Entrés) Admis pour la première fois	»	»	1	»	1	3	12	7	14	10	43	29	72
(Entrés) Rechutés	»	»	»	»	»	»	3	»	3	»	5	6	11
(Entrés) Réintégrés par suite de sortie avant guérison	»	»	»	2	1	»	2	3	3	5	9	5	14
(Entrés) Transférés d'un autre asile	»	»	»	»	»	»	»	»	»	»	10	4	14
Total des aliénés entrés	»	»	1	2	2	3	17	10	20	15	67	44	111
Total des aliénés traités	2	1	1	10	11	12	39	48	53	71	492	485	977
(Mutations de classe) 1 indigent du ministère de l'intérieur passé aux autres départements	»	»	»	»	»	»	»	»	»	»	1	»	1
(10 pensionnaires de 4e classe passés) 7 à l'Eure	»	»	»	»	»	»	»	»	»	»	2	5	7
1 à Seine-et-Oise	»	»	»	»	»	»	»	»	»	»	»	1	1
1 aux autres départements	»	»	»	»	»	»	»	»	»	»	»	1	1
1 aux pensionnaires de 3e classe	»	»	»	»	1	»	»	»	1	»	1	»	1
(4 Pensionnaires de 3e classe passés) 1 à l'Eure	»	»	»	»	»	»	»	»	»	»	1	»	1
3 aux pensionnaires de 4e classe	»	»	»	»	»	»	2	1	2	1	2	1	3
Total des mutations de classe	»	»	»	»	1	»	2	1	3	1	7	8	15
Total des aliénés traités et des mutations de cl.	2	1	1	10	12	12	41	49	56	72	499	493	992
(Sortis) Guéris	»	»	»	»	2	»	4	1	6	1	15	2	17
(Sortis) Améliorés	»	»	»	»	2	1	3	5	5	6	7	9	16
(Sortis) Évadés	»	»	»	»	»	»	»	»	»	»	1	»	1
(Sortis) Transférés	»	»	»	»	»	»	»	»	»	»	10	1	11
(Sortis) Réclamés par leurs familles, etc.	»	»	»	»	»	»	2	2	2	2	2	2	4
Total des aliénés sortis	»	»	»	»	4	1	9	8	13	9	35	14	49
Décédés	»	1	1	3	»	»	6	»	7	4	46	47	93
Total des sortis et des décédés	»	1	1	3	4	1	15	8	20	13	81	61	142
(Mutations de classe) 1 indigent du ministère de l'intérieur passé aux autres départements	»	»	»	»	»	»	»	»	»	»	1	»	1
(10 pensionnaires de 4e classe passés) 7 à l'Eure	»	»	»	»	»	»	2	5	2	5	2	5	7
1 à la Seine-et-Oise	»	»	»	»	»	»	»	1	»	1	»	1	1
1 aux autres départements	»	»	»	»	»	»	»	1	»	1	»	1	1
1 aux pensionnaires de 3e classe	»	»	»	»	»	»	1	»	1	»	1	»	1
(4 pensionnaires de 3e classe passés) 1 à l'Eure	»	»	»	»	1	»	»	»	1	»	1	»	1
3 aux pensionnaires de 4e classe	»	»	»	»	2	1	»	»	2	1	2	1	3
Total des mutations de classe	»	»	»	»	3	1	3	7	6	8	7	8	15
Total des sorties décès et mutations de classe	»	1	1	3	7	2	18	15	26	21	88	69	157

Compte administratif.

RECETTES

CHAPITRE 1ᵉʳ. — RECETTES ORDINAIRES

Section Iʳᵉ. — Recettes en argent.

Article 1ᵉʳ. — Intérêts de fonds placés au
Trésor............................. 1,870 66
D'après une circulaire ministérielle, en date du
2 décembre 1889, les fonds provenant du compte
« pécule » sont placés au Trésor avec ceux du compte
« Asile » depuis le mois de janvier 1890, et les intérêts
produits par ces fonds réunis se sont élevés à 1,508 fr. 30 c.

Les sommes appartenant au compte « dépôt, » restent
placés à la Caisse des dépôts et consignations et leurs
intérêts, qui sont attribués à l'asile, ont produit
371 fr. 36 c.

Art. 2. — Aliénés de l'Eure............ 259,904 70
Art. 3. — Aliénés au compte de l'Etat.. 3,265 60
Art. 4. — Aliénés de la Seine......... 79,995 95
Art. 5. — Aliénés des autres départe-
ments et des pays étrangers............. 14,064 »

Total.............. 357,230 25

Les recettes de ces quatre catégories d'indigents
s'étaient élevées, en 1889, à 369,625 fr. 30 c.

Art. 6. — Pensionnaires de 1ʳᵉ classe... 5,021 70
Art. 7. — Pensionnaires de 2ᵉ classe.... 11,084 »
Art. 8. — Pensionnaires de 3ᵉ classe.... 16,387 80
Art. 9. — Pensionnaires de 4ᵉ classe.... 31,802 85
Art. 10. — Domestiques particuliers.... 821 25

Total.............. 65,117 60

Les recettes des pensionnaires ont été :

En 1888, de............................ 67,556 75

En 1889, de............................ 68,936 85

Art. 11. — Vente d'os et objets hors de
service.................................. 1,200 52

La vente d'os s'est élevée à 297 fr. 81 c., celle des
chiffons à 554 fr. 37 c., celle de 2 chevaux hors de service
à 198 fr., et celle de différents autres objets à 150 fr. 34 c.

Art. 12. — Vente de produits excédant les besoins de
l'asile 2,663 65

La vente de 8 veaux a produit 321 fr. 25 c., celle de
22 porcs gras 2,313 fr., et celle de 147 peaux de lapins
29 fr. 40 c.

Art. 13. — Recettes accidentelles...... 13,376 98

Cette somme comprend le détail suivant :

Cuirs provenant de l'abattoir........... 3,858 06

Suifs   id. 1,664 75

Braise de la boulangerie............... 180 25

Chaussures fournies au personnel et aux
aliénés.................................. 443 20

Vin fourni au personnel et aux aliénés.. 2,232 57

Cidre et pommes fournies au personnel.. 90 90

Chocolat fourni aux aliénés............ 792 93

Café   id. 708 75

Lait   id. 16 60

Régimes supplémentaires divers........ 646 04

Loyer du 9 mars au 25 décembre de
2 maisons de la propriété Fouché, acquises
par l'asile............................... 159 44

Remboursement de dommage causé par
un incendie du séchoir à air chaud........ 888 »

Pécule des aliénés décédés en 1890..... 1,318 22

Inhumations de pensionnaires .... 314 »

Fournitures diverses 63 27

Total............... 13,376 98

Art. 14. — Remboursement par les familles de dépenses hors pension   »   »

Il n'a été fait aucune avance aux familles en dehors des prix de pension, et les diverses fournitures faites aux pensionnaires ont été payées sur le compte « dépôt. »

Art. 15.—Frais de transfèrement d'aliénés.   299 80

Art. 16. — Trop perçu pour mois payés d'avance..............................   158 60

Mêmes sommes portées en dépenses.

Le total des recettes en argent se monte à 441,927 fr. 06 c.

En 1888, il avait été de 442,822 fr. 30 c., et en 1889 de 455,840 fr. 06 c., chiffre qui n'avait pas encore été atteint.

Section II. — *Revenus en nature et produit du travail des aliénés.*

Art. 17.—Revenus en nature consommés.   71,215 69

Ces revenus sont supérieurs de 1,013 fr. 58 c. à ceux de 1889. Cette augmentation porte principalement sur le porc frais et sur les légumes, dont la récolte a été assez abondante, malgré la perte éprouvée au jardin par suite des fortes gelées d'automne.

Les revenus en nature se rapportent aux crédits suivants :

Viande ....   26,103 »

Porc frais 25,719 fr., poulets 183 fr., lapins 282 fr., canards 9 fr.

Vin et pommes......................   120 20

Pommes à cidre 120 fr. 20 c.

Comestibles ....,   34,007 64

Lait 6,039 fr. 80 c., œufs 456 fr. 90 c., asperges 711 fr. 40 c., artichauts 1,034 fr. 30 c., choux 8,067 fr., carottes 904 fr., haricots verts 1,124 fr. 20 c., melons

1,282 fr. 60 c., navets 497 fr. 60 c., oignons 374 fr. 70 c., petits pois 454 fr. 60 c., pommes de terre 6,105 fr. 64 c., poireaux 457 fr., salade 4,750 fr. 60 c., légumes divers et fruits 1,747 fr. 30 c.

Chauffage 337 bourrées, ensemble	71	10
Culture	4,800	»
Fumier 1,200 mètres à 4 fr.		
Fourrage et litière	6,023	75

Avoine 2,321 fr., betteraves 407 fr., carottes 222 fr. 50 c., foin 2,284 fr. 75 c., paille d'avoine 382 fr. 50 c., pommes de terre 20 fr., orge 324 fr., paille d'orge 32 fr., fanes 30 fr.

Pour avoir le bénéfice net de l'exploitation agricole et maraîchère, il faut ajouter aux produits consommés s'élevant à 71,215 69

1° Les produits vendus, qui ont été de.. 2,663 65
(22 porcs gras, 8 veaux et 147 peaux de lapin).

2° L'augmentation du cheptel 161 45

Total.......... 74,040 79

Dont il faut déduire les dépenses :

1° Les fourrages et la litière récoltés mais consommés à la ferme 6,023 75

2° Les dépenses de l'art. 26 du compte administratif (frais de culture) 9,993 44

3° Les dépenses de l'art. 28 (fourrage et litière) 6,049 38

4° Le traitement, avec les avantages en nature, du jardinier, du vacher-porcher, du chef de culture, de deux infirmiers chargés de la surveillance des

A reporter 22,066 57   74,040 79

Report........	22,066 57	74,040 70

aliénés travailleurs et du pécule
de ces aliénés.............. 6,000 »
5° Le son, le charbon de
terre, le bois et les articles d'é-
clairage dépensés à la ferme.. 5,763 91

33,830 48 — 33,830 48

Excédant de recettes...... 40,210 31

Sur ces 40,210 fr. 31 c., la porcherie a produit 15,060 fr. 68 c., la vacherie 3,545 fr. 68 c., la basse-cour 556 fr. 76 c., le jardinage et la grande culture 21,047 fr. 19 c.

L'excédant de notre exploitation agricole et maraîchère n'avait été que de 33,087 fr. 92 c. en 1889.

La porcherie avait produit 14,867 fr. 22 c., la vacherie 2,878 fr. 42 c., la basse-cour 517 fr. 42 c., le jardinage et la grande culture 14,824 fr. 86 c.

Le tableau suivant donne le détail des recettes et des dépenses de la porcherie et de la vacherie.

Porcherie.

Recettes. — Abatage de 162 porcs qui ont produit 17,146 kilog. de viande à 1 fr. 50 c. le kilog . 25,719 »
22 porcs gras vendus................... 2,313 »
Restant en magasin au 31 décembre 1890 :
65 porcs à divers degrés d'engraissement... 5,840 »

Total..................... 33,872 »

Dépenses. — Restant en magasin au

A reporter...... 33,872 »

Report......	33,872	»
31 décembre 1889 : 71 porcs estimés à prix moyen 78 fr. 02 c...........	5,540	»
Achat de 180 porcs à prix moyen de 44 fr. 88 c........	8,007	»
25,900 kilog. de petit son à 11 fr. 44 c. les 100 kilog.....	2,962 96	
6,929 kilog. de recoupe à 11 fr. 83 c. les 100 kilog......	819 70	
200 kilog. de gros son à 12 fr. 48 c. les 100 kilog.....	24 96	
144 hectol. de betteraves à 1 fr. l'hectol..............	144	»
83 hectol. 50 de pommes de terre à 2 fr...............	167	»
9,100 kilog. de charbon de terre à 33 fr. 44 c. les 1,000 kilog.	304 30	
Moitié du traitement dû vacher-porcher..............	600	»
Pécule des malades employés à la porcherie..............	60	»
Bois de boulangerie, huile et chandelle................	181 40	
Total........	18,811 32	18,811 32

Le bénéfice de la porcherie, qui s'élève à **15,060 68** ne pourra guère, à l'avenir, être dépassé.

Pour avoir le prix de revient à l'asile du kilogramme de porc frais, il faut déduire de la dépense **18,811 32**

1° 22 porcs vendus, ensemble	2,313	»
2° Et les restants en magasin au 31 décembre 1890........	5,840	»
	8,153	8,153 »
Reste...............		10,658 32

que nous coûtent les 17,146 kilog. de porc frais, ce qui réduit le prix de revient à 0 fr. 62 c. au lieu de 1 fr. 50 c. qu'il coûte à Evreux.

Vacherie.

Recettes. — 30,199 litres de lait à 0 fr. 20 c.   6,039 80
8 veaux, ensemble.....................   321 25

Total..............   6,361 05

Dépenses. — 5,097 bottes de foin à
0 fr. 25 c.....................   1,274 25
3,400 kilog. de petit son à
11 fr. 44 c. les 100 kilog.....   388 96
450 kilog. de gros son à
12 fr. 48 c. les 100 kilog.....   56 16
436 hectol. de betteraves à
1 fr. l'hectol.................   436 »
300 bottes de fanes de choux
et carottes à 0 fr. 10 c........   30 »
Moitié du traitement du va-
cher.........................   600 »
Pécule des malades........   30 »

2,816 37   2,816 37

Bénéfice.............   3,545 68

Art. 18. — Produit du travail des aliénés.   41,999 50

Le produit du travail des aliénés se répartit de la manière suivante entre les diverses catégories de travaux, savoir :

1° *Division des Hommes.*

Jardinage et culture......................	5,372	50
Terrassements	3,798	45
Cordonnerie	1,689	»
Maçonnerie...........................	1,185	75
Menuiserie............................	1,065	75
Serrurerie............................	1,187	25
Peinture..............................	646	50
Couture et raccommodage...............	459	20
Meunerie-boulangerie..................	1,029	60
Cuisine...............................	910	80
Cave et bûcher........................	585	90
Buanderie............................	544	80
Conciergerie..........................	93	70
Bureaux..............................	799	70
Service de propreté	2,170	60
Total du travail des hommes...	**21,538**	**80**

2° *Division des Femmes.*

Buanderie...............	5,135	65
Repassage...............	1,123	85
Lingerie................	5,271	50
Vestiaire...............	4,989	60
Cuisine.................	1,286	45
Tricot..................	627	»
Propreté...............	2,026	65
Total du travail des femmes.	**20,460 70**	**20,460 70**
Total général........		**41,099 50**

Le nombre moyen des travailleurs a été de 218 pour
les hommes et de 262 pour les femmes, total 480, chiffre

inférieur d'une unité seulement à celui de 1889, bien que la moyenne de la population ait été moindre de 31 malades.

Les principaux travaux de terrassements ont consisté dans la continuation de l'extraction de ravine de la cour intérieure des hommes, l'empierrement de la cour de la ferme, le nivellement du sol du préau du pensionnat des femmes et dans le creusement de caves au-dessous des bains de cette section, pour empêcher de nouvelles infiltrations d'eau qui menaçaient de détruire les fondations de ces bains.

CHAPITRE II. — RECETTES EXTRAORDINAIRES

Néant.

CHAPITRE III. — RECETTES SUPPLÉMENTAIRES

Elles comprennent :

1° L'excédant de l'exercice 1889....... 111,482 36
2° Les sommes à recouvrer de c exercice
et des exercices antérieurs................ 10,675 69

Total....... 122,158 05

Sur les restes à recouvrer, il a été perçu. 7,273 07
Et il reste à recouvrer.................. 3,401 72
qui seront reportés au budget additionnel de 1891.

Récapitulation des recettes.

	Prévisions budgétaires.	Droits constatés.	Recettes effectuées.	Restes à recouvrer.
Ch. Ier. Ordinres	549,826 »	555,142 25	551,375 55	3,766 70
Ch. II. Extrares	» »	» »	» »	» »
Ch. III. Supplres	122,158 05	122,158 05	118,756 33	3,401 72
Totaux...	671,984 05	677,300 30	670,131 88	7,168 42

DÉPENSES

CHAPITRE 1er. — DÉPENSES ORDINAIRES.

Section 1re. — *Dépenses en argent.*

Le traitement du directeur-médecin en chef 8,000 fr. celui du receveur-économe 3,250 fr., celui des employés de l'administration, 7,100 fr., celui de l'aumônier, 1,500 fr. n'ont donné lieu à aucune annulation.

Des vacances d'emploi dans les fonctions de médecin-adjoint et d'interne ont produit une annulation importante de 1,151 fr. 12 c. à l'article « traitement des fonctionnaires et employés du service médical. »

Le poste de médecin-adjoint est resté vacant 103 jours et celui d'interne 2.

Le crédit alloué pour solde des préposés et servants était de 35,000 fr. et la dépense ne s'est montée qu'à 34,714 fr. 23 c.

La dépense du personnel en argent a été de 64,413 fr. 11 c.; en y ajoutant les avantages en nature évalués à 62,745 fr. 11 c., la dépense totale est de 127,158 fr. 22 c.

Le nombre des journées d'aliénés traités ayant été de 307,603, la dépense du personnel a été pour chaque aliéné de 0 fr. 413.

Le traitement annuel moyen en argent des préposés est pour les hommes de 607 fr., et pour les femmes de 352 fr.

Celui des infirmiers est de 493 fr. et celui des infirmières de 337 fr.

Art. 8. — Frais de culte :

Crédit alloué..............	300	»
Dépense....................	266	82
Annulation......	33	18

Art. 9. — Frais de sépulture :

    Crédit alloué.............. 360   »

    Dépense 359 40

          Annulation...... 0 60

Art. 10. — Frais d'administration :

    Crédit alloué........... 3,000   »

        Pas d'annulation.

Art. 11. — Contributions :

    Crédit alloué............ 600   »

    Dépense 482 97

          Annulation...... 117 03

Art. 12. — Assurance contre l'incendie :

    Crédit alloué........... 2,000   »

    Dépense............... 1,309 85

          Annulation 690 15

Art. 13. — Blé :

    Crédit alloué.......... 63,000   »

    Dépense.............. 52,213 27

          Annulation.... 10,786 73

L'adjudication de ce lot n'ayant pas réussi, l'administration a acheté de gré à gré 209,655 kilogr. de blé pour la somme de 52,213 fr. 27 c., soit en moyenne 24 fr. 90 c. les 100 kilogr.

En ajoutant au blé acheté............... 209,655 k.

les quantités restant en magasin au 31 décembre 1889.............................. 11,500

         On obtient.......... 221,155 k.

qui, diminués des restants en magasin au 31 décembre 1890........................ 10,150

         donnent............. 211,005 k.

de blé qui ont été livrés au moulin et dont la valeur est

de 52,045 57

Les frais de mouture ayant été de .... 1,216 »

et comprenant : moitié du traitement du meunier-boulanger en argent et en nature, 742 fr., pécule d'un malade et réparations diverses, 474 fr., la dépense totale est de.. 53,261 57

La recette comprend :

5,950 k. de gros son à 12 fr. 48 les % kilos.	742	56
33,450 k. de petit son à 11 fr. 4425 —	3,827	51
6,787 k. de recoupe à 11 fr. 8342 —	803	18
160,232 k. de farine à 0 fr. 2988 le kilogr.	47,888	32
Total.................	53,261	57

100 kilogr. de blé ont produit 76 k. 42 de farine.

Prix de revient du pain.

Le boulanger a reçu 149,734 kilogr. de farine confectionnée pendant l'année, à 0 fr. 2988..... 44,740 52

et 19,709 kilogr. de farine restant en magasin au 31 décembre 1889, à 0,2951 .... 5,842 68

Total............... 50,583 20

Il a fabriqué avec cette farine 221,930 k. de pain, ce qui donne un rendement de 130,90 %.

Les frais de boulangerie se sont élevés à la somme de 2,912 fr. 78 c. et comprennent :

Moitié du traitement du boulanger-meunier en argent et en nature...	742	»
Pécule des malades	108	»
Sel gris 1,000 kilogr. à 16 fr. 50 les % kilogr........	165	»
Recoupe 530 k. à 11 fr. 83.	39	03
Bois de boulangerie, 184 stères 600, à prix divers.....	1,639	75
Réparations diverses.......	219	»
	2,912	78	2,912 78

En ajoutant au prix de la farine ces frais
de mouture, on obtient................... 53,495 98

Dont il faut déduire, pour avoir la dépense
réelle, 223 hecto.....s de braise estimée
1 fr. 75 l'hectolitre...................... 390 »

Reste 53,105 98

Ce qui porte le kilogr. de pain à 0 fr. 2392.

Il était revenu à 0 fr. 2381 en 1889, à 0 fr. 2313 en
1888 et à 0 fr. 2077 en 1887.

Le prix du pain, d'après la taxe de la ville d'Évreux,
a été pendant l'année en moyenne de 0 fr. 3233 le kilog.,
de 0 fr. 0841 par conséquent supérieur à celui de l'asile.

Cette différence de prix, multipliée par le nombre de
kilogrammes de pain fabriqué, donne pour l'année un
bénéfice de 18,664 fr. 31 c.

Le bénéfice réalisé sur le pain en 1886 a été de
16,353 fr. 12 c., en 1887 de 21,551 fr. 70 c., en 1888 de
19,848 fr. 07 c. et en 1889 de 17,025 fr. 54 c.

Il a été beaucoup plus considérable pendant ces cinq
dernières années que pendant les années précédentes,
parce que le blé a été acheté de gré à gré au lieu d'être
mis en adjudication, ce qui était un mode de procéder
très-onéreux pour l'établissement.

La moyenne de la population à nourrir ayant été de
946 individus, y compris le personnel, et la quantité de
pain dépensé de 221,930 kilogrammes, la consommation
individuelle et annuelle s'est montée à 234 kilog. 598.

En 1889 elle avait été de 236 kilog. 367 et en 1888
de 238 kilog. 208.

La ration quotidienne et individuelle est de 750 grammes
pour les deux sexes et la consommation n'a été que de
652 grammes, bien que le pain soit donné à discrétion à
toutes les catégories d'individus nourris.

La faible consommation du pain tient à sa qualité très-

nutritive et au régime alimentaire de l'asile qui est suffisamment réparateur.

Art. 14. — Viande :

Crédit alloué............ 70,000 »
Dépense................. 67,343 43
Annulation........ 2,656 57

Nous avons acheté de gré à gré les animaux nécessaires à notre abattoir, 49 bœufs, 40 vaches, 5 taureaux,
62 veaux, 83 moutons.

Les bœufs sont revenus au prix moyen de 0 fr. 8656
le kilogramme sur pied, les veaux à 1 fr. 193 et les moutons à 1 fr. 04 c.

Les bœufs ont donné un rendement de viande de
58,78 %, les veaux de 70,54 % et les moutons de 51 %.

Le prix moyen de la viande de boucherie a été de
1 fr. 453.

En 1887 il avait été de 1 fr. 258, en 1888 de 1 fr. 245
et en 1889 de 1 fr. 30 c.

Il a été consommé pendant l'année :

34,691 k. 500 de viande de bœuf à 1 fr. 301 le kil. 48,255 87
6,833 k. 500 de viande de veau à 1 fr. 641 — 11,213 77
2,250 k. de viande de mouton à 1 fr. 956 — 4,401 »
17,125 k. 500 de porc frais à 1 fr. 50 c. — 25,688 25
256 k. de volailles et lapins à prix divers — 474 »

61,156 k. 500   90,032 89

La consommation annuelle par individu (aliénés et
personnel réunis) a été de 64 kilog. 647.

En 1889 elle avait été de 61 kilog. 958, en 1888 de
63 kilog. 666 et en 1887 de 62 kilog. 684; elle varie
donc peu d'une année à l'autre.

Les aliénés reçoivent par semaine neuf rations de viande
de 170 grammes pour les hommes et 150 grammes pour
les femmes.

Ces rations sont souvent diminuées de 40 grammes, surtout pendant l'été, et cette diminution est compensée par un plat de légumes ou de dessert.

Art. 15. — Vin et pommes :

Crédit alloué............	32,000	»
Dépense effectuée........	25,443	93
Annulation.......	6,556	07

Ce crédit a été employé aux dépenses suivantes :

27,000 litres de vin à 34 fr. 32 c. les 100 litres	9,266	40
450 — de vin pour échantillons.....	260	»
83,951 kilog. de pommes à cidre à 118 fr. les 1,000 kilog.................	9,906	21
26,100 kilog. de pommes à cidre à 105 fr. les 1,000 kilog.................	2,740	49
4,000 kilog. de sucre à 61 fr. 50 c. les 100 kil.	2,460	»
Frais de transport du sucre, droits de sucrage, etc....................	129	78
Une cuve pour la brasserie.............	175	»
Réparation des tonneaux...............	506	05
Total...............	25,443	93

Nous avons brassé, en 1890, 103,906 kilogrammes de pommes qui ont coûté 11,925 fr. 70 c. et qui ont produit 337,641 litres de boisson à 1,015 de densité.

Les frais de brassage comprennent le travail d'un cheval pendant deux mois, pour conduire le cidre de la brasserie à la cave, la dépense d'un charretier, de deux infirmiers, et le pécule de dix malades pendant le même laps de temps; ils se sont élevés à......... 932 80 qui, ajoutés au prix des pommes............ 11,925 70 à celui de 3,700 kilogrammes de sucre et à quelques dépenses accessoires............ 2,395 55 donnent la somme de.................. 15,254 05 ce qui porte le prix de la boisson à 0 fr. 0451 le litre.

Il avait été de 0 fr. 064 en 1889.

Un hectolitre de pommes, pesant 52 kilogrammes, a produit 168 litres 77 de boisson, et, par conséquent, 100 kilogrammes, 324 litres.

Notre nouveau système de brassage par dyalise nous a donné, comme en 1889, des résultats très-satisfaisants, et nous croyons que c'est le meilleur système, quand on n'a pas besoin de faire de cidre pur.

Il est beaucoup plus rapide, beaucoup plus économique, donne quatre fois moins de lie que les procédés qui consistent à broyer et à presser les pommes, et permet d'avoir toujours de la boisson de la même force, ce qui est très-important quand elle doit être très-légère.

Notre brassage par dyalise, joint au sucrage du moût, que nous employons depuis deux ans, nous permet d'avoir une boisson très-saine, très-économique et se conservant très-bien.

La quantité de boisson dépensée a été de 318,998 litres, dont il faut retrancher, pour avoir la consommation du personnel et des aliénés, 300 litres vendus et 4,400 litres de lie, ce qui réduit cette consommation à 314,298 litres.

La quantité de vin dépensée a été de 26,403 litres 60; elle dépasse de 2,625 litres 40 celle de 1889, tandis que la consommation de la boisson a été, au contraire, moins élevée de 18,918 litres.

L'augmentation de la quantité de vin dépensée sur 1889, tient, d'une part, à la vente d'une plus grande quantité de vin au personnel et aux aliénés, et, de l'autre, à l'épidémie d'influenza qui a régné à l'asile et qui a nécessité la distribution d'un plus grand nombre de rations supplémentaires, pour soutenir les forces des malades convalescents.

La diminution de la boisson consommée est due au chiffre moins élevé de la population et au grand nombre de malades qui ont été alités dans le courant de l'année.

Les rations réglementaires de vin et de boisson sont
les suivantes :

<table>
<tr><td></td><td></td><td>Hommes.</td><td>Femmes.</td></tr>
</table>

Vin. — Pensionnaires de la classe exceptionnelle, des deux premières classes, des
employés et des sœurs.................... 0¹60   0¹50

Cidre.. { Pensionnaires de 3ᵉ classe..... 1¹50   1¹20
        —   de 4ᵉ classe..... 1¹   0¹75
        Préposés et infirmiers........ 2¹25   1¹50

Des rations supplémentaires de 0¹30 de cidre sont
accordées à tous les malades occupés à des travaux
pénibles.

Art. 16. — Comestibles :

    Crédit alloué.............. 46,000   »
    Dépense................... 41,810 03
                            ‾‾‾‾‾‾‾‾‾
      Annulation....... 4,189 97

La dépense de cet article est inférieure de 2,999 fr. 96 c.
à celle de 1889, par suite de la diminution de la population et de l'augmentation des produits de jardinage.

Les principales dépenses en argent de ce crédit sont
les suivantes : Café 2,882 fr. 25 c., chocolat 1,491 fr. 00 c.,
fromage 3,064 fr. 12 c., huile d'olive 1,018 fr. 91 c., huile
d'œillette 2,818 fr. 64 c., haricots secs 3,428 fr. 88 c.,
morue 871 fr. 10 c., œufs 4,784 fr. 60 c., pruneaux
666 fr. 54 c., pois cassés 1,743 fr. 06 c., poisson frais
2,844 fr. 80 c., raisiné 1,852 fr. 50 c., riz 600 fr., sel
gris 1,567 fr. 50 c., sucre 3,534 fr. 26 c., saindoux
4,497 fr. 29 c., vinaigre 627 fr. 44 c.

Art. 17. — Pharmacie :

    Crédit alloué............ 2,100   »
    Dépense.................. 2,080 35
                            ‾‾‾‾‾‾‾‾‾
      Annulation........ 19 65

En 1889, cette dépense a été de 2,098 fr. 31 c.

Elle varie peu d'une année sur l'autre et ne comprend que les médicaments proprement dits, le vin et le sucre nécessaires à la pharmacie étant mandatés l'un à l'article 15, l'autre à l'article 16 du budget.

Art. 18. — Tabac :

Crédit alloué.............	2,800	»
Dépense.................	2,782	60
Annulation........	17	40

Cette dépense reste la même depuis plusieurs années.

Art. 19. — Lingerie et vêture :

Crédit alloué............	35,000	»
Dépense................	31,184	22
Annulation..........	3,815	78

Art. 20. — Coucher :

Crédit alloué............	11,500	»
Dépense................	10,758	30
Annulation........	741	70

Art. 21. — Mobilier :

Crédit alloué.............	21,000	»
Dépense................	20,831	73
Annulation........	168	27

Les fournitures concernant ces trois articles, qui ont été augmentées beaucoup depuis quelques années, suffisent maintenant à tous les besoins du service.

Art. 22. — Blanchissage :

Crédit alloué............	4,000	»
Dépense................	3,958	06
Annulation........	41	94

La quantité de savon dépensé a été de 6,592 kilog. 750 ; avant l'établissement de notre séchoir qui a eu lieu en 1885 ; la consommation de cette fourniture était moitié plus considérable.

Art. 23. — Chauffage :

Crédit alloué............ 22,900 »
Dépense................ 20,648 14

Annulation 2,251 86

En 1889, nous avons dépensé pour le chauffage 18,430 fr. 39 c. et 18,279 fr. 40 c. en 1888.

La dépense un peu plus élevée de 1890 est due, en grande partie, à l'augmentation du prix du charbon que nous avons payé 33 fr. 44 c. les 1,000 kilog., tandis qu'il n'avait coûté que 30 fr. 49 c. en 1889 et 29 fr. 85 en 1888.

Nous avons consommé 662 bourrées, 48 stères de bois à brûler, 214 stères 600 de bois de boulangerie, 2,420 kilog. de charbon de bois, 468,545 kilog. de charbon de terre, 57,621 kilog. de coke, 90 kilog. de charbon de forge et pour 50 francs de fournitures diverses.

Art. 24. — Eclairage :

Crédit alloué............ 3,300 »
Dépense................ 3,147 98

Annulation........ 152 02

Cette dépense est supérieure de 150 fr. 09 c. à celle de 1889.

Art. 25. — Bâtiments et murs :

Crédit alloué............ 31,000 »
Dépense................ 30,936 53

Annulation........ 63 47

Les ouvriers de l'asile, aidés des malades, exécutent presque toutes les réparations des bâtiments, à l'exception de celles de la toiture, et ils font, en outre, des travaux neufs d'une assez grande importance.

En 1890, ils ont établi, dans la section des femmes, des caves sous les bains de la 7e division, enduit en ciment les fondations de ces bains, et construit une cloison en briques au pensionnat, pour empêcher la détérioration des peintures due au salpétrage du mur commun à ce pensionnat et aux bains.

Ils ont en outre, dans cette section, pavé en carreaux de Saint-Maixent le sous-sol des chambres d'isolement, monté des murs de soutènement des terres devant les chambres d'isolement et le pensionnat, parqueté les greniers de ce pensionnat et des bains de la 7e division.

Art. 26. — Entretien des propriétés et frais de culture :

 Crédit alloué............... 10,000   »
 Dépense................... 9,993 44
  Annulation......... 6 56

La dépense est inférieure de 1,085 fr. 68 c. à celle de 1889, année pendant laquelle nous avions acheté 18 porcs de plus, un âne pour le service de la ferme et une quantité plus considérable d'avoine.

Art. 27. — Gratification aux travailleurs :

 Crédit alloué............... 8,000   »
 Dépense................... 7,981 40
  Annulation......... 18 60

Cette dépense est restée la même depuis onze ans.

Art. 28. — Fourrage et litière :

 Crédit alloué............... 8,000   »
 Dépense................... 6,049 38
  Annulation......... 1,950 62

Nos achats de fourrages ont été les suivants :

Paille de blé 4,097 fr. 22 c., paille d'avoine 573 fr. 36 c., foin 687 fr. 08 c., avoine 538 fr. 80 c., fournitures diverses 152 fr. 92 c.

Art. 29. — Dépenses imprévues :

 Crédit alloué............... 5,416   »
 Dépense................... 2,100   »
  Annulation......... 3,316   »

La dépense comprend :

1° La fourniture, la pose et l'installation d'un fourneau de cuisine 1,500 fr.

2° Un prélèvement de 600 fr. pour augmenter le crédit mobilier, devenu insuffisant par suite de l'achat d'un cheval indispensable à l'asile, 600 fr.

Ce prélèvement, ainsi que l'imputation de la somme de 1,500 fr. ci-dessus, à cet article, ont eu lieu en vertu de délibérations de la commission de surveillance approuvées par l'autorité préfectorale.

Art. 30. — Restitution de trop perçu :

Crédit alloué.............	600	»
Dépense..................	158	60
Annulation............	441	40

Cette somme de 158 fr. 60 c., encaissée pour pension, en novembre et décembre, d'une pensionnaire de 3ᵉ classe décédée en octobre, a dû être restituée à la famille de cette aliénée.

Art. 31. — Fournitures aux familles excédant le prix de pension.................................. » »

Art. 32. — Frais de transfèrement d'aliénés. 299 80 Même somme portée en recettes.

Section IIᵉ. — Dépenses en nature.

Art. 33. — Revenus en nature consommés à l'établissement................................. 71,215 69

Art. 34. — Travail des aliénés......... 41,990 50 Les sommes portées aux articles 33 et 34 sont les mêmes que celles inscrites aux articles correspondants des recettes.

CHAPITRE II. — DÉPENSES EXTRAORDINAIRES

Néant.

CHAPITRE III. — DÉPENSES SUPPLÉMENTAIRES

Section 1re. — *Dépenses extraordinaires.*

Construction de remises pour les ustensiles de travail, le charbon et le coke.

Le crédit voté par le Conseil général, pour cette construction, s'élevait à...................... 18,219 81

Il a été dépensé en 1889.... 12,565 35
et pour solde, en 1890........ 5,650 01

Total........ 18,215 36. 18,215 36

Annulation......... 4 45

Achat de terrains appartenant aux héritiers de Louis-André Dallet.

Crédit alloué............................ 40,654 50
Dépense................................ 40,654 50

Ces terrains ont été acquis par voie d'expropriation et ont coûté 47,814 fr. 55 c., savoir : 45,000 fr. aux propriétaires, 2,600 fr. d'indemnité au locataire, 214 fr. 55 c. de frais de tribunal et d'avocat.

Le crédit alloué ayant été insuffisant de 7,160 fr. 05 c. la somme complémentaire a été payée sur le crédit « dépenses imprévues de 1891. »

Section IIe. — *Dépenses ordinaires.*

Mobilier............................ 2,831 73
Bâtiments............................ 3,936 53
Revenus en nature.................... 6,215 69

Ces dépenses supplémentaires ont été comprises aux crédits primitifs concernant ces articles.

Récapitulation des dépenses.

	Prévisions budgétaires.	Droits constatés.	Restes annulés.
Ch. Ier. Ordin^{res}.	549,826 »	509,784 58	40,041 42
Ch. II. Extraor^{res}.	» »	» »	» »
Ch. III. Suppl^{res}.	62,924 65	59,288 46	3,636 19
Totaux......	612,750 65	569,073 04	43,677 61

Les recettes prévues au budget primitif et au budget supplémentaire s'élevaient à 671,984 fr. 05 c., les droits acquis ont été de 677,300 fr. 30 c., les recettes effectuées de 670,131 fr. 88 c. et les restes à recouvrer de 7,168 fr. 42 c.

Les dépenses prévues étaient de 612,750 fr. 65 c. dont 549,826 fr. pour les dépenses ordinaires et 62,924 fr. 65 c. pour les dépenses supplémentaires.

Les droits constatés ne se sont élevés qu'à 569,073 fr. 04 c., et comme il ne reste rien à payer, les dépenses effectuées ont été égales aux droits constatés.

Les recettes effectuées ayant été de 670,131 88
les dépenses de 569,073 04
l'excédant des recettes est de 101,058 84
en ajoutant à cet excédant les restes à
recouvrer.................................. 7,168 42

On obtient la somme de 108,227 26
qui représente l'actif de l'asile.

Situation financière en fin d'exercice.

Valeur en nature.

Les terrains de l'asile ont coûté.......	474,832 16
Les bâtiments	2,506,977 75
Le mobilier........................	306,178 70
La lingerie........................	246,075 62
Le coucher........................	215,876 86
Les restants en magasin............	68,958 04
Total............	3,818,899 73

Valeur en argent.

ACTIF

Excédant de l'exercice clos............	101,058 84
Restes à recouvrer..................	7,168 42
Total............	108,227 26

PASSIF

Néaut.

En ajoutant la valeur en argent, qui est de 108,227 fr. 26 c., à la valeur en nature 3,818,899 fr. 73 c., on a, pour l'estimation totale de l'établissement, la somme de 3,927,126 fr. 99 c., qui est supérieure de 26,804 fr. 78 c. à celle de 1889.

Le prix de revient de la journée moyenne de toutes les catégories de malades réunis, qu'on obtient en divisant par le total des journées de présence les prix de pension payés, diminués des bénéfices réalisés, a été pour 1890 de

1 fr. 282, pour 1889 de 1 fr. 186, pour 1888 de 1 fr. 203, pour 1887 de 1 fr. 186 et pour 1886 de 1 fr. 138.

L'augmentation du prix de revient en 1890 sur les années précédentes tient, d'une part, à la diminution du chiffre des aliénés, due au petit nombre des admissions et à la mortalité considérable qu'a produite l'épidémie d'influenza, et, de l'autre, à l'augmentation des crédits : viande, charbon, mobilier et entretien des bâtiments.

Le prix de revient des indigents n'est inférieur que de 0 fr. 004 à celui des pensionnaires. Cette faible différence tient à ce que les pensionnaires ne participent pas aux dépenses de sépulture, de tabac, de lingerie, de gratifications aux travailleurs qui, pour 1890, se sont élevées à 42,215 fr. 04 c. Il en résulte que le prix de revient des pensionnaires de 4e classe, dont la nourriture est la même que celle des indigents, est inférieur à celui de ces derniers malades et que cette diminution compense presque l'augmentation des frais de nourriture des pensionnaires des trois premières classes, qui sont peu nombreux.

Voici, du reste, le prix de revient de la journée des différentes classes de pensionnaires entretenus à l'asile d'Evreux, qui a été calculé d'une manière aussi approximative que possible :

1re classe......................	2 25
2e classe......................	1 90
3e classe......................	1 65
4e classe......................	1 13

Tous ces prix de pension sont suffisamment rémunérateurs, et c'est surtout grâce à eux que l'exercice 1890 a pu se terminer par un excédant de recettes.

L'asile d'Evreux est un des plus beaux asiles de France, au point de vue monumental, et ne laisse rien à désirer sous le rapport de ses services généraux.

Sa cuisine avec ses dépendances, la chapelle, la pharmacie, la lingerie, le vestiaire, la porcherie et la brasserie sont admirés par toutes les personnes qui visitent l'établissement.

Il a de l'eau en abondance au moyen de deux distributions empruntant leur force motrice à la chute de la rivière du Gord, qui traverse la propriété.

Ces deux distributions sont complètement indépendantes l'une de l'autre, mais peuvent se suppléer en cas de besoin. L'eau des béliers, qui est puisée dans le Gord, ne sert plus qu'à la buanderie et aux bains des femmes, tandis que l'eau de la pompe hydraulique, qui provient d'une nappe d'eau souterraine située à 5m50 au-dessous du sol et est très-pure, est affectée à tous les autres usages.

L'asile est situé au milieu d'une vaste propriété de près de 68 hectares, qui a coûté 489,218 fr. 96 c.

Voici le détail de cette propriété :

NATURE DE LA PROPRIÉTÉ	DATES de l'acquisition.	CONTENANCE			PRIX D'ACHAT
		hect.	ares.	cent.	
Bâtiments d'habitation et préaux.............	1856	11	24	60	413.316 64
Moulin et basse-cour........	id.	1	12	»	
Bois...................	id.	17	»	»	
Terrains de culture...........	id.	27	60	17	
Briqueterie Simon..........	1877	1	71	17	15.221 75
Propriété Haulard.........	1884	»	13	68	7.226 75
Propriété de la veuve Fouché.	1889	»	85	80	5.639 27
Propriété des héritiers Dalet.	1890	8	17	04	47.814 55
TOTAUX........		67	84	46	489.218 96

On a commencé le nivellement de la briqueterie Simon, pour la mettre en culture; ce nivellement exige un travail considérable et ne sera probablement complètement terminé que dans le courant de 1893.

La propriété Haulard contient deux petites maisons où habitent le secrétaire de la direction et le premier commis de l'économat.

La propriété de la veuve Fouché, outre son terrain de culture, a deux petites maisons louées chacune 100 fr.

La propriété Dalet renferme un pavillon qui doit être réparé pour servir de logement à plusieurs employés de l'établissement.

Les terrains mis actuellement en culture agricole et maraîchère contiennent environ 37 hectares et suffisent largement pour occuper tous les aliénés susceptibles de se livrer à cette culture.

L'asile contient 900 lits d'aliénés répartis en 20 divisions, 10 pour chaque sexe : 1re enfants idiots, 2e vieillards, 3e infirmerie, 4e surveillance continue, 5e convalescents et pensionnaires, 6e déments invalides, 7e travailleurs tranquilles, 8e agités, 9e épileptiques, 10e malpropres.

Ces nombreuses divisions permettent d'établir une classification convenable des différentes formes d'aliénation mentale et contribuent beaucoup au calme qui règne à l'établissement. Ces divisions ont chacune un préau distinct, à l'exception des 2e, 3e et 4e, qui ont un préau commun.

Tous ces préaux sont très-vastes, très-aérés et ont vue sur la campagne, les uns sur la route d'Alençon et la forêt d'Evreux, les autres sur le bois de l'asile.

La principale amélioration que réclame cet établissement consiste dans la création de pensionnats. La section des femmes contient déjà un petit pavillon qui a onze chambres de malades, et le budget de 1892 présente un projet de pensionnat complet pour les hommes.

Budget supplémentaire de 1891.

RECETTES

Elles comprennent :

1° L'excédant de l'exercice clos........ 101,058 84
2° Les restes à recouvrer...............   7,168 42

                                          108,227 26

DÉPENSES

1° Blé................................... 2,000 »
2° Comestibles.......................... 3,000 »

Ces deux crédits supplémentaires sont dus au froid rigoureux que nous avons subi, qui a nui beaucoup aux céréales et retardé la culture maraîchère.

Le prix du blé pour les sept derniers mois de l'année a dû être porté à 30 fr. les 100 kilog., et notre jardinage n'a presque rien produit depuis six mois.

3° Mobilier............................. 2,000 »

Nous avons acheté deux chevaux, qui ont coûté 2,245 fr., pour pouvoir enlever la butte de terre située entre les pavillons des bains des hommes, sur l'emplacement de laquelle doit être construit un pensionnat.

Cette butte sera enlevée d'ici la fin de l'année, et ces deux chevaux, devenus alors inutiles, seront vendus.

4° Entretien des bâtiments.............. 4,000 »

Ce crédit supplémentaire est motivé par les réparations considérables que nécessite le pavillon de la propriété Dalet, nouvellement achetée.

Les recettes étant de................. 108,227 26
et les dépenses de..................... 11,000 »
l'excédant des recettes est de............ 97,227 26
qui sera reporté au budget primitif de 1892.

Budget primitif de 1892.

' RECETTES ORDINAIRES EN ARGENT

Intérêts de fonds placés au Trésor....... 2,500 »
Cette recette sera un peu plus élevée en 1892 qu'elle n'a été en 1890, parce qu'en 1891 nous n'avons pas de travaux extraordinaires à payer, ce qui élèvera l'excédant des recettes au 31 décembre.

Les recettes provenant des articles 2, 3, 4, 5, 6, 7, 8, 9, sont basées, d'une part, sur la moyenne de la population pendant l'année 1890 et de l'autre, sur les prix de journée actuellement payés, à l'exception de ceux de l'Etat et de la Seine, que la commission de surveillance propose d'augmenter.

Les prix de journée des deux sexes seraient, pour l'Etat, de 1 fr. 50 au lieu de 1 fr. 30 c. pour les hommes et de 1 fr. 25 c. pour les femmes, et pour la Seine, de 1 fr. 40 c. au lieu de 1 fr. 35 c. pour les hommes et 1 fr. 30 c. pour les femmes.

La commission de surveillance, dans sa séance du 9 mars 1891, avait proposé de fixer les prix de pension de tous les indigents étrangers à l'Eure, à 1 fr. 50 c. et ce prix était loin d'être exagéré, puisqu'il ne portait la valeur locative de l'établissement qu'à 1 fr. 76 c. % des sommes qui ont été actuellement dépensées pour sa construction et son ameublement, alors qu'à l'asile de Clermont (Oise), cette valeur locative est estimée pour les aliénés de Seine-et-Oise et de Seine-et-Marne à 5 %.

M. le préfet de la Seine ayant cependant trouvé ce prix trop élevé, la commission l'a réduit sur sa demande à 1 fr. 40 c., en raison du grand nombre d'aliénés de ce département.

Prix de pension proposés par la commission de surveillance.

Indigents :	Hommes.	Femmes.
De l'Eure...............................	1 30	1 25
De la Seine.............................	1 40	1 40
D'autres départements, des pays étrangers et de l'Etat.............................	1 50	1 50
Pensionnaires :		
De classe exceptionnelle............	8 70	8 70
De 1re classe........................	5 70	5 70
De 2e classe.........................	4 »	4 »
De 3e classe.........................	2 60	2 60
De 4e classe.........................	1 45	1 45

Art. 10. — Domestiques au compte des famillles................................. 1,600 »

Nous en avons deux depuis le 7 mars 1891, et le même nombre est prévu pour 1892.

Art. 11. — Produit de la vente des os et objets hors de service........................... 1,200 »

Art. 12. — Montant de la vente des produits excédant les besoins de l'asile................... 2,700 »

Art. 13. — Recettes accidentelles...... 13,400 »

Les recettes provenant des articles 11, 12 et 13 sont fixées d'après les résultats de l'exercice 1890.

Le remboursement de frais de transfèrement d'aliénés 2,000 fr. et la restitution de trop perçu 600 fr., sont plus élevés que ces résultats, mais ils n'influent pas sur le budget, les mêmes sommes étant portées en dépenses.

Le total des recettes ordinaires en argent est de 452,074 fr. 60 c.

Revenus en nature.................... 74,000 »

L'augmentation de 3,000 fr. sur ceux de 1890 est due à l'acquisition des nouveaux terrains qui augmenteront ces revenus.

Produit du travail des aliénés.......... 42,000 »

Il ne diffère pas de l'évaluation faite en 1890.

Recettes extraordinaires............... 97,227 26

Elles sont fournies par l'excédant du budget supplémentaire de 1891.

En résumé, les recettes de toute nature s'élèvent à 665,301 fr. 86.

DÉPENSES ORDINAIRES

Les dépenses du personnel, 65,850 fr., inscrites aux articles 1 à 7, sont les mêmes que celles des budgets de 1890 et de 1891.

Les frais de culte 300 fr., de sépulture 360 fr., d'administration 3,000 fr., de pharmacie 2,100 fr., de tabac 2,800 fr., d'éclairage 3,200 fr., de gratification aux travailleurs 8,000 fr. n'ont pas varié depuis plusieurs années.

Assurances contre l'incendie : 1,600 fr.

La dépense, en 1890, n'a été que de 1,309 fr. 85 c., mais de nouveaux bâtiments ont été assurés l'année dernière.

Blé : 55,000 fr.

Le prix des 210,000 kilogr. de blé nécessaire à la consommation annuelle de l'asile est prévu à 26 fr. les 100 kilogr., et il est à craindre qu'il ne soit dépassé.

Viande : 70,000 fr.

Ce crédit comprend l'achat de 95 bœufs ou vaches, 80 veaux et 90 moutons.

En 1890, le prix de ces animaux ne s'est élevé qu'à 67,343 fr. 43 c.

Vin et pommes : 23,000 fr.

La dépense de cet article se rapporte à l'achat de 230 hectolitres de vin à 40 fr. l'hectolitre, de 111,000 kilogr. de pommes à 100 fr. les 1,000 kilogr. et de 4,000 kilogr. de sucre à 61 fr. 50 c. les % kilogr.

Les réparations des tonneaux et autres dépenses diverses se montent à 440 fr.

Comestibles : 40,000 fr.

Ce crédit est inférieur de 1,810 fr. 03 c. à la dépense de 1890 ; la diminution de ce crédit est due à l'extension de notre culture maraîchère.

Les crédits lingerie et vêture 17,000 fr., coucher 2,300 fr., renouvellement des meubles et ustensiles 16,000 fr., et entretien des bâtiments 22,000 fr., ont été diminués, mais cette diminution, qui a pour but de contribuer à fournir les ressources nécessaires à la construction du pensionnat des hommes, et qui ne durera qu'une année, ne gênera en rien le fonctionnement des divers services de l'établissement.

Nos approvisionnements de toute nature sont très-considérables et les bâtiments ne nécessitent plus que quelques réparations extérieures, telles que : enduits des murs extérieurs et dallage des galeries.

Les crédits concernant le chauffage 20,700 fr., et les frais de culture 9,000 fr. sont conformes aux dépenses de 1890.

Celui de fourrage et litière 6,800, est plus élevé, parce que, probablement, la paille sera plus chère.

Les revenus en nature et le produit du travail des aliénés sont les mêmes qu'en recettes.

L'état des consommations présumées, joint au budget, donne le détail de tous les objets nécessaires à l'asile pendant l'année 1892 avec les quantités et le prix de chacun de ces objets.

DÉPENSES EXTRAORDINAIRES

Construction d'un pensionnat
pour les hommes : 170,721 *fr.* 50 *c.*

Ce pensionnat sera construit entre les deux pavillons de bains et aura une longueur de 88ᵐ 76, dont 50ᵐ 30 pour un bâtiment central à un étage et 38ᵐ 46 pour deux bâtiments latéraux n'ayant qu'un rez-de-chaussée.

Il sera bâti tout entier en briques blanches et rouges, ce qui évitera les enduits, qu'on serait forcé de refaire souvent, surtout dans la partie exposée au sud-ouest.

Il contiendra : un réfectoire, une salle de réunion, une bibliothèque, une infirmerie de 5 lits, 2 dortoirs de 15 lits pour les pensionnaires de 3ᵉ classe, un dortoir de 13 lits pour les pensionnaires de 2ᵉ classe, et 13 chambres, dont 2 à 2 lits, pour les pensionnaires de 1ʳᵉ classe.

Le total des lits est de 63, dont 5 lits de gardiens.

Il permettra de recevoir un plus grand nombre de pensionnaires, de les isoler des indigents ; il aura en outre l'avantage de clore complètement l'asile, d'empêcher les évasions et de diminuer les courants d'air, qui sont très-intenses dans les cours intérieures.

La dépense de 170,721 fr. 50 c. sera payée avec l'excédant de recettes au 31 décembre 1890, se montant à 108,227 fr. 26 c. joint à celui qui sera réalisé en 1892.

La construction de ce pensionnat durera au moins 2 ans, d'après M. l'architecte du département, et notre fonds de roulement sera facilement reconstitué avec les économies des exercices de 1891 et de 1893, dont il n'est pas fait emploi pour cette construction.

Les dépenses du budget de 1892 sont de 665,301 fr. 86 c. et balancent les recettes.

La commission de surveillance, dans sa séance du 23 juin, a approuvé les comptes de l'exercice 1890, le budget supplémentaire de 1891 et le budget primitif de 1892. Comme les années précédentes, elle m'a adressé des félicitations sur la bonne gestion de l'établissement et les améliorations réalisées; les résultats obtenus sont dus aux conseils aussi éclairés que bienveilllants qu'elle n'a cessé de me donner et dont je ne saurais trop la remercier.

Vouillez agréez, Monsieur le préfet, l'hommage de mon respectueux dévouement.

Evreux, le 1ᵉʳ juillet 1891.

Le Directeur-Médecin en chef,

Daniel BRUNET.

RAPPORT

DU DIRECTEUR-MÉDECIN EN CHEF

Sur l'Asile public d'aliénés de l'Eure

Pour 1892.

MONSIEUR LE PRÉFET,

J'ai l'honneur de vous adresser mon rapport annuel, sur l'asile d'Evreux, que je vous prie de vouloir bien soumettre au Conseil général, à sa session d'août.

Ce rapport comprend :

1° Le compte médical de 1891 ;

2° Le compte administratif et moral de la même année ;

3° Le budget supplémentaire de 1892 ;

4° Le budget primitif de 1893.

Compte médical de 1891.

Le 1ᵉʳ janvier 1891, l'asile contenait 835 aliénés. Le nombre des admissions ayant été de 125 pendant l'année, le total des malades traités s'est élevé à 960.

En 1890, ce chiffre avait été de 997 ; nous avons eu, par conséquent, une diminution de 37 aliénés.

La moyenne quotidienne, qui a été de 846, est supérieure de trois malades à celle de 1890.

Le nombre des décès a été de 56 et celui des sorties de 54, total 110. Ce chiffre étant inférieur de 15 à celui des admissions, le nombre des aliénés existant le 31 décembre s'élevait à 850.

Les 835 aliénés présents au 1er janvier comprenaient : 565 indigents de l'Eure, 157 de la Seine, 32 de divers départements et de l'Etat et 81 pensionnaires.

Le tableau suivant indique la forme d'aliénation mentale dont ces malades étaient atteints.

	Hommes	Femmes	Total
Folie simple, générale ou partielle....	128	153	281
Péricérébrite chronique.............	16	8	24
Démence consécutive à la folie.......	135	127	262
Démence sénile.....................	»	3	3
Démence organique.................	3	»	3
Idiotie et imbécillité simples	104	92	196
Epilepsie compliquée de folie ou de démence.......................	15	18	33
Epilepsie compliquée d'idiotie ou d'imbécillité	10	23	33
	411	424	835

Les 281 aliénés atteints de folie partielle ou générale présentaient seuls quelques chances de guérison, qui étaient bien faibles, pour la plupart d'entre eux, en raison de l'ancienneté de leur délire.

De nombreuses classifications de la folie simple ont paru dans ces dernières années, mais aucune d'elles n'a pu, jusqu'à présent, rallier la majorité des médecins, et c'est pour ce motif que nous n'avons pas cru devoir en tenir compte.

Le mot dégénérescence mentale, sous lequel on a tendance aujourd'hui de ranger toutes les formes de vésanies, autres que le délire chronique, n'a rien de précis, est trop vague, et le but vers lequel on doit tendre, est de parvenir à classer ces vésanies si différentes les unes des autres. En outre, les individus atteints de délire chronique sont loin d'être toujours exempts de tares cérébrales.

Le délire chronique, avec ses quatres périodes : incubation, idées de persécution, idées de grandeur, démence, est loin d'être aussi bien caractérisé, aussi facile à différencier de la folie des dégénérés, qu'on cherche à le faire admettre.

La péricérébrite chronique présente trois formes principales : simple, alcoolique et syphilitique. La première forme, due à une surexcitation trop grande ou trop prolongée des facultés cérébrales, surtout morales, est beaucoup plus fréquente que les deux autres.

La péricérébrite à forme expansive est caractérisée, au début, par de l'agitation, de l'amnésie, des idées de grandeur et de richesse incohérentes, contradictoires, extravagantes, mobiles, par de l'embarras de la parole, de l'inégalité pupillaire, et quelques mouvements convulsifs des muscles, des lèvres et de la face. Elle suit ordinairement une marche progressive, pour aboutir à la paralysie générale et à la mort.

Dans quelques cas exceptionnels, surtout quand elle est due à l'intoxication alcoolique, elle peut guérir, rester stationnaire de longues années, ou se terminer par la démence simple, ou compliquée de quelques idées délirantes, avec ou sans hallucinations.

La démence consécutive à la folie est produite par l'épaississement des membranes viscérales du cerveau et l'atrophie de cet organe.

Les lésions de cette démence diffèrent peu de celles qu'on rencontre dans l'affaiblissement sénile des facultés mentales.

Les trois cas de démence organique, qui existent à l'asile, sont dus à d'anciens foyers de la substance cérébrale qui ont déterminé une hémiplégie, une fois à droite et deux fois à gauche. Ces lésions sont très anciennes, s'accompagnent d'un léger affaiblissement intellectuel compliqué, pour un de ces malades, d'aphasie très prononcée.

L'idiotie et l'imbécillité qui n'est qu'un degré moins avancé de l'diotie, simples ou compliquées d'épilepsie, sont la terminaison de tous les troubles de nutrition de l'encéphale, qui surviennent pendant la vie intra-utérine, ou la première période de l'enfance.

L'hydrocéphalie, l'hypertrophie cérébrale, la péricérébrite, la sclérose simple ou tubéreuse, diffuse ou partielle, des foyers de ramollissement ou d'hémorrhagie cérébrale, le défaut de développement des circonvolutions du cerveau, la mollesse trop grande de ces circonvolutions, sont les lésions que nous avons rencontrées dans cette affection.

J'examinerai successivement les admissions, les sorties et les décès, qui ont eu lieu en 1891.

Admissions.

	Hommes	Femmes	Total
Admis pour la première fois dans un asile	51	40	91
Rechutés	6	4	10
Réintégrés par suite de sortie avant guérison	6	5	11
Transférés des autres établissements d'aliénés	11	2	13
	74	51	125

91 individus ont été admis en 1891 pour la première fois à l'établissement.

Nous avons eu à noter 10 rechutes, 6 pour les hommes et 4 pour les femmes ; 7 de ces aliénés revenaient à l'asile pour la deuxième fois, 1 pour la troisième et 2 pour la quatrième.

11 malades qui étaient sortis sur la demande des familles, sans être guéris, ont été réintégrés à l'établissement. Ils étaient tous atteints de folie simple.

Nous avons reçu par suite de transfèrements, 11 hommes et 2 femmes : 9 hommes sont venus du quartier d'aliénés annexé à la maison centrale de Gaillon, 1 de l'asile de Sainte-Anne et l'autre de l'asile de Ville-Evrard. Ce dernier asile et celui d'Auxerre nous ont envoyé chacun une femme.

De ces 13 malades, 9 étaient atteints de folie simple, 1 d'idiotie simple et 3 d'idiotie compliquée d'épilepsie.

Les 9 aliénés venant de Gaillon ont été placés momentanément à l'asile d'Evreux, en attendant que leur domicile de secours ait été reconnu. Les 4 autres malades transférés comprennent 3 indigents de l'Eure et une pensionnaire de 3e classe.

Admissions de 1872 à 1891.

| | PENSIONNAIRES | | | INDIGENTS | | | | | | TOTAL des pensionnaires et des indigents | | TOTAL GÉNÉRAL |
| | | | | Eure | | | Autres départements et état | | | | | |
	H.	F.	TOTAL	H.	F.	TOTAL	H.	F.	TOTAL	H.	F.	
1872	19	25	44	44	42	86	24	33	57	87	100	187
1873	29	23	52	49	49	98	17	37	54	95	109	204
1874	18	25	43	66	39	105	5	2	7	89	66	155
1875	16	20	36	52	55	107	46	27	73	114	102	216
1876	28	23	51	67	33	100	27	19	46	122	75	197
1877	18	22	40	52	48	100	9	11	20	79	81	160
1878	28	22	50	56	50	106	13	8	21	97	80	177
1879	23	25	48	47	38	85	47	10	57	117	73	190
1880	23	33	56	49	43	92	15	1	16	87	77	164
1881	25	23	48	43	44	87	19	2	21	87	69	156
1882	24	19	43	31	36	67	29	4	33	84	59	143
1883	23	28	51	32	49	81	37	3	40	92	80	172
1884	16	20	36	35	41	76	22	3	25	73	64	137
1885	14	25	39	42	34	76	23	2	25	79	61	140
1886	22	23	45	39	23	62	9	3	12	70	49	110
1887	22	31	53	33	26	59	17	1	18	72	58	130
1888	31	17	48	30	37	67	18	38	56	79	92	171
1889	15	23	38	31	32	63	14	»	14	60	55	115
1890	20	15	35	32	28	60	15	1	16	67	44	111
1891	31	23	54	29	24	53	14	4	18	74	51	125
Totaux.	445	465	910	859	771	1.630	420	209	629	1.724	1.445	3.169
MOYENNES depuis 20 ans.	22	23	45	43	39	82	21	10	31	86	72	158

La moyenne des admissions, pendant les vingt dernières années, a été pour les pensionnaires de 45, pour les indigents de l'Eure de 82, et pour les aliénés entretenus au compte des autres départements et de l'État de 31 ; total 158.

En 1801, nous avons reçu 54 pensionnaires et seulement 53 indigents de l'Eure.

Jamais les admissions des aliénés de cette dernière catégorie n'avaient été aussi peu nombreuses.

Admissions pour la première fois. — 43 malades ont été admis sur la demande des parents et 48 par ordre de l'autorité.

Le tableau suivant indique la forme d'aliénation mentale dont ils étaient atteints, et la durée de leur affection avant leur entrée à l'asile.

DURÉE DE LA MALADIE avant l'admission.	FOLIE simple		FOLIE alcoolique		PARALYSIE générale		DÉMENCE sénile		IDIOTIE et imbécillité		ÉPILEPSIE		TOTAL GÉNÉRAL		
	H.	F.	H.	F.	H.	F.	H.	F.	H.	F.	H.	F.	H.	F.	Total
Un mois et au-dessous....	8	8	4	»	1	»	»	»	»	»	1	»	14	8	22
De 1 à 3 mois..........	6	8	»	»	4	2	»	1	»	1	»	»	10	12	22
3 à 6 mois..........	2	1	»	»	1	»	»	»	»	»	»	»	3	1	4
6 mois à 1 an........	1	3	2	»	1	»	»	»	»	»	»	1	4	4	8
1 an à 2 ans.........	2	1	»	»	6	1	»	»	»	»	»	2	8	4	12
2 ans et au-dessus.....	»	5	»	»	1	»	»	1	»	»	2	»	3	6	9
Epoque indéterminée ou inconnue..........	»	»	1	»	2	1	»	»	»	1	»	»	3	2	6
De la naissance ou de la 1re enfance..........	»	»	»	»	»	»	»	»	3	1	3	2	6	3	9
Totaux.......	19	26	7	»	16	4	»	2	3	3	6	5	51	40	91

Parmi les malades épileptiques, 3 étaient atteints d'idiotie, 0 de démence; 2 jeunes filles, âgées l'une de 16 ans et l'autre de 13 ans, présentaient des phénomènes hystériques, une émotivité et une irascibilité très-grandes.

État-civil. — 31 aliénés étaient célibataires, 53 mariés et 7 veufs.

Instruction. — 5 aliénés savaient lire, 64 avaient reçu une instruction primaire, 2 une instruction plus élevée ; 20 n'avaient aucune instruction.

Les professions des aliénés et les époques mensuelles des admissions ne donnent lieu à aucune considération digne d'intérêt.

Le tableau suivant indique la répartition par arrondissement des aliénés domiciliés dans l'Eure.

Comme les années précédentes, l'arrondissement d'Évreux est celui qui a fourni le plus d'aliénés, d'une manière absolue et relativement à sa population.

Répartition, par arrondissement, des aliénés domiciliés dans l'Eure, admis pour la première fois en 1891.

DÉSIGNATION des ARRONDISSEMENTS	NOMBRE d'habitants de l'Eure.	ALIÉNÉS			PROPORTION pour 10,000 HABITANTS
		H.	F.	TOTAL	
Evreux......................	111.261	19	14	33	2.96
Louviers.................	57.801	9	6	15	2.62
Bernay....................	59.232	7	3	10	1.68
Pont-Audemer............	63.662	5	8	13	2.04
Les Andelys.............	58.015	6	3	9	1.55
Totaux.....	349.471	46	34	80	2.29

Parmi les 11 aliénés étrangers au département de l'Eure, 6 étaient pensionnaires 1 du Calvados et 5 de Seine-et-Oise ; 4 indigents appartenaient à la Nièvre, au Morbihan, aux Côtes-du-Nord et à la Seine ; le domicile de l'autre malade n'est pas encore déterminé.

Etiologie de l'aliénation mentale. — L'hérédité, l'alcoolisme qui, dans l'Eure, consiste surtout dans l'abus de l'eau-de-vie, les maladies fœtales et infantiles, susceptibles de nuire au développement normal de l'encéphale, les peines morales, amour contrarié, jalousie, trop grande préoccupation des affaires d'intérêt, revers de fortune, chagrins divers, sont les causes principales de l'aliénation mentale.

Sur les 91 aliénés admis pour la première fois, nous avons constaté 39 fois des antécédents héréditaires bien nets, 23 fois chez les femmes et 16 fois chez les hommes, et ce chiffre serait beaucoup plus élevé, si nous avions pu obtenir des renseignements détaillés sur tous nos malades.

18 hommes et 4 femmes avaient commis de nombreux excès alcooliques ; 4 de ces individus ont été atteints de delirium tremens, 8 du délire des persécutions, 5 de paralysie générale et 5 de démence.

L'étiologie de la paralysie générale est très difficile à déterminer, donne lieu depuis quelques années à de nombreuses discussions, et nous ne saurions admettre l'opinion qui veut qu'elle soit toujours due à la syphilis. Cette cause n'est signalée que dans trois de nos observations. Chez 2 de nos malades, elle paraît avoir été produite par un violent chagrin dû à la mort, du croup, de deux de leurs enfants ; la paralysie générale a débuté quelques jours après cette mort, chez l'un d'eux, par un accès de manie ambitieuse, et chez l'autre, ne s'est développée que très lentement, au bout de 15 mois, par de la démence.

Sorties. — 25 malades sont sortis guéris, 21 améliorés, 1 s'est évadé, 4 ont été transférés dans d'autres asiles et 3 ont été réclamés par leurs familles, sans présenter aucun changement dans leur état mental.

8 des malades sortis guéris étaient atteints de folie alcoolique.

Le tableau suivant indique la durée du séjour dans l'asile des aliénés sortis guéris.

DURÉE DU SÉJOUR DANS L'ASILE	FOLIE simple.		FOLIE alcoolique		TOTAL
	H.	F.	H.	F.	
Quelques jours à 1 mois............	»	3	2	»	5
De 1 à 3 mois....................	2	3	2	»	7
De 3 à 6 mois....................	5	2	1	»	8
De 6 mois à 1 an.................	»	»	1	»	1
De 1 à 2 ans....................	1	1	1	»	3
2 ans et 9 mois.................	»	»	»	1	1
Totaux........	8	9	7	1	25

La malade sortie guérie, et qui est restée 2 ans et 9 mois
à l'asile, ne présentait, depuis assez longtemps, aucun
trouble de l'intelligence, mais comme elle avait déjà eu
antérieurement deux accès de folie alcoolique, nous avons
cru devoir la garder quelque temps après sa guérison,
pour tâcher de lui faire perdre l'habitude de ses excès de
boisson.

Nous n'avons constaté que 3 fois des antécédents héréditaires chez les 17 malades sortis guéris, qui étaient
atteints de folie non alcoolique.

Sorties par essai. — Ces sorties continuent à nous
donner de très-bons résultats, et nous ne les refusons
jamais aux familles qui les réclament, à moins que les
troubles de l'intelligence des aliénés ne soient trop graves.
Chez 5 femmes, ces sorties provisoires ont pu être converties en sorties définitives.

Traitement de l'aliénation mentale. — Ce traitement
varie non-seulement suivant la forme d'aliénation mentale dont sont atteints les malades, mais aussi suivant
leur constitution, l'état de leur santé physique.

Nous employons le plus souvent l'opium, dans la folie alcoolique; le bromure de potassium, dans l'épilepsie et la paralysie générale ; les bains tièdes prolongés, l'opium, le chloral, dans la manie; l'hydrothérapie dans la lypémanie ; l'hypnose dans l'hystérie.

Le nommé O... atteint de paralysie générale, à la première période, dont nous avons cité, dans notre rapport de 1880, la guérison par l'emploi du bromure de potassium, porté progressivement jusqu'à la dose quotidienne de 40 grammes, et qui est sorti le 1er novembre 1889, a eu une rechute, est rentré à l'asile le 23 septembre 1891. La même médication a échoué, et il est mort le 17 novembre 1891.

Nous avons employé l'hypnotisme chez 2 jeunes filles atteintes d'hystéro-épilepsie, dont l'affection se rapproche plus de l'épilepsie que de l'hystérie. L'hypnose a produit une diminution notable de fréquence des attaques convulsives, sans que nous ayons pu parvenir, jusqu'à présent, à les faire cesser complètement.

La guérison se maintient chez 2 jeunes filles atteintes d'hystéro-épilepsie, guéries par l'emploi de ce moyen thérapeutique.

La nommée O... entrée à l'asile en mai 1888, est sortie très-améliorée le 23 janvier 1890, et l'amélioration s'est convertie en guérison dans sa famille. Elle nous a écrit, il y a quelques semaines, qu'elle était complètement guérie.

La nommée O... atteinte d'hystéro-épilepsie héréditaire, avec débilité mentale, dont les attaques étaient excessivement fréquentes, puisque du mois d'octobre 1887 à la fin de septembre de l'année suivante nous en avons compté 3,110, n'en a pas eu une seule depuis le 12 janvier 1891.

Nous pensons que l'hypnotisme qui, employé par les

médecins ne peut déterminer aucun accident, est le meilleur traitement de l'hystérie.

Décès. — Il n'est mort que 56 malades en 1891, ce qui donne seulement une mortalité de 6.62 %, par rapport à la population moyenne, et de 5.77 %, par rapport au nombre des malades traités.

Du 1er août 1866 au 31 décembre 1879, la proportion pour cent des décès a été de 14.36, par rapport à la population moyenne, et de 11.17, par rapport au nombre de malades traités.

Du 1er janvier 1880 au 31 décembre 1891, cette proportion n'a été, dans le premier cas, que de 8.09 et dans le second, que de 6.93.

Cette diminution considérable tient à l'amélioration de toutes les conditions hygiéniques de l'asile, qui ont rendu bien moins fréquentes les inflammations intestinales, auxquelles succombent facilement les malades débilités des établissements d'aliénés.

Nombre de décès du 1er août 1866 au 31 décembre 1879.

	1866		1867		1868		1869		1870		1871		1872	
	H.	F.	H.	F.	H.	F.	H.	F.	H.	F.	H.	F.	H.	F.
Décès par sexe	26	»	33	»	30	19	13	22	99	59	70	66	30	41
Population moyenne annuelle	137	»	169	»	188	171	194	249	267	329	313	324	300	354
Proportion % des décès	18.97	»	19.12	»	15.95	11.11	6.73	8.84	37.06	17.93	22.36	20.37	10.»	11.58

	1873		1874		1875		1876		1877		1878		1879	
	H.	F.	H.	F.	H.	F.	H.	F.	H.	F.	H.	F.	H.	F.
Décès par sexe	42	50	43	44	54	52	58	48	51	54	54	50	57	[illegible]
Population moyenne annuelle	314	390	334	406	345	412	372	432	380	425	381	425	397	[illegible]
Proportion % des décès	13.37	12.82	12.87	10.83	15.65	12.62	15.59	11.06	13.42	12.70	14.17	11.76	14.35	[illegible]

		H.	F.
Population moyenne de 1866 à 1879.		292	362
Proportion % des décès		16.10	12.71

Proportion % des deux sexes.	14.36

	1866		1867		1868		1869		1870		1871		1872	
	H.	F.	H.	F.	H.	F.	H.	F.	H.	F.	H.	F.	H.	F.
Population traitée	193	»	238	»	255	276	237	312	480	417	445	438	412	458
Proportion % des décès	13.54	»	13.86	»	11.76	6.88	5.43	7.05	20.62	14.15	15.73	15.07	7.28	8.95

	1873		1874		1875		1876		1877		1878		1879	
	H.	F.	H.	F.	H.	F.	H.	F.	H.	F.	H.	F.	H.	F.
Population traitée	403	489	417	475	456	504	482	502	463	507	478	502	499	[illegible]
Proportion % des décès	10.42	10.22	10.31	9.26	9.87	10.32	12.03	9.56	11.02	10.65	11.30	9.96	11.42	[illegible]

		H.	F.
Moyennes de la population traitée.		390	448
Proportion % des décès		12.05	10.27

Nombre de décès du 1ᵉʳ janvier 1880 au 31 décembre 1891.

	1880		1881		1882		1883		1884		1885		1886		1887		1888		1889		1890		1891	
	H.	F.	H.	F.	H.	F.	H.	F.	H.	F.	H.	F.	H.	F.	H.	F.	H.	F.	H.	F.	H.	F.	H.	F.
Décès par sexe	33	38	39	35	41	31	39	30	43	30	35	17	30	32	34	31	29	45	30	36	46	47	29	27
Population moyenne annuelle	411	430	420	433	412	426	416	433	412	440	409	437	418	440	418	439	425	419	427	447	414	429	421	425
Proportion % des décès	8.03	8.84	9.28	8.08	9.74	7.28	9.37	6 93	10.44	6.82	8.56	3.80	7.17	7.27	8.13	7.06	6.82	10.74	7.03	8 45	11.11	10.96	6.89	6.35

	H.	F.
Population moyenne de 1880 à 1891	417	433
Proportion % des décès	8.39	7.62

Proportion % des deux sexes 8.09

	1880		1881		1882		1883		1884		1885		1886		1887		1888		1889		1890		1891	
	H.	F.	H.	F.	H.	F.	H.	F.	H.	F.	H.	F.	H.	F.	H.	F.	H.	F.	H.	F.	H.	F.	H.	F.
Population traitée	489	501	506	502	503	489	499	504	488	506	485	432	481	492	490	494	501	525	495	507	499	493	493	477
Proportion % des décès	6.75	7.58	7.70	6.97	7.95	6.34	7.82	5.95	8.81	5.93	7.22	3 45	6.24	6.50	6 94	6.28	5 99	8.57	6.00	7.40	9.22	9.55	5.88	5.66

	H.	F.
Moyennes de la population traitée	494	498
Proportion % des décès	7.08	6.63

10 malades sont morts de paralysie générale.

Dans les sept cas où l'autopsie a pu être pratiquée, nous avons trouvé les lésions de la péricérébrite chronique, localisées sur les régions frontale et pariéto-temporo-sphénoïdale du cerveau.

Ces lésions consistent dans l'épaississement des membranes viscérales de cet organe, et leur adhérence à la substance corticale injectée et ramollie.

Les granulations de l'épendyme des ventricules, auxquelles quelques auteurs attachent une importance exagérée, manquaient deux fois.

La péricérébrite chronique détermine toujours de l'atrophie du cerveau, et cette atrophie est proportionnée à l'intensité des phénomènes phlegmasiques et à la durée de le maladie.

10 épileptiques ont succombé à des causes diverses : 2 à la phthisie pulmonaire, 1 à un état cachectique, 1 à l'introduction d'aliments dans les voies aériennes pendant une attaque convulsive, 3 à une série d'attaques suivies de coma et 3 à l'asphyxie déterminée par une violente crise.

La phthisie est très rare dans l'épilepsie. Des 2 malades qui ont succombé à cette affection, l'un était très affaibli par une vaste brûlure de la région dorsale et de la région lombaire qui l'a retenu au lit tout le temps de son séjour à l'asile, pendant 7 mois et 26 jours, et qui n'était pas encore cicatrisée à sa mort ; l'autre était une idiote microcéphale de 22 ans, qui était très mal conformée et d'une très faible constitution.

L'épileptique, dont la mort a été produite par un état cachectique, était un individu âgé de 48 ans, atteint d'imbécillité, avec contracture du bras et de la jambe gauches, due à un vaste foyer de la partie moyenne de l'hémisphère droit, avec dégénérescence du faisceau pyramidal croisé de la moelle épinière.

Chez 2 épileptiques atteints d'agitatiou intermittente, à la suite de leurs crises, les circonvolutions cérébrales étaient aplaties contre les os de la voûte du crâne, dont les sutures étaient ossifiées.

L'encéphale pesait chez l'un 1372 grammes et chez l'autre 1420 grammes.

Une femme, âgée de 44 ans, atteinte d'épilepsie et d'hémiplégie incomplète du côté droit, a présenté une sclérose de l'hémisphère cérébral gauche qui ue pesait que 332 grammes, tandis que l'hémisphère cérébral droit avait un poids de 560 grammes.

L'inégalité de poids des hémisphères cérébraux est fré-quente dans l'épilepsie ; elle est due, tantôt à une atro-phie scléreuse, comme dans le cas que je viens de rap-porter, ou à des foyers de ramollissement et d'hémor-rhagie, et tantôt, mais moins souvent, à l'hypertrophie d'un des deux hémisphères.

Les 2 aliénés, 1 femme et 1 homme, morts de phthisie pulmonaire, qui n'étaient pas épileptiques, étaient atteints du délire des persécutions.

La femme, qui n'est restée que quelques jours à l'asile, était malade longtemps avant son entrée.

L'homme était depuis 26 ans à l'établissement, où il paraît avoir contracté cette affection, qui a duré au moins 10 ans.

La phthisie est très rare à l'asile d'Évreux et la vie se prolonge longtemps chez ceux qui l'ont contractée.

Sur les 31 individus atteints de folie ou de démence, qui sont décédés, 9 ont présenté des lésions anciennes ou récentes d'hémorrhagie des corps optostriés, ce qui prouve combien sont fréquentes les altérations des vaisseaux du cerveau, dans l'aliénation mentale.

2 hommes et 2 femmes sont morts d'hémorrhagie sié-geant dans le corps strié ; l'un des deux hommes avait un

ancien foyer pouvant contenir un haricot, intéressant le noyau caudé et la couche optique.

Ces 4 malades avaient commis des excès alcooliques ; 2 étaient atteints de mégalomanie incohérente, avec amnésie et agitation, 1 de démence caractérisée surtout par un affaissement moral, et l'autre de mélancolie, avec hallucinations de la vue.

Voici le sommaire des observations des 5 malades qui ont présenté d'anciens foyers :

S..., 70 ans, transféré de l'asile de Ville-Évrard le 7 mai 1890. Idées de persécution et d'hypochondrie suivie de démence. Hémiplégie gauche en juin 1883.

Ancien foyer hémorrhagique de la partie postérieure du corps strié droit, et de la partie antérieure de la couche optique. Dégénérescence athéromateuse du système artériel ; hypertrophie du cœur ; néphrite interstitielle.

T..., 57 ans, entré pour la seconde fois le 3 décembre 1889. Démence, agitation intermittente. Ancien foyer pouvant contenir une petite noisette, dans la corne sphénoïdale droite ; deux autres foyers du volume d'un petit pois à la partie antérieure de la capsule interne du même côté.

C..., 65 ans, transféré de Bicêtre le 18 mai 1875. Idées de persécution et de mysticisme, avec hallucinations de l'ouïe. Il a tué son fils âgé de neuf ou dix ans, a mis le feu avec des cartouches explosibles à sa chambre qui a été détruite, ainsi que des chambres voisines. Pas de troubles de la motilité. Ancien foyer à la partie moyenne du sillon préfrontal, intéressant la frontale ascendante et l'extrémité antérieure de la première et de la deuxième frontales. Hypertrophie du cœur et de la prostate. Dégénérescence athéromateuse. Commencement de cirrhose.

B..., 53 ans, entré à l'asile le 4 juillet 1868. Idées de persécution avec débilité mentale. Hémiplégie droite.

Ancien foyer occupant une grande partie du corps strié gauche. Circonvolutions cérébrales grêles. Hypertrophie du cœur.

M..., 59 ans, entré à l'asile le 28 mars 1877. Idées de persécution suivie de démence. Excès alcooliques. Hémiplégie gauche. Deux foyers de la capsule externe du corps strié droit.

Une femme atteinte du délire des persécutions, avec hallucinations de la vue, entrée le 3 août 1871, a présenté une néomembrane en voie de formation, à la partie de la face interne de la dure-mère, correspondante à l'hémisphère droit.

Causes des décès

	Hommes.	Femmes.	Total.
Paralysie générale	8	2	10
Hémorrhagie cérébrale	2	2	4
Ramollissement cérébral	»	1	1
Anciens foyers du cerveau	4	1	5
Attaques d'épilepsie	4	3	7
Adénite du cou	»	1	1
Abcès pharyngien	»	1	1
Bronchite	1	3	4
Congestion pulmonaire	2	1	3
Pleuro-pneumonie	»	1	1
Phthisie pulmonaire	2	2	4
Affections du cœur	5	»	5
Anévrysme de l'aorte	»	1	1
Entérite simple	»	2	2
Entérite tuberculeuse	»	1	1
Cancer de la face	1	»	1
Cancer de l'ovaire	»	1	1
Débilité sénile	»	4	4
TOTAUX	29	27	56

La nommée G..., atteinte du délire des persécutions, avec hallucinations de l'ouïe a été opérée le 29 mai 1890, d'un kyste volumineux de l'ovaire.

L'opération a très bien réussi; malheureusement les parois du kyste étaient de nature encéphaloïde et la malade a succombé à une cachexie cancéreuse le 19 avril 1891. L'opération n'avait été pratiquée que lorsque cette aliénée était sur le point de succomber et, par conséquent, elle a prolongé sa vie de 10 mois.

Les 5 malades atteints d'idiotie simple n'ont présenté d'autres malformations que la petitesse, le défaut de sinuosité des circonvolutions cérébrales, et le petit nombre des sillons de passage.

L'encéphale n'a pas été pesé chez les 2 hommes.

Chez les 3 femmes, son poids était bien inférieur au poids normal ; il n'était que de 1040 gr., 1039 gr. et 906 gr. Les sutures des os du crâne n'étaient nullement ossifiées ; par conséquent, la microcéphalie ne tenait pas à leur ossification, à laquelle quelques auteurs ont le tort de vouloir toujours la rattacher.

Le défaut de développement du cerveau est plus souvent la cause que l'effet de cette synostose quand elle existe.

Dans l'hydrocéphalie et l'hypertrophie cérébrales, la cavité crânienne suit le développement de l'encéphale, les os s'amincissent, les sutures s'écartent, tandis que dans l'atrophie de cet appareil nerveux c'est tout le contraire ; les os du crâne s'épaississent, les sutures se rapprochent et s'ossifient.

Si la synostose prématurée des os du crâne était la cause de l'idiotie, on trouverait le cerveau à l'étroit dans la boîte crânienne, les circonvolutions cérébrales aplaties contre les os, ce qui n'existe pas.

Le tableau suivant indique la durée du séjour à l'asile

des aliénés décédés et la forme d'aliénation mentale dont
ils étaient atteints.

DURÉE DU SÉJOUR A L'ASILE des aliénés décédés.	FOLIE simple		FOLIE alcoolique		PARALYSIE générale		DÉMENCE sénile		IDIOTIE et imbécillité.		ÉPILEPSIE		TOTAL GÉNÉRAL		
	H.	F.	H.	F.	H.	F.	H.	F.	H.	F.	H.	F.	H.	F.	Total
Un mois et au-dessous....	»	3	»	»	1	»	»	1	»	»	»	»	1	4	5
De 1 mois à 3 mois.......	»	»	1	»	2	»	»	»	»	»	»	»	3	»	3
3 à 6 mois...........	»	»	1	»	2	1	»	»	»	1	»	»	3	2	5
6 mois à 1 an........	1	1	»	»	»	1	»	»	»	»	2	»	3	2	5
1 an à 2 ans...........	1	1	»	»	2	»	»	»	1	»	»	»	4	1	5
2 à 5 ans...........	»	1	»	»	1	»	»	1	»	»	»	»	1	2	3
5 à 10 ans...........	»	3	1	»	»	»	»	1	1	»	2	»	4	4	8
10 à 25 ans...........	7	5	1	1	»	»	»	»	»	2	2	4	10	12	22
Totaux.......	9	14	4	1	8	2	»	3	2	3	6	4	29	27	56

18 malades sont morts la première année de leur séjour
à l'asile, 8 y sont restés de 1 à 5 ans, 8 de 5 à 10 ans et
22 de 10 à 25 ans.

Les 4 malades qui sont morts le premier mois de leur
admission ont succombé, une femme âgée de 84 ans, à
une congestion pulmonaire, une femme de 43 ans, à un
anévrysme de la crosse de l'aorte, une femme de 30 ans,
à la phthisie pulmonaire et un homme de 36 ans, à la
dernière période de la paralysie générale.

Promenades et distractions. — Les aliénés ont à leur
disposition des jeux divers, cartes, dames, dominos, tonneaux, balançoires, etc.

Les plus tranquilles, au nombre de 300 à 350, vont
en promenade tous les dimanches et jours fériés. Ils
emploient une partie de leur pécule à déjeuner, dîner ou
goûter à la campagne plusieurs fois chaque année, à
prendre des rafraîchissements pendant leurs promenades,

à assister à des représentations théâtrales, au moment de la foire Saint-Taurin.

Jamais il n'arrive aucun accident, aucune évasion pendant ces promenades.

La fanfare, malgré les éléments peu favorables dont nous disposons, continue à fonctionner d'une manière satisfaisante. Elle joue tous les dimanches, après la messe, dans la cour d'entrée où dansent les malades, et les accompagne quelquefois, quand ils vont en promenade.

Les épileptiques qui ont des attaques trop fréquentes pour sortir de l'asile, les malades qui marchent difficilement, se promènent dans notre bois.

Le tableau suivant résume le mouvement de la population dans tous ses détails.

MOUVEMENT DE LA POPULATION EN 1891

INDIGENTS

Mouvement de la population	EURE H.	EURE F.	SEINE H.	SEINE F.	SEINE-ET-OISE H.	SEINE-ET-OISE F.	AUTRES DÉPARTEMENTS H.	AUTRES DÉPARTEMENTS F.
Existant le 31 décembre 1890	279	286	80	77	13	9	1	1
Entrés — Admis pour la 1re fois	23	18	»	»	»	»	2	3
Entrés — Rechutés	2	1	»	»	»	»	»	»
Entrés — Réintégrés par suite de sortie avant guérison	2	4	»	»	»	»	1	»
Entrés — Transférés d'un autre asile	2	1	2	»	»	»	4	»
Total des aliénés entrés	29	24	2	»	»	»	7	3
Total des aliénés traités	308	310	82	77	13	9	8	4
Mutations de classe — 1 indigent du ministère de l'intérieur passé à l'Eure	1	»	»	»	»	»	»	»
Mutations — 5 pensionnaires de 4e classe passés à l'Eure	4	1	»	»	»	»	»	»
Mutations — 3 pensionnaires de 3e classe passés aux pensionnaires de 4e classe	»	»	»	»	»	»	»	»
Total des mutations de classes	5	1	»	»	»	»	»	»
Total des aliénés traités et des mutations de classes	313	311	82	77	13	9	8	4
Sortis — Guéris	6	6	»	»	»	»	3	»
Sortis — Améliorés	3	4	»	»	»	»	»	»
Sortis — Évadés	»	»	1	»	»	»	»	»
Sortis — Transférés	»	»	»	»	»	»	2	2
Sortis — Réclamés par leurs familles, etc.	»	1	»	»	»	»	»	»
Total des aliénés sortis	9	10	1	»	»	»	5	2
Décédés	20	16	7	4	»	1	»	»
Total des sortis et des décédés	29	26	8	4	»	1	5	2
Mutations de classe — 1 indigent du ministère de l'intérieur passé à l'Eure	»	»	»	»	»	»	»	»
Mutations — 5 pensionnaires de 4e classe passés à l'Eure	»	»	»	»	»	»	»	»
Mutations — 3 pensionnaires de 3e classe passés aux pensionnaires de 4e classe	»	»	»	»	»	»	»	»
Total des mutations de classes	»	»	»	»	»	»	»	»
Total des sorties, décès et mutations de classe	29	26	8	4	»	1	5	2
Restant le 31 décembre	284	285	74	73	13	8	3	2
Nombre de journées de présence pendant l'année	102768	103442	25288	27191	4738	2980	864	885
Moyenne de la population par jour	282	283	77	75	13	6	2	2

PENSIONNAIRES

Mouvement de la population	MINISTÈRE INTÉRIEUR — Secours H.	Secours F.	MINISTÈRE INTÉRIEUR — Prisonniers H.	JUSTICE — Prévenus H.	TOTAL des indigents H.	TOTAL des indigents F.	1re classe H.	1re classe F.	2e classe H.	2e classe F.	3e classe H.	3e classe F.	4e classe H.	4e classe F.	TOTAL des pensionnaires H.	TOTAL des pensionnaires F.	TOTAL des pensionnaires et des indigents H.	TOTAL des pensionnaires et des indigents F.	TOTAL GÉNÉRAL
Existant le 31 décembre 1890	7	»	»	1	381	373	2	»	»	7	5	10	23	34	30	51	411	424	835
Entrés — Admis pour la 1re fois	»	1	1	1	27	22	2	»	3	1	5	5	14	12	24	18	51	40	91
Entrés — Rechutés	»	»	»	»	2	1	1	»	»	»	»	2	3	1	4	3	6	4	10
Entrés — Réintégrés par suite de sortie avant guérison	»	»	»	»	3	4	»	»	»	»	»	1	3	»	3	1	6	5	11
Entrés — Transférés d'un autre asile	2	»	1	»	11	1	»	»	»	»	»	1	»	»	»	1	11	2	13
Total des aliénés entrés	2	1	2	1	43	28	3	»	3	1	5	9	20	13	31	23	74	51	125
Total des aliénés traités	9	1	2	2	424	401	5	»	3	8	10	19	43	47	61	74	485	475	960
Mutations de classe — 1 indigent du ministère de l'intérieur passé à l'Eure	»	»	»	»	1	»	»	»	»	»	»	»	»	»	»	»	1	»	1
Mutations — 5 pensionnaires de 4e classe passés à l'Eure	»	»	»	»	4	1	»	»	»	»	»	»	»	»	»	»	4	1	5
Mutations — 3 pensionnaires de 3e classe passés aux pensionnaires de 4e classe	»	»	»	»	»	»	»	»	»	»	»	»	2	1	2	1	2	1	3
Total des mutations de classes	»	»	»	»	5	1	»	»	»	»	»	»	2	1	2	1	7	2	9
Total des aliénés traités et des mutations de classes	9	1	2	2	429	402	5	»	3	8	10	19	45	48	63	75	492	477	969
Sortis — Guéris	»	»	»	»	9	6	»	»	»	»	1	1	5	4	6	5	15	11	26
Sortis — Améliorés	»	»	»	1	4	4	1	»	1	2	»	»	4	5	6	7	10	11	21
Sortis — Évadés	»	»	»	»	1	»	»	»	»	»	»	»	»	»	»	»	1	»	1
Sortis — Transférés	»	»	1	»	2	2	»	»	»	»	»	»	»	»	»	»	2	2	4
Sortis — Réclamés par leurs familles, etc.	»	»	1	»	1	1	»	»	»	»	»	»	1	»	1	»	2	1	3
Total des aliénés sortis	»	»	1	1	17	12	1	»	1	1	3	3	8	8	13	12	30	24	54
Décédés	»	»	»	1	27	21	1	»	»	1	1	3	»	2	2	6	29	27	56
Total des sortis et des décédés	»	»	1	1	44	33	2	»	1	2	4	6	8	10	15	18	59	51	110
Mutations de classe — 1 indigent du ministère de l'intérieur passé à l'Eure	»	»	»	»	1	»	»	»	»	»	»	»	»	»	»	»	1	»	1
Mutations — 5 pensionnaires de 4e classe passés à l'Eure	»	»	»	»	4	1	»	»	»	»	»	»	»	»	»	»	4	1	5
Mutations — 3 pensionnaires de 3e classe passés aux pensionnaires de 4e classe	»	»	»	»	»	»	»	»	»	»	»	»	2	1	2	1	2	1	3
Total des mutations de classes	»	»	»	»	5	1	»	»	»	»	»	»	2	1	2	1	7	2	9
Total des sorties, décès et mutations de classe	»	»	1	1	45	33	1	»	1	1	3	7	17	12	21	20	66	53	119
Restant le 31 décembre	9	1	»	1	384	369	4	»	3	7	7	12	28	36	42	55	426	424	850
Nombre de journées de présence pendant l'année	2978	361	42	300	130878	134776	979	»	2955	2580	3043	10953	13152	11893	20316	[illegible]	151771	155095	306866
Moyenne de la population par jour	8	1	»	1	383	369	3	»	1	7	7	11	27	36	38	56	421	425	846

Compte administratif.

RECETTES

CHAPITRE 1er. — RECETTES ORDINAIRES

Section Ire. — Recettes en argent.

Article 1er. — Intérêts de fonds placés au
trésor... 1,955 41

Les fonds provenant des comptes *asile* et *pécule* des
aliénés ont produit 1,438 fr. 17 et ceux des comptes *dépôt*
517 fr. 24.

Art. 2. — Aliénés de l'Eure......... 262,000 00

La moyenne quotidienne du nombre de ces aliénés
s'est élevée à 565. Cette moyenne a été de 559 en
1890 et de 562 en 1889.

Art. 3. — Aliénés de l'Etat........... 4,537 25

Art. 4. — Aliénés de la Seine........ 73,537 10

Art. 5. — Aliénés d'autres départe-
ments et des pays étrangers.............. 14,200 50

Les recettes de ces quatre catégories d'indigents qui
sont de 355,175 fr. 75 s'étaient élevées en 1890 à
357,230 fr. 25 et à 369,625 fr. 30 en 1889.

La diminution porte sur les aliénés de la Seine, qui ne
nous a pas envoyé de nouveaux malades depuis le
20 décembre 1888.

Art. 6. — Pensionnaires de 1re classe.. 5,643 »

Art. 7. — Pensionnaires de 2e classe... 11,852 »

Art. 8. — Pensionnaires de 3e classe... 17,183 40

Art. 9. — Pensionnaires de 4e classe... 34,807 25

Art. 10. — Domestiques au compte des
familles..................................... 1,386 »

Total........... 70,871 65

Le tableau suivant, qui indique les recettes des pensionnaires, montre que les années 1887 et 1891 sont les deux années où elles ont été le plus élevées.

Recettes provenant des frais de séjour des aliénés entretenus au compte des familles de 1871 à 1891.

Années.	Montant des recettes.	Années.	Montant des recettes.
1871	27.520 95	1882	63.287 50
1872	33.765 01	1883	69.078 05
1873	38.500 16	1884	65.383 20
1874	38.541 01	1885	61.035 40
1875	42.878 10	1886	67.071 95
1876	46.842 60	1887	77.035 10
1877	48.538 21	1888	67.556 75
1878	55.042 17	1889	68.936 85
1879	56.476 72	1890	65.117 60
1880	57.865 62	1891	70.871 65
1881	61.012 88		

Les recettes ont été en augmentant de 1871 à 1883, ont diminué en 1884, 1885, pour recommencer à augmenter en 1886 et arriver, en 1887, au chiffre le plus considérable de 77,035 fr. 10, qu'elles aient atteint.,

En 1888, elles ont été de 67,556 fr. 75, en 1889, de 68,936 fr. 85, en 1890, de 65,117 fr. 60 et en 1891 de 70,871 fr. 65.

La diminution des recettes de 1890 tient à l'augmentation de la mortalité de cette année, par suite de l'épidémie de grippe qui a sévi à l'établissement.

La construction du pensionnat des hommes, qui nous permettra de recevoir un plus grand nombre de pensionnaires des classes élevées, augmentera beaucoup ces recettes.

Art. 11. — Vente d'os et objets hors de
service.................................... 1,298 93

La vente des os a rapporté 248 fr. 85, celle des chiffons, 330 fr. 58, celle d'un cheval, 300 francs et celle
d'un vieux matériel de pilage, 419 fr. 50.

Art. 12. — Vente de produits excédant les besoins de
l'asile.................................... 296 55

Elle se compose de la vente de 9 veaux qui s'est montée à 280 fr. 75 et de celle de 34 peaux de lapin qui a été
de 6 fr. 80.

Art. 13. — Recettes accidentelles....... 11,300 37
Cet article comprend le détail suivant :

Cuirs provenant de l'abattoir.......... 3,675 37
Suifs................................. 1,603 22
Braise de la boulangerie.............. 430 20
Chaussures fournies au personnel et aux
aliénés.:............................... 415 85
Vin fourni au personnel et aux aliénés.. 1,070 05
Cidre et pommes fournis au personnel... 271 »
Chocolat fourni aux aliénés........... 650 20
Café fourni aux aliénés............... 856 10
Régimes supplémentaires divers........ 562 72
Loyer pendant 9 mois de 2 maisons de la
propriété Fouché acquises par l'asile...... 150 »
Pécule des aliénés décédés en 1891...... 520 60
Fournitures de suaires................. 48 »
Fournitures diverses.................. 56 46
Total............. 11.300 37

Art. 14. — Remboursement par les familles de dépenses
hors pension.............................. » »

Il n'a été fait aucune avance aux familles, en dehors
des prix de pension, et les diverses fournitures faites aux
pensionnaires ont été payées sur leurs comptes *dépôt*.

Art. 15. — Remboursement de frais de transférement
d'aliénés.................................. 103 »

Art. 16. — Trop perçu pou... mois payés
d'avance................................. 261 85

Les recettes des articles 15 et 16 correspondent à des
dépenses égales portées aux articles 30 et 32.

Le total des recettes en argent se monte à 441,332 fr. 51.
Celui de 1890 avait été de 441,927 fr. 06 et celui de 1889
de 455,840 fr. 06.

Section II. — *Revenus en nature et produit du travail
des aliénés*

Art. 17. — Revenus en nature consommés 77,444 86
Ils se rapportent aux crédits suivants :

Viande................................. 30,181 50
Pommes à cidre......................... 408 »
Comestibles............................ 34,351 16
Chauffage.............................. 67 50
Culture................................ 4,800 »
• Fourrage et litière.................. 7,636 70
Pour avoir le total des produits en nature, il faut ajou-
ter aux produits consommés............. 77,444 80
1° Les produits vendus compris à l'art 12. 206 55
2° L'augmentation du cheptel........... 2,747 »
                                         ─────────
Ce qui donne un total de 80,488 41

Ce chiffre dépasse de 6,447 fr. 02 les revenus en nature
de 1890, de 5,006 fr. 55 ceux de 1889, de 12,050 fr. 01
ceux de 1888 et de 21,030 fr. 11 ceux de 1887.

Pour avoir le bénéfice net de notre exploitation agricole et maraîchère, il faut retrancher du total des produits en nature.......................... 80,488 41
les dépenses de cette exploitation qui se
sont élevés à 38,847 51
                                          ─────────
Excédant de recettes..................... 41,640 90

Cet excédant avait été de 40,210 fr. 31 en 1890, de 33,087 fr. 92 en 1889, de 26,928 fr. 68 en 1888, de 20,604 fr. 60 en 1887 et de 30,636 fr. 13 en 1886.

L'excédant moins élevé des exercices 1888 et 1887 tient aux ravages causés par les vers blancs, dans notre culture, pendant ces deux années et à l'engraissement d'un moins grand nombre de porcs.

Les bénéfices de notre exploitation agricole et maraîchère, en 1891, se répartissent de la manière suivante :

Porcherie................................... 15,477 23
Vacherie...................................   2,058 60
Basse-cour.................................   380 33
Jardinage et grande culture.............. 23,724 84

Nous avons engraissé 213 porcs qui ont produit 10,085 kilogrammes de viande, dont le prix de revient n'a été que de 0,70.

Les bénéfices de la porcherie ont été, en 1890, de 15,060 fr. 08 et de 14,807 fr. 22 en 1889.

Art. 18. — Produit du travail des aliénés   40,088 10

Le nombre moyen des travailleurs a été de 226 hommes et de 257 femmes, total 483, chiffre supérieur de 3 unités à celui de 1890.

Le prix de la journée entière est de 0 fr. 10 ; il n'est accordé qu'aux meilleurs travailleurs, les autres ne touchant qu'un, deux ou trois quarts de ce prix.

NUMÉROS D'ORDRE	NATURE DES TRAVAUX	NOMBRE DE		ÉVALUATION de la journée de travail.	MONTANT.
		Travailleurs.	Journées.		
	HOMMES				
1	Jardinage et culture..........	35	7.185	0.80	5.748 »
2	Terrassements...............	53	8.741	0.45	3.935 45
3	Cordonnerie.................	22	2.900	0.75	2.175 »
4	Maçonnerie	7	1.703	0.90	1.532 70
5	Menuiserie.................	5	1.364	0.90	1.227 60
6	Serrurerie.................	7	1.671	0.90	1.503 90
7	Peinture...................	8	726	0.90	653 40
8	Couture et raccommodage.....	8	581	0.75	435 75
9	Meunerie-boulangerie........	4	1.232	0.00	1.108 80
10	Cuisine....................	7	1.711	0.80	1.368 80
11	Cave et bûcher.............	3	850	0.80	680 »
12	Buanderie..................	4	912	0.75	684 »
13	Conciergerie...............	1	228	0.60	136 80
14	Bureaux...................	4	1.055	0.90	949 50
15	Service intérieur...........	68	9.136	Diverse	8.135 65
	Totaux........	226	39.995	»	25.275 35
	FEMMES				
16	Buanderie..................	40	6.744	0.80	5.395 20
17	Repassage..................	8	2.037	0.80	1.629 60
18	Lingerie...................	49	7.727	0.75	5.705 25
19	Vestiaire..................	60	9.710	0.75	7.282 50
20	Cuisine....................	16	1.875	0.60	1.115 »
21	Tricot.....................	8	934	0.55	513 70
22	Service intérieur...........	76	10.816	Diverse	2.981 50
	Totaux........	257	39.843	»	24.712 75
	Récapitulation. { Hommes...............				25.275 35
	{ Femmes...............				24.712 75
	Total..............				49.988 10

Les principaux travaux de terrassements ont consisté à achever l'enlèvement du monticule de terre, sur l'emplacement duquel doit être construit le pensionnat des hommes, et à commencer le nivellement de l'ancienne briqueterie, destinée à être mise en culture.

Le produit du travail a été évalué d'après un prix de journée qui est bien au-dessous de sa valeur réelle.

CHAPITRE II. — RECETTES EXTRAORDINAIRES.

Néant.

CHAPITRE III. — RECETTES SUPPLÉMENTAIRES.

Elles comprennent :

1° L'excédent de l'exercice 1890 ...... 101,058 84
2° Les sommes à recouvrer de cet exercice et des exercices antérieurs 7,168 42

Total....... 108,227 26

Sur les restes à recouvrer, il a été perçu. 2,702 32
Et il reste à percevoir............... 4,466 10
qui seront reportés au budget additionnel de 1892, moins la somme de 135 fr. 65 c., qui est irrecouvrable, et dont la Commission a demandé la mise en non-valeur.

Récapitulation des recettes.

	Prévisions budgétaires.	Droits constatés.	Recettes effectuées.	Restes à recouvrer
Ch. Iᵉʳ. Ordinᵉˢ	559,348 50	568,765 47	562,137 67	6,627 80
Ch. II. Extraᵉˢ	» »	» »	» »	» »
Ch. III Supplᵉˢ	108,227 26	108,227 26	103,761 16	4,466 10
Totaux...	667,575 76	676,992 73	665,898 83	11,093 90

DÉPENSES.

CHAPITRE 1er. — DÉPENSES ORDINAIRES.

Section 1re. — *Dépenses en argent.*

Art 1er. — Traitement du Directeur-Médecin en chef :
Crédit alloué................ 8,000 »
Dépense effectuée............ 8,000 »

Art. 2. — Traitement du Receveur-Économe :
Crédit alloué................ 3,250 »
Dépense effectuée............ 3,250 »

Art. 3. — Traitement des employés de l'adminis-
tration :
Crédit alloué................ 7,100 »
Dépense effectuée............ 7,100 »

Ces employés comprennent :
Un secrétaire de la direction............... 1,800 »
Un commis de direction .... 800 »
Un 1er commis de l'économat............... 1,800 »
Un 2e commis — .... 1,500 »
Un dépensier .... 1,200 »

Le commis de la direction est complètement nourri, tandis que les autres employés n'ont que le déjeûner.

Le secrétaire de la direction et le 1er commis de l'économat habitent deux petites maisons, appartenant à l'asile, et situées en dehors de l'établissement.

Le 2e commis de l'économat et le dépensier ne sont pas logés. Le commis de direction habite l'asile.

Art. 4. — Traitement des fonctionnaires et employés du service médical :
Crédit alloué................ 6,600 »
Dépense effectuée............ 4,711 09
                            ____
Reste annulé...... 1,888 01

Ce crédit prévoyait un médecin adjoint à la classe exceptionnelle, dont le traitement est de 4,000 fr. ; 2 internes ayant chacun 800 fr. et 1 surveillant en chef à 1,000 fr.

L'annulation de ce crédit est due à une vacance d'emploi de 56 jours dans les fonctions de médecin-adjoint qui, en outre, ont été remplies par MM. Blin et Marie, dont le traitement de 2ᵉ classe n'était que de 2,500 fr.

Art. 5. — Traitement de l'aumônier :

    Crédit alloué................... 1,500   »

    Dépense effectuée............. 1,500   »

Art. 6. — Vestiaires des sœurs :

    Crédit alloué................... 4,400   »

    Dépense effectuée............. 4,398 80

           Reste annulé...... 1 11

Cette annulation est due à une vacance d'emploi de 2 jours.

Art. 7. — Solde des préposés et servants :

    Crédit alloué................... 35,000   »

    Dépense effectuée............. 34,780 15

           Reste annulé.... 219 85

Cette annulation tient à des vacances d'emploi, parmi les infirmiers et les infirmières.

Ce personnel est beaucoup plus stable qu'autrefois, par suite de l'élévation de son traitement, qui a eu lieu depuis plusieurs années ; il présente encore des mutations très-nombreuses en raison de la proximité de l'asile d'Evreux des asiles de la Seine et des maisons de santé particulières de Paris, où trouvent facilement à se placer les infirmiers qui quittent notre établissement.

Art. 8. — Frais de culte :

    Crédit alloué..................... 300   »

    Dépense effectuée............. 288 82

           Reste annulé....... 11 18

La dépense de ce crédit a consisté en location de chaises à l'église de Navarre, pour les sœurs et les infirmières, qui ne peuvent assister aux cérémonies religieuses de l'asile, dans l'achat de vin blanc pour la messe, de cierges, d'encens, de pains d'autel et de fleurs pour la chapelle.

Art. 9. — Frais de sépulture :

Crédit alloué....................	360	»
Dépense effectuée.............	358	75
Reste annulé......	1	25

Nous avons acheté 356 fr. 65 c. de bois pour cercueils et 2 fr. 10 c. de sciure de bois.

Les suaires ont été faits avec des draps demi-usés.

Art. 10. — Frais d'administration :

Crédit alloué..............	3,000	»
Dépense effectuée...........	2,985	76
Reste annulé.....	14	24

Ce crédit a servi à payer les dépenses suivantes :

Lithographie.......................	682	50
Impression.........................	275	76
Fournitures de bureau...............	450	35
Livres de médecine ou de littérature et reliures.......................	565	95
Journaux et morceaux de musique......	154	10
Timbres divers....................	444	10
Association des médecins aliénistes.....	100	»
Remontage de l'horloge..............	80	»
Remisage des chevaux...............	60	»
Fournitures diverses................	32	65
Réintégration d'aliénés..............	40	05
Encadrement et reproduction de médailles	90	50
Total..........	2,985	76

Depuis 1879, la dépense des frais d'administration n'a pas notablement varié. L'économie réalisée sur les frais de lithographie, d'impression et de fournitures de bureau, a permis d'augmenter les livres de la bibliothèque, de payer la cotisation de 100 fr. accordée à la société de secours mutuels des médecins aliénistes, et les timbres de dimension qui, depuis le 4ᵉ trimestre 1889, doivent être mis sur tous les titres de recette.

Ces timbres ont nécessité, en 1891, une dépense de 172 fr. 20 c.

Art. 11. — Contributions :

Crédit alloué...................... 600   »
Dépense effectuée................ 451   54

Reste annulé...... 148 46

Art. 12. — Assurance contre l'incendie :

Crédit alloué................ 2,000   »
Dépense effectuée.......... 1,503 10

Reste annulé..... 496 90

L'asile est assuré à l'*Ancienne Mutuelle* et à *La Normandie* dont le siége est à Rouen.

Art. 13. — Blé.

Crédit primitif............. 60,000   »
Crédit supplémentaire...... 2,000   »

62,000 »
Dépense effectuée.......... 61,185 35

Reste annulé.... 814 65

Ce crédit a été employé à l'achat de blé et de farine aux conditions suivantes :

182,829 kilogrammes de blé au prix moyen de 28 fr. 05 c. les 100 kilogrammes 51,205 35

28,000 kilogrammes de farine au prix moyen de 35 fr. 32 c. les 100 kilogrammes.   9,890   »

L'achat de farine a été nécessité par le manque d'eau

du moulin, pendant le dernier trimestre, par suite de la grande sécheresse de l'année.

Depuis 5 ans le blé est acheté de gré à gré, bien qu'il soit mis en adjudication. Celle-ci ne réussit pas, parce que les soumissions sont toujours supérieures au prix maximum fixé par l'administration.

Ce mode d'achat a procuré à l'asile un bénéfice de 28,000 fr. 20 c., soit 5,780 fr. par an, sur les soumissions les moins élevées.

En ajoutant au blé acheté la quantité restant en magasin le 31 décembre 1890, diminuée de celle existant à la fin de l'année 1891, on obtient 192,879 kilogrammes qui ont été livrés au moulin et dont la valeur est de... 53,808 25
   Les frais de mouture ayant été de 1,184 50
    La dépense totale est de........... 54,992 75

La recette comprend :
5,500 k. de gros son à 14 fr. 15 les % kilos. 778 25
34,750 k. de petit son à 13 fr. 20   —   4,587 »
5,490 k. de recoupe à 13 fr. 20 · —   724 68
143,460 k. de farine à 0 fr. 34 le kilog..... 48,902 82
   Total de la recette égal à la dépense... 54,992 75
100 kilogrammes de blé ont produit 74 k. 38 de farine.

Prix de revient du pain.

Le boulanger a reçu 136,762 kilogrammes de farine confectionnée pendant l'année à 0 fr. 3408 le kilogramme........................... 46,608 48
   9,008 kilogrammes de farine restant en magasin au 31 décembre 1890 à 0 fr. 2988 le kilogramme............................. 2,718 48
   Et 27,300 kilogrammes de farine achetée à prix moyen 0 fr. 3532 le kilogramme.... 9,642 76
    Total................ 58,969 72

Il a fabriqué avec cette farine 225,140 kilogrammes de pain, ce qui donne un rendement de 130 01 %.

Les frais de boulangerie se sont élevés à.   2,794 92
somme qu'il faut, pour avoir le prix total de
la dépense, ajouter au prix de la farine.....   58,969 72

Total.................   61,764 64

Dont il faut déduire, pour avoir la dépense réelle, 322 hectolitres de braise estimée 1 fr. 75 c. l'hectolitre.....................   563 50

Reste.................   61,201 14

Ce qui porte le kilogramme de pain à 0 fr. 2718.

Les frais de mouture et de boulangerie comprennent : le traitement et les avantages en nature du meunier-boulanger, le bois de boulangerie, le sel et le fleurage employés à la fabrication du pain, l'entretien du matériel et le pécule des aliénés.

La valeur locative des bâtiments du four et du moulin n'entre pas dans ces frais.

Le prix du pain, d'après la taxe de la ville d'Evreux, a été pendant l'année en moyenne de 0 fr. 3608 le kilogr., de 0 fr. 0883 par conséquent supérieur à celui de l'asile.

Cette différence de prix multipliée par le nombre de kilogrammes de pain fabriqué donne pour l'année un bénéfice de 10,870 fr. 86 c.

Le bénéfice réalisé sur le pain a été en 1887 de 21,551 fr. 70 c., en 1888 de 10,848 fr. 07 c., en 1889 de 17,025 fr. 54 c. et en 1890 de 18,664 fr. 31 c.

Il était beaucoup moins considérable autrefois, lorsque le maximum des prix était assez élevé, pour que l'adjudication pût réussir et que le blé n'était pas acheté de gré à gré.

La moyenne de la population à nourrir ayant été de 950 individus, y compris le personnel, et la quantité de pain dépensée de 225,140 kilogrammes, la consommation individuelle et annuelle s'est montée à 236 kil. 989.

En 1890, elle avait été de 234 kil. 598, en 1889 de 236 kil. 367 et en 1888 de 238 kil. 208.

La dépense du pain, qui est donné à discrétion, varie donc très peu d'une année à l'autre.

La qualité du pain fabriqué à l'asile est supérieure à celle du pain de la ville d'Evreux, qui laisse souvent à désirer, sous le rapport de la cuisson.

Art. 14. — Viande.

Crédit alloué...............	70,000	»
Dépense effectuée..........	65,712	72
Reste annulé....	4,287	28

Nous avons acheté de gré à gré les animaux nécessaires à notre abattoir : 8 bœufs, 97 vaches, 6 taureaux, 47 veaux et 80 moutons.

Les bœufs, vaches et taureaux sont revenus au prix moyen de 0 fr. 81 c. le kilogramme sur pied, les veaux à 1 fr. 247 et les moutons à 1 fr. 051.

Les bœufs ont donné un rendement de viande de 55,58 %, les veaux de 69 %, et les moutons de 50,66 %.

Le prix moyen de la viande de boucherie a été de 1 fr. 4470, y compris les frais d'abatage. En 1890, il avait été de 1 fr. 458, en 1889 de 1 fr. 30, en 1888 de 1 fr. 24, en 1887 de 1 fr. 20, en 1886 de 1 fr. 34, en 1885 de 1 fr. 49, en 1884 de 1 fr. 53, en 1883 de 1 fr. 55, en 1882 de 1 fr. 51.

En 1881, la viande fournie par un boucher d'Evreux a coûté 1 fr. 60. Non-seulement cette viande était plus chère, mais elle était, en outre, souvent de qualité défectueuse, et c'est surtout ce dernier motif qui nous a décidé à rétablir l'abattoir, qu'on avait supprimé, après quelques années d'existence, en raison de la difficulté de trouver un garçon boucher convenable.

Il a été consommé pendant l'année :

34,125 k. de viande de bœuf à 1 fr. 381 le kil. 47,126 62
  5,232 k. de viande de veau à 1 fr. 70   —   8,894 40
  2,340 k. de viande de mouton à 1 fr. 981 —   4,635 54
14,822 k. de porc frais à 1 fr. 50   — 22,233 »
  4,400 k. de porc salé à 1 fr. 50   —   6,600 »
    84 k. de volailles et lapins à prix divers   204 »

61,003 kilogr.   89,603 56

La consommation annuelle par individu a été de 64 kil. 213.

En 1890, elle avait été de 64 kil. 647, en 1889 de 61 kil. 958, en 1888 de 63 kil. 666 et en 1887 de 62 kil. 684 ; elle varie donc peu d'une année à l'autre.

Les aliénés reçoivent par semaine 9 rations de viande de 170 grammes pour les hommes et de 150 grammes pour les femmes.

Ces rations sont souvent diminuées de 40 grammes, surtout pendant l'été et cette diminution est compensée par un plat de légumes ou de dessert.

Art. 15. — Vin et pommes :

    Crédit alloué............... 31,000 »
    Dépense effectuée.......... 25,116 05

            Reste annulé...... 5,883 95

Ce crédit a été employé aux dépenses suivantes :

20,170 litres de vin à 33 fr. 92 c. les 100 litres 6,841 66
  678 —   de vin pour échantillons......   378 »
16,060 k. de pommes à cidre à 118 fr. les 1,000 k 1,895 08
26,014   —   à 110   —   2,861 54
30,115   —   à 117   —   3,523 45
47,400   —   à 138   —   6,541 20
  4,000 k. de sucre à 62 fr. 50 les 100 kil.. 2,500 »
Frais de transport de sucre.............   51 »
Réparation des tonneaux et 32 cales....   524 12

            Total.......... 25,116 05

La rigueur de l'hiver nous a forcé de brasser 22,227 kilogrammes do pommes en février 1891, pour compléter notre provision de boisson pour l'année. Ces pommes ont coûté 2,612 fr. 38 c. et ont produit 54,289 litres de boisson à 1.0184 de densité.

Les frais de brassage comprennent le travail d'un cheval pendant un mois, pour conduire la boisson de la cidrerie à la cave, la dépense d'un charretier, de deux infirmiers et le pécule de neuf malades pendant le même laps de temps ; ils se sont élevés à......... 428 90
qui, ajoutés au prix des pommes........... 2,612 38
à celui de 300 kilogrammes de sucre et à
quelques dépenses accessoires 274 92

  donnent la somme de.............. 3,316 20
ce qui porte le prix de la boisson à 0 fr. 061 le litre.

Pour notre provision de boisson de 1892, nous avons brassé en novembre et décembre 106,609 kilogrammes de pommes qui ont coûté................ 13,196 19
et qui ont produit 310,865 litres de boisson à 1.0145 de densité.

En ajoutant les frais de brassage qui ont
été de 947 40
3,044 kilogrammes de sucre et la réparation des tonneaux, qui ont coûté........ 3,023 81

on obtient la somme de.................. 17,167 40
ce qui porte le prix de la boisson à 0 fr. 0552.

Il a été de 0 fr. 0451 en 1890 et de 0 fr. 064 en 1889.

Un hectolitre de pommes pesant 52 kilogrammes a produit 151 lit. 62 de boisson et, par conséquent, 100 kilogrammes, 291 lit. 57.

La quantité de boisson dépensée, en 1891, a été de 335,605 litres, dont il faut retrancher, pour avoir la consommation du personnel et des aliénés, 700 litres

vendus et 3,000 litres de lie, ce qui réduit cette consommation à 331,995 litres.

La quantité de vin dépensée a été de 22,222 lit. 90 ;
elle est inférieure de 4,180 lit. 70 à celle de 1890, tandis
que la consommation de la boisson a été, au contraire,
plus élevée de 17,697 litres.

L'augmentation de la dépense de vin, en 1890, tient à
l'épidémie d'influenza qui a régné cette année à l'asile
et qui a nécessité la distribution d'un plus grand nombre
de rations supplémentaires, pour soutenir les forces des
malades convalescents.

La diminution de la boisson consommée est due au
grand nombre de malades qui ont été alités.

En 1889, la quantité de vin dépensée a été de
23,778 lit. 80, celle de la boisson de 333,210 litres.

Notre brassage par dialyse continue à nous donner
des résultats très satisfaisants, et nous croyons qu'il
constitue le meilleur système, pour les établissements
qui n'ont pas besoin de boisson très-forte.

Il est beaucoup plus rapide que le pressurage, épuise
mieux les pommes, produit quatre fois moins de lie.
Combiné au sucrage, ce procédé nous permet d'avoir une
boisson très-saine, très-économique, ayant toujours la
même densité et ne subissant aucune altération, dans le
cours de l'année, par suite du peu de lie qu'elle contient.

En multipliant la densité du moût par le nombre de
kilogrammes de pommes et divisant le produit par celui
résultant de la multiplication de la densité de la boisson,
par le nombre de litres fabriqués, on obtient le rendement des pommes en cidre pur.

Ces calculs ne sont qu'approximatifs, donnent un
chiffre trop faible, d'une part, parce qu'il est impossible
d'empêcher une certaine fermentation alcoolique de se
produire, avant la conduite à la cave et de l'autre, parce
que la densité de la boisson du fond de la cuve, est ordi-

nairement plus forte que celle de la surface, quel que soit
le soin que l'on apporte à effectuer le mélange.

Pour 1891, nous avons obtenu le chiffre de 77 litres de
cidre pur, pour 100 kilogrammes de pommes.

Les rations réglementaires de vin et de boisson sont
les suivantes :

		Hommes.	Femmes
Vin. — Pensionnaires de la classe exceptionnelle, des deux premières classes, des employés et des sœurs....................		0ᶦ60	0ᶦ50
Cidre..	Pensionnaires de 3ᵉ classe....	1ᶦ50	1ᶦ20
	— de 4ᵉ classe....	1ᶦ »	0ᶦ75
	Préposés et infirmiers	2ᶦ25	1ᶦ50

Des rations supplémentaires de cidre sont accordées à
tous les malades occupés à des travaux pénibles.

Art. 16. — Comestibles :

Crédit primitif..........	45,000	»
Crédit supplémentaire	3,000	»
	48,000	»
Dépense effectuée........	41,597	25
Reste annulé..........	6,402	75

La dépense des comestibles a été de 41,810 fr. 03 en
1890 et de 44,800 fr. 00 en 1889.

Les dépenses de ce crédit ont été les suivantes :

Beurre, 450 fr. 01 ; biscuits, 100 fr. 32 ; café, 2,681 fr. 75 ;
chocolat, 1,227 fr. 60 ; figues, 381 fr. 41 ; fromage de
gruyère, 306 fr. 85 ; fromage ordinaire, 2,887 fr. 00 ;
huile d'olive, 1,134 fr. 81 ; huile d'œillette, 2,610 fr. 15 ;
haricots secs, 3,717 fr. 35 ; lentilles, 200 fr. ; morue,
1,027 fr. ; oignon, 208 fr. ; œufs, 3,857 fr. 80 ; poivre,
105 fr. 60 ; pruneaux, 790 fr. 84 ; pois cassés, 987 fr. ;
pommes de terre, 1,309 fr. 06 ; poisson frais, 2,033 fr. 05 ;
raisiné, 1,463 fr. 29 ; raisins secs, 446 fr. 60 ; riz, 800 fr. ;

sardines, 351 fr ; sel gris, 1,500 fr. ; sucre, 3,712 fr. 15.; saindoux, 4,599 fr. 70 ; vermicelle, 152 fr. 95 ; vinaigre, 674 fr. 44 ; conserves de poisson, 322 fr. ; dépenses diverses, 403 fr. 62.

Art. 17. — Pharmacie :

Crédit alloué.............	2,100	»
Dépense effectuée.........	1,948	70
Reste annulé.............	151	30

Cette dépense varie peu d'une année à l'autre; elle a été de 2,080 fr. 35 en 1890, de 2,098 fr. 31 en 1889.

Elle ne comprend pas le vin et le sucre nécessaires à la pharmacie, qui sont mandatés l'un à l'art 15 du budget et l'autre à l'art. 16.

Art. 18. — Tabac :

Crédit alloué.............	2,800	»
Dépense effectuée.........	2,775	50
Reste annulé.............	24	50

Ce crédit est resté le même depuis 1882.

Les hommes dépensent, en outre, une grande partie de leur pécule à s'acheter du tabac ordinaire.

Art. 19. — Lingerie et vêture :

Crédit alloué.............	32,000	»
Dépense effectuée.........	29,597	32
Reste annulé.............	2,402	68

La dépense a été de 31,184 fr. 22 en 1890 et de 31,634 fr. 57 en 1889.

Art. 20. — Coucher :

Crédit alloué.............	9,000	»
Dépense effectuée.........	6,799	99
Reste annulé.............	2,200	01

Nous avons dépensé, en 1890, pour ce crédit 10,758 fr. 30 et 8,130 fr. 96 en 1889.

Les fournitures concernant les art. 19 et 20 suffisent maintenant à tous les besoins du service.

Art. 21. — Mobilier :

Crédit primitif............ 18,500 »
Crédit supplémentaire .... 2,000 »

20,500 »
Dépense effectuée......... 20,450 90

Reste annulé.............. 49 10

Même dépense qu'en 1890.

Le mobilier du pensionnat des femmes a besoin d'être complété ; il ne comprend que des lits et des tables de nuit.

Art. 22. — Blanchissage :

Crédit alloué............. 4,000 »
Dépense effectuée......... 3,550 38

Reste annulé............. 449 62

Le séchage du savon dans le séchoir que nous avons fait établir par les ouvriers de l'asile en 1885, dans le grenier situé au-dessus de la 8e division des femmes continue à diminuer de moitié la quantité de savon employée à la buanderie.

En 1884, nous avons dépensé 12,333 kil. 500 de savon, tandis que cette dépense n'a été que de 5,026 kilogrammes en 1889, de 6,702 kil. 750 en 1890 et de 6,321 kilogrammes en 1891.

Art. 23. — Chauffage :

Crédit alloué............. 22,000 »
Dépense effectuée......... 20,908 80

Reste annulé............. 1,091 20

Il a été dépensé en 1891 : 595 bourrées, 40 stères de bois à brûler, 213 st. 700 de bois de boulangerie, 2,278 kilogrammes de charbon de bois, 464,505 kilogrammes de charbon de terre, 30 kilogrammes de charbon de forge et 61,300 kilogrammes de coke.

La dépense de ce crédit diffère peu de celle de 1890.

Art. 24. — Éclairage :

Crédit alloué................   3,300   »
Dépense effectuée........   2,628   75

Reste annulé............   671   25

Cette dépense est aussi restreinte que possible.

Pendant les 20 dernières années, elle a varié de 3,469 fr. 74 à 2,264 fr. 50, et la moyenne annuelle a été de 2,926 fr. 08.

La dépense la plus faible a été de 2,264 fr. 50 en 1888 et la plus forte de 3,469 fr. 74 en 1873.

Art. 25. — Entretien des bâtiments et murs :

Crédit primitif............   20,000   »
Crédit supplémentaire.....   4,000   »

    33,000   »
Dépense effectuée........   28,603   22

Reste annulé............   4,396   78

Il a été dépensé, sur ce crédit, 5,775 francs pour les réparations extérieures du pavillon Dalet et 22,828 fr. 22 pour l'entretien de la toiture, le paiement de trois chefs d'atelier et l'achat des matériaux qu'ont nécessité les réparations diverses des bâtiments.

Les travaux les plus importants ont consisté dans la réfection presque complète de l'intérieur des bains de la 8ᵉ division des femmes, dans la réparation des enduits extérieurs des bains de la 7ᵉ division de ce quartier, du côté du jardin, de la 5ᵉ et 6ᵉ divisions des hommes, du côté de la cour intérieure, le parquetage en chêne du sous-sol situé au-dessous du pensionnat des femmes, destiné à servir de salle de repassage et dans la restauration d'une des deux maisons de l'ancienne propriété de la veuve Fouché.

Art. 26. — Entretien des propriétés ; frais de culture :

Crédit alloué............... 12,000 »
Dépense effectuée......... 11,939 99

Reste annulé.............. 60 01

Nous avons acheté 202 porcs maigres, qui ont coûté 8,247 francs, 505 francs de fumier, 1,081 fr. 00 de semence de pommes de terre, 994 fr. 95 de graines fourragères et potagères, 176 francs d'avoine et 995 francs ont été affectés aux dépenses suivantes : ferrage des chevaux, ficelles pour paillassons, saillies de vaches, treillage pour clôture, petit blé pour la basse-cour, pots à fleurs.

Art. 27. — Gratifications aux travailleurs :

Crédit alloué............... 8,000 »
Dépense effectuée......... 7,907 63

Reste annulé.............. 2 37

Ce crédit est resté le même depuis 12 ans.

Art. 28. — Fourrage et litière :

Crédit alloué............... 7,500 »
Dépense effectuée......... 7,499 93

Reste annulé.............. 0 07

Nous avons acheté 58,780 kilogrammes de paille d'avoine, 80,055 kilogrammes de paille de blé et 7,506 bottes de luzerne et de sainfoin.

Art. 29. — Dépenses imprévues :

Crédit alloué............... 7,938 50
Dépense effectuée......... 7,160 05

Reste annulé.............. 778 45

Ce crédit a été employé aux dépenses suivantes, qui n'ont eu lieu qu'en vertu d'une délibération de la commission de surveillance, approuvée par l'autorité préfectorale :

1° Solde d'une indemnité de 45,000 francs allouée pour

expropriation des terrains des héritiers Dalet, en vue de l'agrandissement de l'asile, sur laquelle il avait été versé 40,654 fr. 50................................ 4,345 50

2° Indemnité accordée au fermier de ces terrains, pour cessation anticipée de la durée de son bail............................. 2,600 »

3° Frais d'expropriation payés au greffier du tribunal civil........................ 64 55

4° Honoraires de l'avocat pour 2 affaires plaidées, devant le jury d'expropriation, contre les héritiers Dalet et leur fermier... 150 »

$\overline{}$

7,160 05

Art. 30. — Restitution de trop perçu :

Crédit alloué............. 600 »
Dépense effectuée........ 260 25

Reste annulé............ 339 75

La dépense n'a été que de 260 fr. 25, tandis que la recette s'est élevée à 261 fr. 85. La différence de 1 fr. 60 tient à ce que le parent d'un malade sorti, à qui devait être reversée cette somme, n'a pas renvoyé le mandat que nous lui avons adressé.

Art. 31. — Fournitures aux familles excédant le prix de pension................................... » »

Art. 32. — Frais de transfèrement d'aliénés :

Crédit alloué............. 2,000 »
Dépense effectuée........ 163 »

Reste annulé............ 1,837 »

Même somme portée en recette.

Section II. — *Dépenses en nature*

Art. 33. — Revenus en nature consommés à l'établissement.. 77,444 80

Ce crédit ne s'élevait qu'à 70,000 francs. Il a été ouvert un crédit supplémentaire de 7,444 fr. 86 pour ordre.

Art. 34. — Travail des aliénés.......... 49,988 10

Les sommes portées aux articles 33 et 34, sont les mêmes que celles qui sont inscrites aux articles correspondants des recettes.

CHAPITRE II. — DÉPENSES EXTRAORDINAIRES

Néant.

CHAPITRE III. — DÉPENSES SUPPLÉMENTAIRES

Dépenses ordinaires

Art. 13. — Blé 1,185 85
Art. 21. — Entretien du mobilier...... 1,950 00
Art. 33. — Revenus en nature......... 7,444 86

Ces dépenses supplémentaires ont été comprises aux crédits primitifs concernant ces articles

Récapitulation des dépenses.

	Prévisions budgétaires.	Droits constatés.	Restes annulés.
Ch. Iᵉʳ Ordᵣₑₛ.	550,348 50	532,074 83	27,273 67
Ch. II Extraorᵗʳᵉˢ.	» »	» »	» »
Ch. III Supplóʳᵉˢ.	18,444 86	10,581 11	7,863 75
Totaux....	577,793 36	542,655 94	35,137 42

Les recettes prévues au budget primitif et au budget supplémentaire s'élevaient à 607,575 fr. 76, les droits acquis ont été de 676,902 fr. 73, les recettes effectuées de 665,808 fr. 83, les restes à recouvrer de 11,093 fr. 90.

Les dépenses prévues étaient de 577,793 fr. 36, les droits constatés ont été de 542,655 fr. 94 et, comme il ne reste rien à payer, les dépenses effectuées ont été égales aux droits constatés.

Les recettes effectuées ayant été de......	665,898	83
Les dépenses de....................	542,655	04
l'excédant des recettes est de............	123,242	89
En ajoutant à cet excédant les restes à recouvrer...........................	11,093	00
on obtient la somme de................	134,336	70

qui représente l'actif de l'asile.

Situation financière en fin d'exercice.

Valeur en nature.

Les terrains de l'asile ont coûté......	481,092	21
Les bâtiments....................	2,512,752	75
Le mobilier	225,517	55
La lingerie......................	240,159	50
Le coucher......................	304,342	05
Les restants en magasin............	72,263	17
Total..........	3,846,028	13

Valeur en argent.

ACTIF.

Excédant de l'exercice clos..........	123,242	89
Restes à recouvrer................	11,093	00
Total..........	134,336	70

PASSIF.

Néant.

En ajoutant la valeur en argent qui est de 134,336 fr. 79 c. à la valeur en nature 3,846,028 fr. 13 c., on a pour l'estimation totale de l'établissement la somme de de 3,980,364 fr. 92 c. qui est supérieure de 53,237 fr. 93 c. à celle de 1890.

Cette somme comprend :

Argent	26,109	53
Solde de l'achat de la propriété Dalet	7,160	05
Réparation du pavillon Dalet	5,775	»
Augmentation du mobilier	12,724	57
— des restants en magasin	3,304	53
Total	55,073	08
Dont il faut déduire la diminution du coucher	1,835	75
Reste	53,237	93

Le prix de revient de la journée moyenne de toutes les catégories de malades réunis, qu'on obtient en divisant par le total des journées de présence les prix de pension payés, diminués des bénéfices réalisés, a été pour 1891 de 1 fr. 203 ; il avait été de 1 fr. 282 pour 1890.

En résumé tous nos services ont fonctionné, en 1891, d'une manière très satisfaisante.

Les économies réalisées ont été assez considérables, si l'on considère la cherté assez grande du blé, des animaux de boucherie et des pommes à cidre.

Elles sont dues, en partie, aux résultats de notre exploitation agricole et maraîchère, à la bonne organisation de tous nos services généraux.

Notre porcherie nous donne, chaque année, un bénéfice de plus de 15,000 fr. et notre cidrerie nous permet de fabriquer rapidement une boisson saine et très économique qui se conserve très-bien, quoique légère, puisqu'elle ne contient pas de lie.

Les conditions hygiéniques de l'asile continuent à s'améliorer, et laissent peu à désirer aujourd'hui.

La mortalité par rapport au nombre d'aliénés traités a été de 11,17 % de 1866, époque de la fondation de l'asile, à 1879, tandis qu'elle n'a été que de 6,93 de 1880 à 1891. Elle n'avait jamais été si faible qu'en 1891, où elle s'est abaissée à 5,77.

Cette mortalité est bien inférieure à la moyenne de celle des asiles de France.

Comme les années précédentes, la commission de surveillance, qui porte un si grand intérêt à l'asile, m'a beaucoup facilité mes fonctions, souvent difficiles, en m'aidant de ses conseils aussi bienveillants qu'éclairés.

Budget supplémentaire de 1892.

RECETTES

Elles comprennent :

1° L'excédant de l'exercice clos...........		123,242 89
2° Les restes à recouvrer...	11,093 90	
sur lesquels il y a lieu d'admettre en non-valeur.........	135 65	
Reste........	10,958 25	10,958 25
Total...............		134,201 14

DÉPENSES

Art. 1er. — Construction du pensionnat des hommes 07,227 26

Ce crédit n'est que pour ordre, cette somme ayant été déjà portée au budget primitif.

Art. 2. — Réparations extérieures du pavillon Dalet............................ 2,689 47

Le devis de ces réparations approuvé par le Conseil général, dans sa session d'avril 1891, se montait à 8,464 fr. 47 c. sur lequel il n'a été dépensé que 5,775 fr., les travaux n'étant pas terminés à la clôture de l'exercice.

Il reste donc à reporter 2,689 fr. 47 c.

Art. 3. — Solde des préposés et servants.. 1,000 »

Ce crédit est destiné à payer deux infirmiers en plus du nombre prévu au budget primitif.

Nous avons trois infirmiers attachés spécialement à des pensionnaires de 1re classe, tandis qu'il n'y en avait qu'un de prévu.

Les familles paient 2 fr. 25 c. par jour pour un gardien.

Art. 4. — Blé ou farine................. 6,000 »

Cette dépense supplémentaire est motivée par l'approvisionnement peu considérable de blé au 31 décembre 1891, et par l'augmentation du nombre d'aliénés.

Il ne restait que 100 kilogrammes de blé, en 1891, au lieu de 10,150 kilogrammes en 1890 et le nombre de journées de présence d'aliénés, pendant les 5 premiers mois de 1892, est supérieur de 1,162 à celui de 1891.

Art. 5. — Comestibles .... 8,000 »

Le prix d'adjudication de quelques comestibles, et surtout des légumes secs, est beaucoup plus élevé que celui des exercices précédents; en outre, le froid et la sécheresse des cinq premiers mois de l'année ont nui beaucoup à la culture maraîchère, de laquelle dépend l'importance de ce crédit. Les insectes et les vers ont détruit complètement notre première plantation de choux.

Art. 6. — Pharmacie.................... 500 »

L'épidémie d'influenza, qui a sévi à l'asile au commencement de l'année, quoique moins grave que celle de

— 52 —

1890, a atteint presque autant d'individus et a nécesité une plus grande dépense de médicaments.

<pre>
Art. 7. — Lingerie et vêture............   1,000   »
Art. 8. — Coucher....................   1,000   »
Art. 9. — Entretien et renouvellement du
mobilier..............................   1,500   »
Art. 10. — Entretien des bâtiments.......   8,013 75
Art. 11. — Chauffage.................   3,000   »
</pre>

Les crédits supplémentaires des articles 7, 8, 9 et 11 sont basés sur les dépenses des cinq premiers mois de l'année, et sur les prix des fournitures comprises à ces articles.

La prolongation du froid a exigé une dépense assez considérable de charbon ; en outre, son approvisionnement au 31 décembre était peu élevé.

Le crédit : Entretien des bâtiments de 8,013 fr. 75 c. comprend 5,013 fr. 75 c. pour l'agrandissement du séchoir à air chaud, qui a été approuvé par le Conseil général, dans sa session d'avril.

L'intérieur des bâtiments est en bon état, mais l'extérieur exige encore de nombreuses réparations.

Les droits de douane ont augmenté d'une manière notable les prix du bois, du fer, du ciment et d'autres matériaux nécessaires à nos ateliers, dans lesquels se font la plupart des travaux qui concernent l'entretien du mobilier et des bâtiments. Ces travaux, exécutés par les aliénés, sont très économiques et il importe de ne pas les laisser se ralentir, de pouvoir utiliser toute la main-d'œuvre des artisans qui se trouvent parmi nos malades.

Nous avons commencé la confection des lits nécessaires au pensionnat des hommes et, depuis le commencement de l'année, nous en avons déjà fabriqué 18 qui ne nous coûtent guère que le prix du fer.

<pre>
Art. 12. — Frais de culture...........   3,000   »
</pre>

Ce crédit a pour but de permettre l'achat d'un plus

grand nombre de jeunes porcs, dont le prix est, en outre, plus élevé que celui de 1891.

L'engraissement des porcs est une source de bénéfices considérables, comme je l'ai montré dans mon compte, en permettant d'utiliser les eaux grasses, tous les déchets de la cuisine et du jardin. La viande nette de porc ne revient à l'asile qu'à 0 fr. 70 c. le kilogramme tandis que celle de boucherie nous coûte 1 fr. 45 c. Les malades la préfèrent à celle de bœuf.

Art. 13. — Dépenses imprévues.......... 1,270 66

La nécessité d'inscrire au budget primitif la somme de 73,494 fr. 24 c. pour la construction du pensionnat des hommes, nous a forcé de réduire les dépenses imprévues de ce budget à 1,470 fr. 36 c., somme peu considérable pour un établissement aussi important que l'asile d'Evreux.

Les dépenses de cet article ne peuvent être faites qu'avec l'autorisation de la commission de surveillance et de l'autorité préfectorale.

Le total des dépenses est de 134,201 fr. 14 c. et balance les recettes.

Budget primitif de 1893.

RECETTES ORDINAIRES EN ARGENT.

Ces recettes sont basées sur les résultats de l'exercice 1891, excepté celles des aliénés de la Seine, qui sont augmentées dans la prévision de l'admission de 40 nouveaux malades de ce département, qui nous a été demandée.

Le chiffre total des aliénés de l'asile se trouvera alors porté à 886, chiffre qui n'entraînera aucun encombrement, puisque notre établissement contient maintenant 805 places de malades, et que la construction du pension at des hommes, qui sera achevé en 1893, nous donnera 58 lits de plus.

Le chiffre prévu des indigents de l'Eure est de. 565
Celui des aliénés de la Seine de.............. 102
Celui des aliénés des autres départements, de l'Etat et des pays étrangers de................. 35
et celui des pensionnaires de................... 04
                                                ———
                                                886

Je ne pense pas qu'il y ait lieu de proposer de modifications aux prix de journée suivants, qui ont été adoptés par le Conseil général, dans sa session d'août 1891.

Indigents :	Hommes.	Femmes.
De l'Eure........................	1 30	1 25
De la Seine	1 40	1 40
D'autres départements des pays étrangers et de l'Etat.....................	1 50	1 50
Pensionnaires :		
De classe exceptionnelle...........	8 70	8 70
De 1re classe.....................	5 70	5 70
De 2e classe.....................	4 »	4 »
De 3e classe.....................	2 60	2 60
De 4e classe.....................	1 45	1 45

Ces prix de journée, sans être exagérés, sont suffisamment rémunérateurs.

Le total des recettes ordinaires en argent est de 466,307 fr.

Revenus en nature consommés à l'asile. 74,500 »
Produit du travail des aliénés......... 50,000 »
                                        ———
Total............ 124,500 »

Ces recettes ne sont que des recettes d'ordre, sont portées pour le même chiffre en dépenses et n'influent pas, par conséquent, sur les résultats du budget.

DÉPENSES ORDINAIRES EN ARGENT.

Les dépenses du personnel 67,150 fr. comprennent une augmentation de 1,300 fr., savoir : 1,000 fr. pour 2 infirmiers de plus attachés à des pensionnaires de 1re classe; 200 fr. pour le secrétaire de la direction qui est employé à l'asile depuis le 25 septembre 1871 ; et 100 fr. pour le 1er commis de l'économat qui compte onze années de services à l'établissement.

Le traitement annuel du secrétaire se trouverait ainsi porté à 2,000 fr. et celui du 1er commis de l'économat à 1,000 fr. Ces deux employés s'acquittent bien des fonctions dont ils sont chargés.

Les frais de culte 300 fr., de sépulture 360 fr., d'administration 3,000 fr., de contributions 600 fr., d'assurance contre l'incendie 1,800 fr., de pharmacie 2,600 fr., de tabac 2,800 fr., de blanchissage 4,000 fr., de chauffage 23,000 fr., d'éclairage 3,200 fr., d'entretien des bâtiments 20,000 fr., de fourrage et litière 8,000 fr. diffèrent peu des résultats acquis de l'exercice clos.

Les crédits blé ou farine 70,000 fr., viande 80,000 fr., vin et pommes à cidre 27,000 fr., comestibles 48,000 fr., lingerie et vêture 31,700 fr., coucher 8,600 fr., mobilier 24,000 fr. présentent une augmentation notable dans la prévision de l'augmentation du nombre des aliénés que j'ai indiquée aux recettes.

En outre, les crédits : lingerie et vêture, coucher, mobilier ont été très-réduits, dans le budget de 1892, à raison de la dépense élevée du pensionnat des hommes, inscrite à ce budget.

Le crédit frais de culture a été diminué de 8,000 fr. parce que l'achat des jeunes porcs, qui avait été mandaté jusqu'alors sur ce crédit, a été reporté au crédit viande.

Tous les porcs engraissés servent maintenant à la consommation de l'établissement, tandis qu'autrefois on en vendait un certain nombre, ce qui était moins productif. Le crédit viande indiquera ainsi la somme totale dépensée pour cet article.

Construction d'une turbine pour remplacer la roue du moulin .... 7,455 »

La roue du moulin est complètement usée, et il y a lieu de la remplacer par une turbine, qui dépense moins d'eau, donne un rendement de force plus considérable, imprime moins de secousses aux transmissions, exige moins de réparations.

La chute d'eau de l'asile a une hauteur de 1^m,97 et permet l'installation de ce nouveau moteur hydraulique, qu'on substitue partout maintenant aux roues, lorsque les chutes sont assez élevées.

Les dépenses sont égales aux recettes.

Veuillez agréer, Monsieur le Préfet, l'hommage de mon respectueux dévouement.

Evreux, le 13 juin 1892.

Le Directeur-Médecin en chef,

Daniel BRUNET.

Evreux, E. Quettier, imp. — 1218-92

RAPPORT

DU DIRECTEUR-MÉDECIN EN CHEF

Sur l'Asile public d'aliénés de l'Eure

Pour 1893

Monsieur le Préfet,

J'ai l'honneur de vous adresser mon rapport annuel sur l'asile d'Evreux, que je vous prie de vouloir bien soumettre au Conseil général, à sa session d'août.

Ce rapport comprend :

1° Le compte médical de 1892 ;

2° Le compte administratif et moral de la même année ;

3° Le budget supplémentaire de 1893 ;

4° Le budget primitif de 1894.

Compte médical de 1892.

Le 1ᵉʳ janvier 1892, l'asile contenait 850 aliénés.

Le nombre des admissions ayant été de 157 pendant l'année, le nombre total des malades traités s'est élevé à 1,007.

En 1891, ce chiffre avait été de 960 ; nous avons eu par conséquent, une augmentation de 47 aliénés.

La moyenne quotidienne a été de 838 ; elle est inférieure de 8 malades à celle de 1891.

Le nombre des décès a été de 68 et celui des sorties

de 64, total 132. Ce chiffre étant inférieur de 25 à celui des admissions, le nombre des aliénés existant le 31 décembre s'élevait à 875.

Les 850 aliénés présents au 1er janvier comprenaient : 560 indigents de l'Eure, 147 de la Seine, 37 de divers départements et de l'Etat et 97 pensionnaires.

Le tableau suivant indique la forme d'aliénation mentale dont ces malades étaient atteints.

	Hommes	Femmes	Total
Folie simple, générale ou partielle....	140	159	299
Paralysie générale..................	23	10	33
Démence consécutive à la folie.......	130	110	240
Démence sénile..................	»	2	2
Démence organique................	3	»	3
Idiotie et imbécillité simples.........	105	93	198
Epilepsie compliquée de folie ou de démence........................	15	20	35
Epilepsie compliquée d'idiotie ou d'imbécillité......................	10	21	31
	426	424	850

Les cas d'idiotie sont très-nombreux à l'asile d'Evreux ; 229 individus étaient atteints de cette forme d'aliénation mentale qui était compliquée d'épilepsie chez 31 d'entre eux.

Les 299 individus atteints de folie simple présentaient seuls quelques chances de guérison, qui étaient bien faibles pour la plupart d'entre eux, en raison de l'ancienneté de leur délire. On sait, en effet, qu'au-delà de deux ans, elle est elle-même presque toujours incurable.

J'examinerai successivement les admissions, les sorties et les décès qui ont eu lieu en 1892.

Admissions.

	FOLIE		PARALYSIE générale		DÉMENCE		IDIOTIE		ÉPILEPSIE		HYSTÉRO-ÉPILEPSIE	TOTAUX généraux		
	H.	F.	H.	F.	H.	F.	H.	F.	H.	F.	F.	H.	F.	Total
Admis pour la première fois...	20	27	9	2	4	6	4	5	3	3	2	40	45	85
Admis par suite de rechute ...	10	4	»	»	»	»	»	»	»	»	»	10	4	14
Réintégrés par suite de sortie avant guérison.............	3	4	1	1	»	1	»	»	»	»	»	4	6	10
Admis par transfèrement d'un autre asile	2	18	2	6	3	12	»	3	1	1	»	8	40	48
TOTAUX.......	35	53	12	9	7	19	4	8	4	4	2	62	95	157

Les admissions comprenaient 51 pensionnaires et 106 indigents.

Nous avons reçu 3 pensionnaires de 1re classe, 8 de 3e et 40 de 4e.

Les admissions des pensionnaires sont inférieures de 3 à celles de 1891 et supérieures de 6 à la moyenne de celles qui ont eu lieu de 1872 à 1891.

Parmi les admissions d'indigents, 50 appartenaient à l'Eure, 40 à la Seine, 2 au Ministère de la guerre, 3 à la Seine-Inférieure, 3 à l'Orne, 1 à la Saône-et-Loire, 1 au Finistère, 1 à l'Ille-et-Vilaine, 1 aux Côtes-du-Nord, 1 au Rhône et 1 à la Belgique.

4 hommes venaient du quartier d'aliénés criminels de Gaillon. Il serait à désirer que l'on s'occupât de rechercher le domicile de secours de ces aliénés dès leur entrée à Gaillon, afin que l'on ne fût pas forcé de les envoyer à l'asile d'Evreux en attendant qu'il fût reconnu.

Dans mes précédents rapports, j'ai trop insisté sur les

inconvénients de leur contact avec les aliénés ordinaires, pour y revenir cette année.

Depuis que l'asile existe, jamais nous n'avions reçu un aussi petit nombre d'aliénés entretenus au compte du département de l'Eure.

La moyenne des admissions pour ce département de 1872 à 1891, est de 82. Les 3 années où elles ont été le moins nombreuses sont 1887 où elles ont été de 59, 1891 où elles ont été de 53 et l'année 1892 pendant laquelle elles n'ont été que de 50.

Admissions pour la première fois. — 38 malades ont été admis sur la demande des parents et 47 par ordre de l'autorité.

Le tableau suivant indique la durée de leur affection avant leur entrée à l'asile.

DURÉE de la maladie avant l'admission.	FOLIE.		PARALYSIE générale.		DÉMENCE.		IDIOTIE.		ÉPILEPSIE.		Hystéro-épilepsie	TOTAUX généraux.		
	H.	F.	H.	F.	H.	F.	H.	F.	H.	F.	F.	H.	F.	T.
1 mois et au-dessous.	6	9	1	»	1	1	»	»	»	»	1	8	11	19
De 1 à 3 mois.......	4	3	2	»	»	1	»	»	»	»	1	6	5	11
De 3 à 6 mois.......	2	2	»	1	»	1	1	»	»	»	»	3	4	7
De 6 mois à 1 an....	1	1	4	»	1	»	»	»	»	1	»	6	2	8
De 1 an à 2 ans	»	2	»	»	»	1	»	1	»	»	»	»	4	4
2 ans et au-dessus...	4	9	1	1	2	2	1	2	2	2	»	10	16	26
Epoque indéterminée ou inconnue........	3	1	1	»	»	»	»	»	»	»	»	4	1	5
De la naissance ou de la première enfance.	»	»	»	»	»	»	2	2	1	»	»	3	2	5
Totaux......	20	27	9	2	4	6	4	5	3	3	2	40	45	85

Parmi les malades épileptiques, 3 étaient atteints d'idiotie, 2 de démence, 2 d'hystéro-épilepsie.

Un enfant de 15 ans n'ayant pas de parents, ne présentait pas de troubles notables de l'intelligence. Il a été placé à l'asile, parce qu'ayant une ou deux attaques convulsives par jour, on n'a pas pu le garder à l'hospice d'Evreux où il avait été admis.

Les deux femmes hystéro-épileptiques, outre leurs attaques convulsives, qui étaient très-violentes, présentaient de la débilité mentale qui était peu accusée chez l'une d'elles.

État-civil. — 33 aliénés étaient célibataires, 38 mariés, 12 veufs et 2 femmes étaient divorcées.

Le mariage prédispose moins à la folie que le célibat, le veuvage et le divorce. Il entraîne une vie plus calme, plus régulière et constitue une condition physique et morale bien supérieures.

Instruction. — 4 aliénés savaient lire, 59 avaient reçu une instruction primaire, 5 une instruction plus élevée, 17 n'avaient aucune instruction.

Il n'existe aucun rapport de cause à effet entre l'instruction et le développement de la folie.

Une éducation convenablement dirigée pourrait seule en diminuer la fréquence, en refrénant les instincts égoïstes dont l'exaltation joue un rôle prépondérant dans la production de cette affection.

Professions. — Les gens à gages sont ceux qui ont fourni le plus fort contingent à l'aliénation mentale, ainsi que le prouve le tableau suivant.

Les 9 individus qui n'avaient pas de profession étaient peu avancés en âge et, pour la plupart, atteints d'idiotie.

	Hommes	Femmes	Total
Sans profession...................	3	6	9
Professions libérales.............	»	1	1
Professions commerciales et industrielles......................	6	6	12
Professions manuelles ou mécaniques.........................	4	6	10
Professions agricoles.............	7	2	9
Gens à gages.....................	19	21	40
Profession inconnue.............	1	3	4
Totaux..........	40	45	85

Le tableau suivant indique la répartition par arrondissement, des aliénés domiciliés dans l'Eure.

Comme les années précédentes, l'arrondissement d'Evreux est celui qui a fourni le plus d'aliénés d'une manière absolue et relativement à sa population.

Répartition par arrondissements des aliénés domiciliés dans l'Eure, admis pour la 1ʳᵉ fois en 1892.

DÉSIGNATION des arrondissements.	NOMBRE d'habitants de l'Eure.	ALIÉNÉS			PROPORTION pour 10,000 HABITANTS
		H.	F.	Total.	
Evreux	111.261	16	15	31	2.79
Louviers	57.301	3	3	6	1.05
Bernay.............	59.232	4	6	10	1.69
Pont-Audemer......	63.662	5	7	12	1.88
Les Andelys........	58.015	3	4	7	1.21
Totaux........	349.471	31	35	66	1.89

Les 19 aliénés étrangers au département comprenaient 9 pensionnaires, 3 indigents de la Seine-Inférieure, 1 de la Seine, 3 de l'Orne, 1 de la Gironde, 1 des Côtes-du-Nord et 1 de l'Etat.

Age au moment de l'admission. — L'aliénation mentale sévit surtout de 40 à 50 ans, époque de la vie où les causes de surexcitation cérébrale sont les plus nombreuses.

Ainsi nous avons reçu 17 malades âgés de 20 à 30 ans, 15 de 30 à 40 ans et 21 de 40 à 50 ans.

	Hommes	Femmes	Total
De 9 à 15 ans.....................	2	3	5
De 15 à 20 ans.....................	»	4	4
De 20 à 25 ans.....................	5	3	8
De 25 à 30 ans.....................	6	3	9
De 30 à 35 ans.....................	1	6	7
De 35 à 40 ans.....................	6	2	8
De 40 à 50 ans.....................	14	7	21
De 50 à 60 ans.....................	4	8	12
De 60 à 70 ans.....................	1	8	9
De 70 à 78 ans.....................	1	1	2
Totaux...........	40	45	85

Admissions par mois. — Les mois de mai et d'octobre sont les deux mois pendant lesquels nous avons reçu le plus d'aliénés et ceux de février, juin et septembre ceux pendant lesquels les admissions ont été le moins nombreuses.

Pendant la période des chaleurs, du mois de mai au mois d'octobre, il a été admis 47 malades, tandis que pendant les 6 autres mois, nous n'en avons reçu que 38.

	Hommes	Femmes	Total
Janvier.........................	1	2	6
Février......................	1	4	5
Mars..........................	3	3	6
Avril............................	5	2	7
Mai............................	5	6	11
Juin.	2	3	5
Juillet........................	5	3	8
Août..........................	1	6	7
Septembre	2	3	5
Octobre.......................	6	5	11
Novembre......................	2	4	6
Décembre......................	4	4	8
Totaux............	40	45	85

L'hérédité, les maladies de la vie intra-utérine et de la première enfance, les excès alcooliques, les peines morales, sont les principales causes de l'aliénation mentale, et ces différentes causes s'allient souvent entre elles.

Sur les 85 aliénés admis pour la première fois, nous avons constaté 30 fois des antécédents héréditaires, 13 fois chez les hommes et 17 fois chez les femmes, et ce chiffre serait beaucoup plus élevé, si nous avions pu obtenir des renseignements, à ce sujet, sur tous nos malades.

22 hommes et 6 femmes avaient commis de nombreux excès de boisson ; 13 de ces individus étaient atteints de folie alcoolique, 3 du délire des persécutions, 3 de manie, 7 de paralysie générale et 2 de démence.

Les peines morales sont signalées dans 40 cas.

La syphilis n'a pu être constatée que chez un seul individu atteint de paralysie générale, et nous ne saurions admettre, avec un certain nombre d'auteurs, qu'elle soit la seule cause de cette affection.

Sorties. — 30 malades sont sortis guéris, 22 améliorés;

9 ont été transférés dans d'autres asiles et 3 ont été réclamés par leurs familles sans présenter aucun changement dans leur état mental.

12 des malades sortis guéris avaient été atteints de folie alcoolique.

Le tableau suivant indique la durée du séjour dans l'asile des aliénés sortis guéris.

DURÉE DU SÉJOUR DANS L'ASILE	FOLIE simple.		FOLIE alcoolique		TOTAL
	H.	F.	H.	F.	
Quelques jours à 1 mois	2	»	»	»	2
De 1 à 3 mois	»	1	4	»	5
De 3 à 6 mois	2	2	2	»	6
De 6 mois à 1 an	1	4	6	»	11
De 1 an à 18 mois	»	1	»	»	1
De 2 à 4 ans	1	3	»	»	4
De 5 à 6 ans	1	»	»	»	1
Totaux	7	11	12	»	30

24 malades ont guéri la première année de leur traitement à l'asile, et 6 seulement au-delà de ce laps de temps, ce qui montre combien il est nécessaire de traiter cette affection dès son début.

Nous avons accordé des congés à 15 malades, dont 9 sont restés définitivement dans leurs familles, 4 par suite de guérison, 4 par suite d'amélioration. Un individu atteint d'idiotie n'avait pas présenté de changement dans son état mental.

Ces congés, que nous refusons rarement aux parents, facilitent beaucoup les sorties des aliénés, en consolidant dans leurs familles leur amélioration obtenue à l'asile.

Décès. — 68 malades sont morts en 1892, ce qui donne,

par rapport à la population moyenne et au nombre de
malades traités, une proportion à peu près égale à celle
de la période qui s'étend de 1880 à 1891, comme le montre
le tableau suivant :

	1892			De 1880 à 1891			De 1866 à 1879		
	H.	F.	TOTAL	H.	F.	TOTAL	H.	F.	TOTAL
Décès par sexe.........	40	28	68	35	33	68	47	46	93
Population moyenne ann^le	418	420	838	417	433	850	292	362	654
Proportion % des décès..	9,57	6,66	8,11	8,39	7,62	8.09	16,10	12,71	14,36
Population traitée.......	488	519	1.007	494	498	992	390	448	838
Proportion % des décès..	8,20	5,39	6.75	7.08	6.63	6,93	12,05	10,27	11,10

10 hommes et 4 femmes ont succombé à la paralysie
générale arrivée à la dernière période.

Dans les 12 cas où il nous a été permis de pratiquer
l'autopsie, nous avons constaté les lésions caractéristiques
de cette affection : épaississement et opalescence des
membranes viscérales du cerveau, adhérence de ces membranes à la substance corticale injectée et ramollie, légère
induration de la substance blanche, atrophie des circonvolutions qui sont amincies, élargissement, approfondis-
sement des scissures et sillons qui séparent ces circonvolutions, augmentation du liquide céphalo-rachidien
destiné à remplir le vide produit par l'atrophie des
circonvolutions.

Le cervelet nous a toujours paru intact.

La décomposition cadavérique de la substance corticale
de cet organe, qui survient rapidement, rend du reste ses
lésions macroscopiques beaucoup plus difficiles à apprécier que celles du cerveau.

Les granulations de l'épendyme des ventricules, auxquelles on a attaché une importance exagérée, manquaient
dans deux cas. D'un autre côté, on rencontre quelquefois
ces granulations dans l'idiotie et dans la démence.

La lésion la plus constante, celle qu'on peut constater comme spécifique de la péricérébrite, à laquelle se rattache la paralysie générale, est la décortication de la superficie du cerveau, produite par le ramollissement de sa couche corticale, et par des adhérences plus intenses à l'arachnoïde qui la recouvre. Ces adhérences, très-légères au début, vont en augmentant, à mesure que la maladie s'approche de son terme fatal, et n'existent le plus souvent que sur les régions frontale et sphéno-temporo-pariétale.

Sur nos 12 cas, elles s'étendaient deux fois jusqu'aux deux tiers antérieurs de la région occipitale.

Jamais, depuis 36 ans que nous faisons des autopsies de paralytiques généraux, et que notre attention est dirigée sur ce point, nous n'avons vu ces adhérences manquer, quand la maladie était bien caractérisée. Il n'en est pas de même de l'atrophie avec induration scléreuse de la substance cérébrale, que quelques auteurs regardent comme la seule lésion caractéristique de la paralysie ; celle-ci manque presque toujours dans les deux premières périodes et quelquefois dans la troisième.

Aussi, n'est-ce pas sans un très-grand étonnement que j'ai entendu M. le professeur Forel, médecin de l'asile d'aliénés de Zurich, me soutenir qu'il avait vu les adhérences manquer dans près de la moitié des cas, et que l'atrophie était la seule lésion constante.

L'atrophie scléreuse manquait dans l'observation suivante :

Le nommé T..., entré à l'asile d'Evreux en septembre 1891, mort au mois d'octobre de l'année suivante, à la suite d'une attaque épileptiforme, était atteint depuis moins d'un an de paralysie générale, à forme ambitieuse, produite par des préoccupations d'affaires d'intérêt.

A l'autopsie, nous avons trouvé des adhérences nombreuses des membranes, alors que l'encéphale n'était pas atrophié, que les circonvolutions avaient leurs dimensions normales, comme le prouvent les poids suivants :

Hémisphère droit du cerveau .... 650 gr.

d°   gauche   d°   650

Cervelet................................ 148

Protubérance, bulbe..................... 22

____

1,470 gr.

A l'état normal, ainsi que dans l'aliénation non compliquée de troubles de la motilité, les deux hémisphères cérébraux ont un poids sensiblement égal. Quand une différence entre les deux hémisphères atteint 10 grammes, il est presque certain que le cerveau appartient à un paralytique général, à un épileptique ou à un individu dont cet organe présente des lésions locales.

Dans la paralysie générale, il n'est pas rare de voir la péricérébrite prédominer sur un hémisphère cérébral. Les adhérences des membranes sont alors plus nombreuses sur cet hémisphère, et, en même temps, l'atrophie, qui est en rapport constant avec ces adhérences, est plus considérable.

Nous avons constaté ce fait dans les 7 cas suivants :

	Hémisphère droit.	Hémisphère gauche.	Différence.
Obs. B. O.....	460 gr.	450 gr.	10 gr.
C. E.....	440	430	10
D. A.....	512	522	10
B. E.....	508	610	12
D. AU...	550	536	14
A. U.....	536	552	16
D. B.....	490	513	23

Tous nos paralytiques généraux ont succombé aux progrès de la maladie arrivée à sa dernière période, excepté une de nos femmes âgée de 30 ans, dont la mort a été hâtée par une hémorrhagie du lobe pariétal et du lobe occipital de l'hémisphère central gauche, complication très-rare dans cette affection.

Un malade est mort d'ataxie locomotrice.

Le nommé G..., cordonnier, allumeur de gaz, né en 1836, est entré à l'asile en mars 1887, où il a succombé en février 1892. Son père était muet.

Le certificat d'admission, rédigé par un médecin de l'hospice d'Evreux, portait qu'il était atteint de démence paralytique, qu'il troublait le repos de l'hospice par ses propos incohérents et orduriers.

Dans mes deux certificats de 24 heures et de quinzaine, j'ai émis le même diagnostic. Il était très-agité, très-incohérent, présentait un mélange d'idées de grandeur et de persécution, sa femme l'empoisonnait depuis 30 ans; le Dr X... était condamné à lui payer trente millions pour avoir ruiné sa santé en l'obligeant à avoir des relations sexuelles avec trente mille femmes, etc.

Les pupilles étaient très-contractées, un peu inégales; la vue était complètement perdue; la parole paraissait un peu gênée et les muscles des lèvres présentaient quelques mouvements convulsifs quand il parlait. La motilité des membres était très-affaiblie, surtout celle des membres inférieurs. Il ne pouvait se tenir debout, mais se servait encore de ses mains, mangeait seul. Il avait une incontinence continuelle d'urine.

Les troubles de son intelligence étaient tellement marqués qu'il était incapable de nous donner sur lui aucun renseignement. Les réflexes rotuliens étaient complétement abolis.

Au bout de trois mois, tous les troubles cérébraux avaient disparu, et il pouvait répondre avec beaucoup de lucidité à toutes les questions qu'on lui adressait. Il nous dit alors que sa maladie datait du commencement de l'année 1883, qu'elle avait débuté par des douleurs fulgurantes très-violentes dans les membres inférieurs, que la marche était devenue difficile et qu'il avait commencé à perdre la vue en 1884, et à ne plus pouvoir retenir son urine.

Il attribuait son affection à un excès de travail.

Père de 7 enfants, il avait dû se surmener beaucoup pour subvenir aux besoins de sa nombreuse famille.

Il nous a affirmé souvent n'avoir jamais eu la syphilis.

Le diagnostic de sa maladie ne pouvait être douteux :

Il était atteint d'ataxie locomotrice, qui avait été compliquée de troubles cérébraux passagers.

Il ne présenta plus aucun changement dans son état jusqu'à la fin de 1891. Il restait couché, mangeait seul, n'y voyait pas du tout; les douleurs fulgurantes avaient fini par disparaître presque complètement. A peine se plaignait-il quelquefois de petits élancements dans les jambes.

L'incontinence d'urine resta la même.

Au commencement de février 1892, il fut pris de diarrhée et mourut le 27 de ce mois.

Les rapports de l'ataxie locomotrice et de la paralysie générale sont très-discutés depuis quelque temps, et cette discussion donne un certain intérêt à l'observation du nommé G... Il est regrettable que l'autopsie n'ait pu être faite, par suite de l'opposition de la famille.

Quelques auteurs regardent ces deux affections comme le résultat de la diathèse syphilitique, prétendant qu'elles se compliquent souvent l'une et l'autre; mais, malgré le talent avec lequel cette opinion est défendue, elle nous semble loin d'être démontrée. Les défenseurs de la coïncidence fréquente de ces deux affections se basent surtout sur les résultats de l'examen microscopique, le moindre degré de sclérose du cerveau et des cordons postérieurs de la moelle leur suffisant pour admettre l'existence d'une paralysie générale et de l'ataxie locomotrice, alors que, pour prouver un fait aussi contestable, il serait nécessaire de montrer simultanément les lésions macroscopiques si évidentes que présentent ordinairement ces deux maladies.

5 malades sont morts de ramollissement de différentes parties du cerveau, et 5 autres d'hémorrhagie de la capsule interne du corps opto-strié. Chez ces derniers aliénés, le sang s'est répandu dans les ventricules et la mort a été très-rapide.

Deux fois, la partie postérieure de la capsule a été atteinte et, comme cela a toujours lieu, la sensibilité a été alors abolie du côté opposé au raptus sanguin, en même temps que la motilité.

3 épileptiques ont succombé à de violentes attaques convulsives. Chez l'un d'eux, l'attaque, survenue peu de temps après son dîner, a été accompagnée de vomissements qui ont déterminé l'introduction d'aliments dans les voies aériennes.

Le nommé R..., atteint d'eczéma depuis près de 20 ans, de chorée intense depuis 10 ans, est entré à l'asile pour une mélancolie anxieuse, caractérisée par des idées de culpabilité, la crainte de châtiments et des hallucinations de l'ouïe. Il a succombé, au bout de 52 jours, à un affaiblissement progressif produit surtout par son refus fréquent de prendre des aliments.

9 aliénés sont morts d'affections pulmonaires, 9 d'affections cardiaques, 2 de maladie de Bright, 1 d'entérite simple, 2 de dysenterie, 6 de maladies cancéreuses, 1 de cystite purulente, 1 d'abcès retro-rectal, 2 d'artério-sclérose due à la sénilité.

Une femme âgée, qui s'était fracturé le col du fémur en tombant de sa hauteur, est morte après un séjour prolongé au lit, qui a duré plus d'un an, sans que l'autopsie ait révélé aucune lésion organique.

Le nommé T..., atteint du délire des persécutions, entré à l'asile en décembre 1889, est mort le 25 août 1892, après avoir présenté pendant 16 jours les symptômes de la fièvre typhoïde; température à 40°, diarrhée continue, stupeur profonde.

A l'autopsie, nous n'avons trouvé que quelques petites ulcérations arrondies dans la dernière partie de l'iléon. Les plaques de Péyer étaient saines, nullement saillantes.

La fièvre typhoïde est très-rare dans les asiles d'aliénés, et les cas qu'on y rencontre quelquefois n'y sont jamais bien nets, si je m'en rapporte à mon observation personnelle. Ils revêtent la forme cérébrale, entraînent rapidement la mort et les lésions intestinales sont peu prononcées, en sorte que je me suis presque toujours demandé si je ne m'étais pas trompé de diagnostic.

La péritonite a déterminé la mort de 2 aliénés. Chez l'un d'eux, elle était de nature tuberculeuse et la terminaison funeste a été rapide; chez l'autre, elle était due à une inflammation ulcéreuse de l'iléon, qui avait produit plusieurs petites perforations. La marche de.la maladie a été très-lente et la mort n'est survenue qu'au bout de 7 mois.

2 individus atteints d'idiotie ont succombé à une hernie inguinale étranglée. Ils étaient atteints depuis leur enfance de cette affection. Par suite d'adhérences de l'anse intestinale au sac herniaire, elles étaient complètement irréductibles.

L'un de ces aliénés présentait une paralysie généralisée, due à une sclérose disséminée du cerveau et était très-affaibli. Le sac herniaire s'est enflammé, l'inflammation a pris immédiatement un caractère gangreneux, a envahi le scrotum et le périnée, en sorte que nous avions cru d'abord avoir affaire à une infiltration urineuse. Les symptômes d'étranglement étaient peu prononcés, ne consistaient guère que dans des vomissements bilieux.

L'étranglement de la hernie de l'autre idiot a été également insidieux au début et simulait un simple engouement.

Le débridement pratiqué au bout de trois jours chez ces aliénés n'a pu empêcher la perforation intestinale qui a entraîné la mort.

Le tableau suivant résume les causes des décès par sexe :

Causes des décès.

	Hommes	Femmes	Total
Paralysie générale	10	4	14
Hémorrhagie cérébrale	3	2	5
Ramollissement cérébral	5	»	5
Attaques d'épilepsie	1	2	3
Ataxie locomotrice	1	»	1
Chorée	1	»	1
Bronchite	»	1	1
Pneumonie	1	3	4
Phthisie pulmonaire	»	2	2
Embolie pulmonaire	1	1	2
Affections du cœur	5	3	8
Péricardite	»	1	1
Péritonite	2	»	2
Maladie de Bright	2	»	2
Entérite simple	»	1	1
Dysenterie	1	1	2
Fièvre typhoïde	1	»	1
Cancer du foie	1	1	2
Cancer de l'estomac	1	2	3
Cancer de l'utérus	»	1	1
Cystite purulente	1	»	1
Abcès retro-rectal	»	1	1
Fracture du col du fémur	»	1	1
Hernie inguinale	2	»	2
Sénilité	1	1	2
Totaux	40	28	68

15 malades, dont 8 atteints de paralysie générale, sont morts la première année de leur séjour à l'asile, 19 y sont restés de 1 à 5 ans, 7 de 5 à 10 ans et 27 de 10 à 26 ans.

DURÉE DU SÉJOUR A L'ASILE des aliénés décédés.	FOLIE		PARALYSIE générale		DÉMENCE		IDIOTIE		ÉPILEPSIE		TOTAUX généraux		
	H.	F.	H.	F.	H.	F.	H.	F.	H.	F.	H.	F.	Total
Un mois et au-dessous..........	2	»	»	»	1	»	»	»	»	»	3	»	3
De 1 mois à 3 mois.............	»	»	»	1	1	»	»	»	»	»	1	1	2
3 à 6 mois....................	»	1	4	»	»	»	»	»	»	»	4	1	5
6 mois à 1 an.................	»	1	1	1	»	1	»	»	1	»	2	3	5
1 an à 2 ans.................	»	1	3	1	1	»	1	»	1	»	6	2	8
2 à 5 ans.................	4	2	2	1	1	1	»	»	»	»	7	4	11
5 à 10 ans.................	1	1	»	»	1	2	1	1	»	»	3	4	7
10 à 26 ans.................	1	1	»	1	8	7	3	2	2	2	14	13	27
Totaux..........	8	7	10	5	13	11	5	3	4	2	40	28	68

Distractions. — Les aliénés ont à leur disposition des jeux divers, des livres et quelques journaux.

Les plus tranquilles, au nombre de 350, vont en promenade les dimanches et jours fériés; tous les mois, on leur permet d'y prendre du café ou de la bière.

3 fois par an, ils déjeunent ou dînent à la campagne. Ils assistent à des représentations théâtrales, soit à l'asile, soit à Évreux, au moment de la foire Saint-Taurin.

Ces dépenses sont prélevées sur leur pécule, qui ne saurait mieux être employé.

La fanfare, qui continue à fonctionner d'une manière satisfaisante, donne des concerts, au moins tous les dimanches, et accompagne quelquefois les malades en promenade.

Le 14 juillet et le dimanche qui suit, ils dansent jusqu'à 11 heures du soir dans la cour d'honneur.

Tous nos efforts tendent à donner le plus de liberté possible à nos aliénés et à ôter à notre établissement les caractères d'une maison de détention.

Le tableau suivant résume le mouvement de la population dans tous ses détails :

MOUVEMENT DE LA POPULATION EN 1892

Groupes de colonnes : **INDIGENTS** (EURE, SEINE, SEINE-ET-OISE, AUTRES DÉPARTEMENTS) — **PENSIONNAIRES** (MINISTÈRES : INTÉRIEUR, GUERRE, JUSTICE ; TOTAL des indigents ; 1re, 2e, 3e, 4e classe ; TOTAL des pensionnaires) — **TOTAL des pensionnaires et des indigents** — **TOTAL GÉNÉRAL**.

MOUVEMENT DE LA POPULATION EN 1892	EURE H.	EURE F.	SEINE H.	SEINE F.	S.-ET-OISE H.	S.-ET-OISE F.	AUTRES DÉP. H.	AUTRES DÉP. F.	INTÉRIEUR H.	INTÉRIEUR F.	GUERRE H.	JUSTICE H.	TOTAL indigents H.	TOTAL indigents F.	1re cl. H.	1re cl. F.	2e cl. H.	2e cl. F.	3e cl. H.	3e cl. F.	4e cl. H.	4e cl. F.	TOTAL pens. H.	TOTAL pens. F.	TOTAL pens.+ind. H.	TOTAL pens.+ind. F.	TOTAL GÉNÉRAL
Existant le 31 décembre 1891	284	285	74	73	13	8	3	2	9	1	»	1	384	369	4	»	3	7	7	12	28	36	42	55	426	424	850
Entrés. — Admis pour la 1re fois	17	22	»	»	»	»	5	4	»	»	2	»	24	26	1	2	»	»	1	3	14	14	16	19	40	45	85
Rechutés	5	»	»	»	»	»	»	»	»	»	»	»	5	»	»	»	»	»	»	1	5	3	5	4	10	4	14
Réintégrés p^r suite de sortie avant guérison	»	1	1	»	»	»	»	1	»	»	»	»	1	2	»	»	»	»	2	1	1	3	3	4	4	6	10
Transférés d'un autre asile	3	2	1	38	»	»	4	»	»	»	»	»	8	40	»	»	»	»	»	»	»	»	»	»	8	40	48
Total des aliénés entrés	25	25	2	38	»	»	9	5	»	»	2	»	38	68	1	2	»	»	3	5	20	20	24	27	62	95	157
Total des aliénés traités	309	310	76	111	13	8	12	7	9	1	2	1	422	437	5	2	3	7	10	17	48	56	66	82	488	519	1007
Mutations de classe. — 1 indigent du ministère de la justice passé à la Seine	»	»	1	»	»	»	»	»	»	»	»	»	1	»	»	»	»	»	»	»	»	»	»	»	1	»	1
8 pensionnaires de 4e classe passés : 5 à l'Eure	5	»	»	»	»	»	»	»	»	»	»	»	5	»	»	»	»	»	»	»	»	»	»	»	5	»	5
1 à la Seine	»	»	»	1	»	»	»	»	»	»	»	»	»	1	»	»	»	»	»	»	»	»	»	»	»	1	1
1 à Seine-et-Oise	»	»	»	»	1	»	»	»	»	»	»	»	1	»	»	»	»	»	»	»	»	»	»	»	1	»	1
1 à la Seine-Inférieure	»	»	»	»	»	»	1	»	»	»	»	»	1	»	»	»	»	»	»	»	»	»	»	»	1	»	1
1 pensionnaire de 2e classe passé aux pensionnaires de 3e classe	»	»	»	»	»	»	»	»	»	»	»	»	»	»	»	»	»	»	1	»	»	»	1	»	1	»	1
1 pensionnaire de 3e classe passé à l'Eure	1	»	»	»	»	»	»	»	»	»	»	»	1	»	»	»	»	»	»	»	»	»	»	»	1	»	1
Total des mutations de classes	6	»	1	1	1	»	1	»	»	»	»	»	9	1	»	»	»	»	1	»	»	»	1	»	10	1	11
Total des aliénés traités et des mutations de classes	315	310	77	112	14	8	13	7	9	1	2	1	431	438	5	2	3	7	11	17	48	56	67	82	498	520	1018
Sortis. — Guéris	8	7	1	1	»	»	1	»	»	»	»	»	11	8	2	»	»	»	»	2	6	1	8	3	19	11	20
Améliorés	3	3	»	»	»	»	»	1	»	»	»	»	3	4	1	1	»	»	2	2	3	6	6	9	9	13	22
Transférés	»	»	»	»	1	»	3	6	»	»	»	»	4	5	»	»	»	»	»	»	»	1	»	1	4	5	9
Réclamés par leurs familles, etc.	»	»	»	»	»	»	»	»	»	»	»	»	»	»	»	»	»	»	»	»	2	1	2	1	2	1	3
Total des aliénés sortis	11	10	1	1	1	»	4	6	»	»	»	»	18	17	3	1	»	»	2	4	11	8	16	18	34	30	64
Décédés	27	19	5	4	»	2	1	1	1	»	»	»	34	26	»	»	»	»	2	1	4	1	6	2	40	28	68
Total des sortis et des décédés	38	29	6	5	1	2	5	7	1	»	1	»	52	43	3	1	»	»	4	5	15	»	22	15	74	58	132
Mutations de classe. — 1 indigent du ministère de la justice passé à la Seine	»	»	»	»	»	»	»	»	»	»	»	1	1	»	»	»	»	»	»	»	»	»	»	»	1	»	1
8 pensionnaires de 4e classe passés : 5 à l'Eure	»	»	»	»	»	»	»	»	»	»	»	»	»	»	»	»	»	»	»	»	5	»	5	»	5	»	5
1 à la Seine	»	»	»	»	»	»	»	»	»	»	»	»	»	»	»	»	»	»	»	»	»	1	»	1	»	1	1
1 à Seine-et-Oise	»	»	»	»	»	»	»	»	»	»	»	»	»	»	»	»	»	»	1	»	1	»	1	»	1	»	1
1 à la Seine-Inférieure	»	»	»	»	»	»	»	»	»	»	»	»	»	»	»	»	»	»	1	»	1	»	1	»	1	»	1
1 pensionnaire de 2e classe passé aux pensionnaires de 3e classe	»	»	»	»	»	»	»	»	»	»	»	»	»	»	»	»	1	»	»	»	1	»	1	»	1	»	1
1 pensionnaire de 3e classe passé à l'Eure	»	»	»	»	»	»	»	»	»	»	»	»	»	»	»	»	»	»	1	»	»	»	1	»	1	»	1
Total des mutations de classes	»	»	»	»	»	»	»	»	»	»	»	1	1	»	»	»	1	»	1	»	7	1	9	1	10	1	11
Total des sorties, décès et mutations de classes	38	29	6	5	1	2	5	7	1	»	1	1	53	43	3	1	1	»	5	5	22	10	31	16	84	59	143
Restant le 31 décembre	277	281	71	107	13	6	8	»	8	1	1	»	378	395	2	1	2	7	6	12	26	40	36	66	414	461	875
Nombre de journées de présence pendant l'année…	[illegible]																										

Compte administratif

RECETTES

CHAPITRE Ier — RECETTES ORDINAIRES

Section Ire — Recettes en argent.

Les recettes en argent, prévues à 452,074 fr. 60, ont été de 450,579 fr. 11. Plus élevées que celles de 1890 et de 1891, elles le sont moins que celles de 1889 qui avaient atteint le chiffre de 455,840 fr. 06.

Article 1er. — Intérêts de fonds placés au
Trésor............................... 2,662 21

Les fonds provenant des comptes *asile* et *pécule* des aliénés ont produit 2,120 fr. 16 et ceux des comptes *dépôt*, 542 fr. 05.

Art. 2. — Aliénés de l'Eure............ 259,035 05

Cette recette est un peu moins élevée que celle des 3 années précédentes.

La moyenne quotidienne du nombre des aliénés de cette catégorie a été en 1889 de 562, en 1890 de 559, en 1891 de 565 et en 1892 de 555.

Art. 3. — Aliénés de l'Etat............ 5,320 50

Cette recette a été produite par 10 aliénés entretenus au compte du ministère de l'intérieur, par 2 aliénés au compte du ministère de la guerre et par 14 journées de présence payées par le ministère de la justice pour un paralytique général arrêté en vagabondage.

Sur les 10 aliénés du ministère de l'intérieur, 7 viennent du quartier d'aliénés criminels de Gaillon.

Art. 4. — Aliénés de la Seine.......... 75,077 80

Cette recette prévue au budget à 85,058 fr. 40 n'a pas atteint ce chiffre parce que le convoi de 38 aliénés de la Seine, attendu au commencement de l'année, n'est arrivé que le trois décembre.

Art. 5. — Aliénés d'autres départements et des pays étrangers.................... 14,284 50

Cette recette a été produite par 21 aliénés de Seine-et-Oise et par 19 autres malades ayant les domiciles de secours dans les départements suivants : Seine-Inférieure 4, Orne 3, Côtes-du-Nord 2, Ille-et-Vilaine 1, Finistère 1, Nord 1, Saône-et-Loire 1, Rhône 1, Hautes-Alpes 1, Gironde 2, Hautes-Pyrénées 1, et Belgique 1.

Art. 6. — Pensionnaires de 1re classe... 10,425 30

Art. 7. — Pensionnaires de 2e classe.... 13,416 ..

Art. 8. — Pensionnaires de 3e classe.... 18,047 20

Art. 9. — Pensionnaires de 4e classe.... 35,822 25

Art. 10. — Domestiques particuliers.... 2,504 25

Total.......... 80,815 »

Le tableau suivant qui indique les recettes des pensionnaires depuis 1871 montre que 1892 est l'année où elles ont été le plus élevées.

L'augmentation a porté sur toutes les classes de pensionnaires, mais surtout sur la première dont les recettes ont presque doublé.

La construction du pensionnat des hommes, qui sera achevée à la fin de l'année, en permettant de recevoir un plus grand nombre de malades appartenant à des familles aisées, augmentera beaucoup ces recettes tout en améliorant la situation des aliénés de cette catégorie.

*Recettes provenant des frais de séjour des aliénés entretenus
au compte des familles de 1871 à 1892.*

Années.	Montant des recettes.	Années.	Montant des recettes.
1871	27,529 95	1882	63,287 50
1872	33,765 01	1883	69,978 95
1873	38,509 16	1884	65,383 20
1874	38,541 91	1885	61,035 40
1875	42,878 10	1886	67,071 95
1876	46,842 69	1887	77,035 10
1877	48,538 21	1888	67,556 75
1878	55,942 17	1889	68,936 85
1879	56,476 72	1890	65,117 60
1880	57,865 62	1891	70,871 65
1881	61,012 88	1892	80,815

Les recettes ont été en augmentant de 1871 à 1883,
ont diminué en 1884, 1885, pour recommencer à augmenter en 1886 et arriver en 1887 au chiffre élevé de
77,035 fr. 10, qui n'a été dépassé que par celui de 1892.

Art. 11. — Vente d'os et objets hors de
service 1,517 10

1,440 kilogs d'os à 0 fr. 09 et 2,105 kilogs à 0 fr. 08
ont produit 298 fr. La vente des chiffons a été de 338 f. 25
et celle des savates, verre cassé, papier, rognures de cuir,
vieux métaux, fonte, fer, cuivre, zinc de 434 fr. 94.

En outre, deux chevaux hors de service ont été vendus 446 francs.

Art. 12. — Vente de produits excédant
les besoins de l'asile..................... 242 30

Cette recette provient de la vente de 6 veaux et de
149 peaux de lapin. Elle est bien au-dessous des prévi-

sions budgétaires parce que nous avons trouvé plus d'avantages à consommer tous les porcs engraissés à l'établissement que d'en vendre une partie, comme pendant l'exercice 1890 sur les résultats duquel a été établi le budget de 1892.

Art. 13. — Recettes accidentelles......	11,137	31

Cet article comprend le détail suivant :

Cuirs provenant de l'abattoir...............	2,981	17
Suifs.....................................	1,393	30
Braise de la boulangerie.................	310	35
Chaussures fournies au personnel et aux aliénés	574	85
Vin fourni au personnel et aux aliénés....	1,055	66
Autres fournitures diverses fournies au personnel et aux aliénés...............	299	12
Pommes et cidre fournis au personnel.....	80	50
Chocolat fourni aux aliénés...............	747	80
Café id.	749	20
Régimes supplémentaires divers fournis aux aliénés	548	25
Pécule des aliénés décédés en 1892.......	1,197	86
Inhumations de pensionnaires.............	140	»
Douches données à des personnes étrangères à l'asile................................	119	25
Installation de 2 pompes pour les entrepreneurs du pensionnat....................	40	»
Total...............	11,137	31

Cette recette est très-inférieure à celle de 1890 et diffère peu de celle de 1891. Le prix des cuirs et du suif provenant de notre abattoir a été beaucoup moins élevé en 1892 qu'en 1890.

Art. 14. — Remboursement de frais de transfèrement d'aliénés..................	163	45
Art. 15. — Trop perçu.................	323	80

Les recettes de ces deux derniers articles correspondent à des dépenses égales portées aux articles 30 et 31.

Section II — *Revenus en nature et produit du travail*
des aliénés

Art. 16. — Revenus en nature consommés... 72,302 37

Ils se rapportent aux crédits suivants :

Viaude.. 27,856 »

Porcs 27,354 fr. poulets 186 fr. lapins 316 fr.

Pommes à cidre.................................. 35 62
Comestibles 31,632 14

Lait 5,921 fr. 94, œufs 442 fr. 30, asperges 767 fr., betteraves 600 fr., choux 3,115 fr. 60, carottes 1,237 fr. 60, haricots verts 3,015 fr. 60, melons 927 fr., navets 960 fr. 10, pommes de terre 6,724 fr. 70, salade 4,714 fr., tomates 160 fr. 60, fruits et légumes divers 3,015 fr. 70.

Chauffage.. 36 51
Culture : 1,200 m. c. de fumier à 4 fr.... 4,800 »
Fourrage et litière............................. 7,942 10

Avoine 1,960 fr., betteraves 800 fr., carottes 81 fr., foin 4,834 fr. 50, paille d'avoine 234 fr. 60, fanes 32 fr.

Pour avoir le total des produits en nature il faut ajouter aux produits consommés les produits vendus qui ont été de............ 242 30

Ce qui donne un total de.................... 72,544 67

Les dépenses de notre exploitation agricole et maraîchère ayant été de.......... 36,483 09

Les bénéfices nets de cette exploitation ont été de... 36,061 58

Ces dépenses comprennent :

1° Les fourrages et la litière récoltés mais consommés à la ferme.................................. 7,042 10

2° Les dépenses de l'article 26 du compte administratif (frais de culture)............ 9,831 93

3° Les dépenses de l'article 28 (fourrage et litière)............................... 4,806 05

4° Le traitement, avec les avantages en nature, du jardinier, du vacher-porcher, du chef de culture, de deux infirmiers chargés de la surveillance des aliénés travailleurs, et du pécule des aliénés..................... 6,000 »

5° Le son, le charbon de terre, le bois et les articles d'éclairage dépensés à la ferme. 5,047 26

6° La diminution du cheptel 2,855 75

Les bénéfices de notre exploitation agricole et maraîchère ont été un peu moins élevés en 1892 que dans les deux années précédentes, par suite de la sécheresse de l'année qui a nui à toutes nos récoltes. Ils se répartissent de la manière suivante entre les diverses parties de notre exploitation :

Porcherie............................. 13,621 64
Vacherie............................... 2,419 51
Basse-cour............................. 356 30
Jardinage et grande culture........... 19,664 13
Total.............. 36,061 58

La porcherie, comme on le voit, en permettant d'utiliser les eaux grasses, tous les déchets de la cuisine et du jardin, est une source importante de bénéfice. Elle avait rapporté 15,477 fr. 23 c. en 1891, 15,060 fr. 68 c. en 1890 et 14,867 fr. 22 c. en 1889.

Je vais examiner les recettes et les dépenses de la porcherie et de la vacherie.

Porcherie.

Recettes. — Abattage de 183 porcs qui ont produit 12,016 kilogrammes de viande fraîche à 1 fr. 50 c. le kilogramme .... 18,024 »
et 6,220 kilogrammes de viande salée à 1 fr. 50 c. le kilogramme .... 9,330 »
Restant en magasin, au 31 décembre 1892, 76 porcs à divers degrés d'engra'ssement .. 5,548 »

Total .... 32,902 »

Dépenses. — Restant en magasin, au 31 décembre 1891, 79 porcs estimés en moyenne à 82 fr. l'un .... 6,478 »
Achat de 180 porcs au prix moyen de 41 fr. 37 c .... 7,447 »
25,300 kilogrammes de petit son à 12 fr. les 100 kilogrammes 3,036 »
2,600 kilogrammes de gros son à 13 fr. 80 c. les 100 kilogrammes 358 80
3,527 kilogrammes de recoupe à 10 fr. 80 c. les 100 kilogrammes 381 41
246 hectolitres de betteraves à 1 fr. l'hectolitre........... 246 »
30 hectolitres de pommes de terre à 4 fr. l'hectolitre....... 120 »
9,650 kilogrammes de charbon de terre à 33 fr. 42 c. les 1,000 ki-

A reporter. 18,067 21 32,902 »

Report.......	18,067	21	32,902	»
logrammes...................	322	50		
Bois de boulangerie, bois de chauffage et chandelle........	260	65		
Moitié du traitement du va-cher-porcher.................	600	»		
Pécule des malades occupés à la porcherie.................	30	»		
Total de la dépense........	19,280	36	19,280	36
Excédant de recettes...........			13,621	64

Le prix net de revient du kilogramme de viande de porc produite à l'asile a été de 0 fr. 75 c., tandis qu'il coûte en moyenne, à Evreux, 1 fr. 50 c.

Vacherie.

Recettes. — 29,609 l. 30 de lait à 0 fr. 20 c.

le litre.............................	5,921	94
6 veaux, ensemble.................	212	50
Total............	6,134	44

Dépenses. — 4,250 kilogrammes de gros son à 13 fr. 80 c. les 100 kilo-

grammes....................	586	50		
4,218 bottes de foin à 0 fr. 374 l'une.......................	1,577	53		
602 hectolitres de betteraves à 1 fr. l'hectolitre...........	602	»		
Pommes de terre et fanes...	52	»		
28 hectolitres d'orge.......	266	90		
A reporter......	3,084	93	6,134	44

Report........	3,084 93	6,134 44
Moitié du traitement du va-cher-porcher...............	600 »	
Péculo des malades.........	30 »	
Total.............	3,714 93	3,714 93
Excédant des recettes.............		2,419 51

La basse-cour a donné un excédant de recettes de 593 fr. 70 c.

Art. 17. — Produit du travail des aliénés   41,997 90

Le tableau suivant indique la nature des travaux auxquels ont été occupés les aliénés et l'estimation approximative de ces travaux qui est inférieure à leur valeur réelle.

NUMÉROS D'ORDRE.	NATURE DES TRAVAUX.	NOMBRE DE		ÉVALUATION de la journée de travail.	MONTANT.
		Travailleurs.	Journées.		
	HOMMES				
1	Jardinage et culture	31	6.694	0.70	4.685 80
2	Terrassements...............	57	9.557	0.45	4.300 65
3	Cordonnerie.................	24	3.151	0.60	1.890 60
4	Maçonnerie.................	5	1.300	0.75	975 »
5	Menuiserie	6	1.451	0.75	1.088 25
6	Serrurerie	6	1.469	0.75	1.101 75
7	Peinture...................	2	540	0.75	405 »
8	Couture, raccommodage......	2	382	0.70	267 40
9	Meunerie, boulangerie........	4	1.215	0.80	972 »
10	Cuisine....................	7	1.745	0.60	1.047 »
11	Cave et bûcher.............	3	779	0.70	545 30
12	Buanderie	3	671	0.60	402 60
13	Conciergerie	1	230	0.60	138 »
14	Bureaux	6	1.405	0.80	1.124 »
15	Service intérieur.............	69	9.374	Diverse	2.396 55
	Totaux.......	226	39.963	»	21.339 90
	FEMMES				
16	Buanderie	42	6.755	0.65	4.390 75
17	Repassage.................	8	1.908	0.65	1.240 20
18	Lingerie...................	45	7.137	0.65	4.639 05
19	Vestiaire	59	9.414	0.65	6.119 10
20	Cuisine	15	2.528	0.55	1.390 40
21	Tricot.....................	1	220	0.50	110 »
22	Service intérieur.............	86	11.978	Diverse	2.768 50
	Totaux.......	256	39.940	»	20.658 »

Récapitulation.	Hommes.........	21.339 90
	Femmes.........	20.658 »
	Total........	41.997 90

Le nombre moyen des travailleurs a été de 226 hommes et 256 femmes, en tout, 482. Il avait été de 480 en 1890 et de 483 en 1891.

Les principaux travaux de terrassements ont consisté dans le creusement des caves du pensionnat des hommes, la démolition d'un four de l'ancienne briqueterie et le dragage de la rivière du Gord pour dégager la roue du moulin dont la partie inférieure était toujours dans l'eau.

CHAPITRE II. — RECETTES EXTRAORDINAIRES

Néant.

CHAPITRE III. — RECETTES SUPPLÉMENTAIRES

Elles comprennent :

1° L'excédant de l'exercice 1891....... 123,242 89
2° Les sommes à recouvrer de cet exercice et des exercices antérieurs........... 10,958 25

Total............ 134,201 14

Sur les restes à recouvrer il a été perçu.. 7,138 31
Et il reste à percevoir................ 3,819 94
qui seront reportés au budget additionnel de 1893, moins la somme de 710 fr. 40 c. qui est irrecouvrable et dont la commission a demandé la mise en non-valeur par une délibération en date du 13 mars 1893.

Récapitulation des recettes.

	Prévis'ons budgétaires.	Droits constatés.	Recettes effectu.es.	Restes à recouvrer.
Ch. Ier. Ordinres	568,074 60	564,879 38	562,303 74	2,575 64
Ch. II. Extrares	»	»	»	»
Ch. III. Supplres	134,201 14	134,201 14	130,381 20	3,819 94
Totaux....	702,275 74	699,080 52	692,684 94	6,395 58

DÉPENSES

CHAPITRE Ier. — DÉPENSES ORDINAIRES

Section Ire. — *Dépenses en argent.*

La dépense du personnel comprise aux articles 1, 2, 3, 4, 5, 6 et 7 était prévue au budget pour la somme de 66,850 fr.

La dépense effectuée a été de 65,247 fr. 77, d'où est résulté une annulation de crédit de 1,602 fr. 23, dont 102 fr. 22 pour des vacances d'emploi de sœurs, de préposés et servants, et 1,500 fr. 01 pour le traitement du médecin-adjoint qui, prévu pour la classe exceptionnelle de 4,000 fr., n'a été que celui de la 2e classe ne s'élevant qu'à 2,500 fr.

Le nombre des journées de présence d'aliénés, en 1892, ayant été de 306,606, la dépense quotidienne en argent du personnel, par journée de malades, a été de 0 fr. 212.

Le tableau suivant indique le traitement de ce personnel ainsi que les avantage en nature qui lui sont accordés.

Articles du budget.	FONCTIONS et EMPLOIS	TRAITEMENT EN ARGENT.		AVANTAGES EN NATURE.
		Prévu au budget.	Payé.	
1	*Directeur-médecin....*	8.000 »	8.000 »	Logement, chauffage, éclairage.
2	*Receveur-économe....*	3.250 »	3.250 »	Logement, chauffage, éclairage.
3	*Employés d'administ^{on} :*			
	Secrétaire...............	1.800 »	1.800 »	Logement, déjeuner.
	Commis de direction .	800 »	800 »	Nourriture, logement, chauffage, éclairage, blanchissage.
	1er commis d'économat	1.800 »	1.800 »	Logement, déjeuner.
	2e commis d'économat	1.500 »	1.500 »	Déjeuner.
	Dépensier............	1.200 »	1.200 »	Id.
4	*Service médical :*			
	Médecin-adjoint......	4.000 »	2.499 99	Nourrit., logem., chauf., éclair.
	Interne	1.200 »	1.200 »	Id.
	Employé chargé de la tenue des cahiers de visite	400 »	400 »	Néant.
	Surveillant en-chef ..	1.000 »	1.000 »	Nourriture, logement, chauffage, éclair., habill., blanch.
5	*Aumônier..........*	1.500 »	1.500 »	Logement, chauffage, éclair.
6	*Sœurs (22)........*	4.400 »	4.390 55	Nourriture, logement, chauffage, éclairage.
7	*Préposés et servants :*			
	Hommes.			
	1 meunier-boulanger.			
	1 jardinier..........			
	1 aide-jardinier......			
	1 cordonnier.........			
	1 menuisier.........			
	1 valet de ferme			
	1 cocher			
	2 charretiers........	10.350 »	10.336 10 Solde moyenne annuelle, 625 fr.	Nourriture, logement, chauffage, habillement, blanchissage, éclairage.
	1 commissionnaire...			
	1 sommelier........			
	1 garçon de bureau..			
	1 concierge.........			
	1 boucher..........			
	1 serrurier.........			Néant.
	1 peintre...........			Id.
	1 chef de musique...	300 »	300 »	Id.
17	Femmes.			
	2 cuisinières........			
	1 fille de service à la pharmacie......			
	2 lingères..........	3.850 »	3.830 05 Solde moyenne annuel·e, 348 fr.	Nourriture, logement, chauffage, éclairage, habillement, blanchissage.
	2 couturières........			
	3 buandières........			
	1 repasseuse........			
11	*Surveillance :*			
	29 infirmiers.........	14.000 »	13.965 88	Id.

Les crédits concernant les frais de culte (art. 8,) 300 fr.; de sépulture (art. 9), 360 fr. ; d'administration, de bureau, d'impression, de bibliothèque, etc. (art. 10), 3,000 fr., n'ont pas varié depuis plusieurs années.

L'annulation de ces trois crédits a été de 9 fr. 19.

Art. 11. — Contributions :

Crédit alloué....................	600	»
Dépense effectuée.............	449	63
Annulation..........	150	37

Art. 12. — Assurances contre l'incendie :

Crédit alloué..............	1,600	»
Dépense effectuée..........	1,501	95
Annulation......	98	05

L'asile est assuré à *l'Ancienne Mutuelle* et à *La Normandie* dont le siége est à Rouen.

Art. 13. — Blé et farine.

Crédit primitif..............	55,000	»
Crédit supplémentaire.......	6,000	»
	61,000	»
Dépense effectuée..........	60,600	10
Annulation......	399	90

Ce crédit a servi à acheter :

190,583 kilogrammes de blé au prix moyen de 24 fr. 326 les 100 kilogrammes........	46,362	10
45,000 kilogrammes de farine au prix moyen de 31 fr. 44 c. les 100 kilogrammes.	14,148	»
300 kilogrammes de farine de féveroles à 30 fr. les 100 kilogrammes............	90	»
Total................	60,600	10

Prix de revient de la farine.

Il a été livré au moulin 180,583 kilogrammes de blé dont la valeur était de.... 44,186 »
et 200 kilogrammes de farine de féveroles
à 30 fr. les 100 kilogrammes............ 60 »

En ajoutant les frais de mouture qui
comprennent la moitié du traitement du
meunier-boulanger...................... 569 55
et le pécule d'un aliéné................ 36 »

on a pour dépense totale du moulin....... 44,851 55

La recette comprend :

12,350 kilogrammes de gros son à 13 fr. 80 c.
les 100 kilogrammes 1,704 30
   27,850 kilogrammes de petit son à 12 fr.
les 100 kilogrammes.................... 3,342 »
   3,896 kilogrammes de recoupe à 10 fr. 80 c.
les 100 kilogrammes.................... 420 76
   133,027 kilogrammes de farine à 0 fr. 294
le kilogramme......................... 39,384 49

        Total................ 44,851 55

100 kilogrammes de blé ont produit 74 k. 16 de
farine.

Prix de revient du pain.

Le boulanger a reçu 117,919 kilogrammes de farine
confectionnée pendant l'année à 0 fr. 294
le kilogramme 34,668 18

        A reporter...... 34,668 18

Report......	34,668 18

5,907 kilogrammes de farine restant en magasin au 31 décembre 1891 à 0 fr. 3413 le kilogramme........................ 2,016 04

Et 45,000 kilogrammes de farine achetée à 31 fr. 44 les 100 kilogrammes.......... 14,148 »

Total................ 50,832 22

Il a fabriqué avec cette farine 219,010 kilogrammes de pain, ce qui donne un rendement de 120 72 %.

Les frais de boulangerie se sont élevés à. 2,356 34

Total................ 53,188 56

Dont il faut déduire pour avoir la dépense réelle 285 hectolitres de braise estimée 1 fr. 75 c. l'hectolitre...................... 498 75

Reste................ 52,689 81

Ce qui porte le kilogramme de pain à 0 fr. 24058.

Le prix du pain, d'après la taxe de la ville d'Évreux, a été pendant l'année en moyenne de 0 fr. 31958 le kilogramme, par conséquent de 0 fr. 079 supérieur à celui de l'asile, ce qui donne un bénéfice de 17,301 fr. 79 c.

Les frais de boulangerie comprennent :

Moitié du traitement du boulanger-meunier, en argent et en nature............................ 569 55

Pécule des malades .... 108 »

1,240 kilogrammes de sel gris à 15 fr. les 100 kilogrammes .... 186 »

130 kilogrammes de recoupe à 10 fr. 80 c. les 100 kilogrammes...................... 14 04

185 stères 54 de bois de boulangerie à 7 fr. 97 c. le stère 1,478 75

Total................ 2,356 34

La valeur locative des bâtiments du four et du moulin n'entre pas dans ces frais.

L'achat de farine a été nécessité par le manque d'eau du moulin pendant le second semestre de l'année.

Le prix du blé a varié de 25 fr. 94 c. les 100 kilogrammes à 21 fr. 70 c. Le prix moyen a été de 24 fr. 326 c.

Le blé est mis en adjudication chaque année ; l'adjudication de cette fourniture ne réussit pas ordinairement, parce que les soumissionnaires sont peu nombreux et qu'ils offrent des prix supérieurs au maximum fixé par l'administration.

La soumission la plus basse pour 1892 a été de 29 fr. 94 les 100 kilos et si cette soumission eut été acceptée, l'asile eût perdu 5 fr. 614 par 100 kilos, ce qui, pour 200,000 kilos quantité fixée par l'adjudication, eut constitué une perte de 11,228 fr. à l'établissement.

La moyenne de la population à nourrir ayant été de 941 individus, y compris le personnel, et la quantité de pain dépensée de 219,010 kilos, la consommation individuelle et annuelle a été de 232 kil. 741.

En 1891, elle avait été de 236 kil. 989 ; en 1890 de 234 kil. 598 ; en 1889 de 236 kil. 367 et en 1888 de 238 kil. 208.

La consommation du pain, qui est donné à discrétion, varie donc peu d'une année à l'autre.

Art. 14. — Viande.

Crédit alloué................	70,000	»
Dépense effectuée...........	54,303	35
Annulation.........	15,696	65

Nous avons acheté de gré à gré les animaux nécessaires à notre abattoir ; 2 bœufs, 104 vaches, 5 taureaux, 44 veaux et 88 moutons. Les bœufs, vaches et taureaux sont revenus au prix moyen de 0 fr. 6949 le kil. sur pied; les veaux ont coûté 1 fr. 152 et les moutons 0 fr. 8843.

Les bœufs ont donné un rendement de viande de 54,41 p. %, les veaux de 70,74 et les moutons de 48,90.

Le prix de revient de la viande nette de bœuf a été, déduction faite des frais d'abattoir, de 1 fr. 21 le kil. celui de la viande de veau de 1 fr. 59 et celui de la viande de mouton de 1 fr. 706.

Le prix moyen de ces trois espèces de viande réunies a été de 1 fr. 284 le kilog.

Il a été consommé pendant l'année :

33,870 k. de viande de bœuf à 1 fr. 21 le kil.	40,982	70
4,826 k. de viande de veau à 1 fr. 59 —	7,673	34
2,319 k. de viande de mouton à 1 fr. 706—	3,956	21
12,107 k. de porc frais à 1 fr. 50 —	18,160	50
6,315 k. de porc salé à 1 fr. 50 —	9,472	50
286 k. de volailles et lapins à prix divers	502	»
59,723 kilogr.	80,747	25

La consommation annuelle par individu a été de 63 kil. 467.

En 1891, elle avait été de 64 kil. 213, en 1890 de 64 kil. 647, en 1889 de 61 kil. 958, en 1888 de 63 kil. 666 et en 1887 de 62 kil. 684.

Cette consommation, comme celle du pain, varie peu d'une année à l'autre.

Les aliénés reçoivent par semaine 9 rations de viande, 6 le matin et 3 le soir. Le vendredi matin la viande est remplacée par du poisson. Chaque ration de viande est de 170 gr. pour les hommes et de 150 gr. pour les femmes.

Ces rations sont souvent diminuées de 40 grammes surtout pendant l'été pour varier le régime alimentaire et cette diminution est compensée alors par un plat de légumes ou de dessert dont la dépense est la même que celle de la viande retranchée.

Art. 15. — Vin et pommes.

Crédit alloué............... 23,000 »
Dépense effectuée............. 21,863 36

Annulation..... 1,136 64

Ce crédit a servi aux dépenses suivantes :

24,770 litres de vin à 27 fr. 42 l'hectolitre 6,791 90
453 litres de vin pour échantillon à prix
divers........................... 250 40
121,500 kil. de pommes à cidre à 75 fr. les
1,000 kil........................... 9,112 50
19,885 kil. de pommes à cidre à 70 fr. les
1,000 kil........................... 1,391 95
18,580 kil. de pommes à cidre à 65 fr. les
1,000 kil........................... 1,207 70
4,000 kil. de sucre à 65 fr. 50 les 100 kil.. 2,620 »
Droits de sucrage, timbre et transport du
sucre.............................. 88 26
Réparation des tonneaux.................. 400 65

Total........... 21,863 36

Nous avons brassé 153,800 kil. de pommes qui nous ont coûté................. 11,282 27
et qui ont produit 341,813 litres de boisson
à une densité moyenne de 1,0181.

En ajoutant les frais de brassage qui ont
été de............................... 1,427 »
3,000 kil. de sucre, les droits de sucrage
et la réparation des tonneaux........... 2,846 91

On obtient........... 15,556 18
ce qui porte le prix de la boisson à 0 fr. 0455 le litre.

Un hectolitre de pommes pesant 52 kil. a produit 115 litres 56 de boisson ; par conséquent 100 kil. ont produit 222 litres 24.

La quantité de boisson dépensée en 1892 a été de 337,393 litres et en 1891 de 335,695 litres.

Pour avoir la consommation réelle du personnel et des aliénés, il faut retrancher 700 litres vendus au personnel et 7,271 litres de lie, ce qui réduit notre consommation à 320,422 litres. Elle avait été de 331,995 litres en 1891 et de 314,298 litres en 1890.

La quantité de vin dépensée a été de 24,276 litres 20 ; elle avait été de 22,222 litres 90 en 1891 et 26,403 litres 60 en 1890.

Cette dépense dépend du nombre des pensionnaires et de celui des malades affaiblis qui ont besoin d'être fortifiés par une ration supplémentaire de vin.

Notre brasserie continue à nous donner des résultats très-satisfaisants et elle a été visitée avec beaucoup d'intérêt par les membres du Congrès pomologique qui s'est tenu à Evreux au mois d'octobre 1892 et par M. Girard, professeur au Conservatoire des arts et métiers de Paris. Le brassage par dialyse est le plus simple de tous les procédés, épuise le mieux les pommes et produit très-peu de lie. Nous croyons qu'il est préférable à tout autre mode de fabrication quand on n'a pas besoin de faire de cidre pur.

Les rations réglementaires de vin et de boisson sont les suivantes :

	Hommes.	Femmes.
Vin. — Pensionnaires de la classe exceptionnelle, des deux premières classes, employés et sœurs..........................	0'60	0'50
Cidre... { Pensionnaires de 3ᵉ classe..	1'50	1'20
Pensionnaires de 4ᵉ classe..	1ˡ »	0'75
Préposés et infirmiers......	2'25	1'50

Des rations supplémentaires de cidre sont accordées à tous les malades occupés à des travaux pénibles.

Art. 16. — Comestibles.

Crédit primitif............... 40,000 »
Crédit supplémentaire.... 8,000 »
48,000 »
Dépense effectuée........ 45,149 45
Annulation............... 2,850 55

La dépense des comestibles a été de 41,597 fr. 25 en 1891, de 41,810 fr. 03 en 1890 et de 44,809 fr. 99 en 1889.

Elle est subordonnée aux produits de notre exploitation maraîchère qui ont été moins abondants que ceux des deux années précédentes à cause de la sécheresse exceptionnelle de l'été de 1892.

Les principales dépenses en argent de ce crédit sont les suivantes :

Beurre, 4,496 fr. 90 ; biscuits, 180 fr. 48 ; café 2,820 fr.; chocolat, 1,445 fr. 40 ; figues, 273 fr. 80 ; fromage de gruyère, 431 fr. 08 ; fromage ordinaire, 2,429 fr 50 ; huile d'olive, 1,365 fr. 82 ; huile d'œillette, 2,591 fr. 05 ; haricots secs, 4,022 fr. 64 ; lentilles 400 fr. ; morue, 813 fr. 12 ; oignon, 215 fr. ; œufs, 5,353 fr. 05 ; poivre, 100 fr. 30 ; pruneaux, 642 fr. 74 ; pois cassés, 2,356 fr.; pommes de terre, 516 fr.; poisson frais, 2,835 fr. 60 ; raisiné, 2,177 fr. 98 ; raisins secs, 508 fr. 37 ; riz, 1,064 fr.; sardines, 351 fr.; sel gris, 1,500 fr.; sucre, 4,023 fr. 03 ; saindoux, 4,849 fr. 94 ; vermicelle, 182 fr. 69 ; vinaigre 728 fr.; conserves de poisson, 205 fr.

Art. 17. — Pharmacie.

Crédit primitif...............	2,100	»
Crédit supplémentaire.....	500	»
	2,600	»
Dépense effectuée.........	2,570	86
Annulation...............	20	14

Ce crédit ne comprend que l'achat des médicaments proprement dits, le vin et le sucre nécessaires à la pharmacie étant mandatés, l'un à l'article 15, l'autre à l'article 16 du budget.

Art. 18. — Tabac :

Crédit alloué...............	2,800	»
Dépense effectuée.........	2,777	45
Annulation...............	22	55

Ce crédit est resté le même depuis 1882.

Les hommes dépensent, en outre, une grande partie de leur pécule à l'achat de tabac ordinaire.

Art. 19. — Lingerie et vêture :

Crédit primitif............	17,000	»
Crédit supplémentaire......	1,000	»
	18,000	»
Dépense effectuée.........	17,632	66
Annulation...............	367	34

Art. 20. — Coucher :

Crédit primitif............	2,300	»
Crédit supplémentaire ...	1,000	»
	3,300	»
Dépense effectuée.........	2,966	11
Annulation...............	333	89

Les dépenses des articles 19 et 20 ont été très-réduites en 1892 par la nécessité d'augmenter l'excédant des recettes en argent de cet exercice pour subvenir au paiement des à-compte de la construction du pensionnat des hommes sans trop diminuer notre fonds de roulement, qui doit être assez élevé pour nous permettre d'acheter au comptant nos trois principales fournitures : blé, viande et pommes à cidre.

Art. 21. — Mobilier :

Crédit primitif............	16,000	»
Crédit supplémentaire.....	1,500	»
	17,500	»
Dépense effectuée........	17,494	17
Annulation..............	5	83

Il reste à payer 75 fr. 75 pour frais de bourrellerie dont la facture n'a pu être présentée avant la fin de l'exercice par suite du décès du fournisseur.

La dépense de ce crédit a été réduite, mais d'une manière moins considérable, pour le même motif que celle des articles 19 et 20.

Art. 22. — Blanchissage :

Crédit alloué..............	4,000	»
Dépense effectuée.........	3,756	27
Annulation..............	243	73

Le séchage du savon dans le séchoir que nous avons fait établir par les ouvriers de l'asile en 1885, dans le grenier situé au-dessus de la 8e division des femmes, continue à diminuer de moitié la quantité de savon employée à la buanderie.

En 1884 nous avons dépensé 12,333 kil. 500 de savon tandis que cette dépense n'a été que de 5,926 kil. en

1889, de 6,792 kil. 750 en 1890, de 6,321 kil. en 1891 et enfin de 6,188 kil. en 1892.

Art. 23. — Chauffage :

Crédit primitif...............	20,700	»
Crédit supplémentaire......	3,000	»
	23,700	»
Dépense effectuée..........	22,542	83
Annulation...............	1,157	17

Il a été dépensé en 1892 :

792 bourrées, 53 stères de bois à brûler, 210 stères 54 de bois de boulangerie, 2,297 kil. de charbon de bois, 520,095 kil. de charbon de terre, 90 kil. de charbon de forge et 79,010 kil. de coke.

Les bourrées consommées en 1892 ont été récoltées dans la propriété de l'établissement.

La prolongation de l'hiver a nécessité une plus grande consommation de charbon qu'en 1891.

Art. 24. — Eclairage :

Crédit alloué...............	3,200	»
Dépense effectuée..........	3,002	50
Annulation...............	197	50

Cette dépense est aussi restreinte que possible, et change peu d'une année à l'autre.

Art. 25. — Entretien des bâtiments et murs :

Crédit primitif...............	22,000	»
Crédit supplémentaire......	8,013	75
	30,013	75
Dépense effectuée..........	29,836	52
Annulation...............	177	23

Il a été dépensé sur ce crédit 1,590 fr. 30 pour la réparation de l'ancien séchoir à air chaud, 3,800 fr. pour la construction d'un nouveau séchoir au-dessus du précédent et 24,646 fr. 22 pour les réparations ordinaires des bâtiments dont la plupart ont été faites sous ma direction par les aliénés aidés de nos chefs d'ateliers.

Achat de bois		3,002 34
— de briques		2,653 20
— de ciment		771 57
— de chaux		390 »
— de plâtre		748 »
Quincaillerie		1,000 89
Fers		1,182 60
Fonte et tôle		606 82
Zinc et cuivre		386 08
Articles de peinture		1,165 77
Caisses de verre		282 »
Cire à frotter		640 »
Matériaux divers		2,219 71
Journées de travail	Zingueurs	2,105 74
	Couvreurs	2,137 50
	Maçons et tailleurs de pierres	5,454 »
	Total	24,646 22

Les murs de séparation des cellules des agités de la section des hommes ont été exhaussés ; les enduits extérieurs de ces cellules ont été refaits. Le pont situé sur le Gord près la vieille route de Conches a été réparé et la restauration importante de l'ancienne maison de Mme veuve Fouché a été achevée. Les ouvriers de l'asile ont en outre travaillé à la construction du nouveau séchoir et à la réparation de l'ancien.

Un peintre, aidé de trois à quatre malades, est occupé toute l'année à la réfection des peintures.

Art. 26. — Entretien des propriétés ; frais de culture :

Crédit primitif.......... 9,900 »
Crédit supplémentaire.... 3,000 »

12,900 »
Dépense effectuée........ 9,831 93

Annulation............. 3,068 07

Nous avons acheté 180 porcs maigres qui ont coûté 7,447 fr., 520 fr. de fumier, 205 fr. 90 c. de graines fourragères, 415 fr. 85 c. de graines potagères et 142 fr. 50 c. d'orge pour l'engraissement de 6 vaches. Nous avons en outre payé 572 fr. 40 c. pour ferrage des chevaux et 528 fr. 28 c. pour dépenses diverses de moindre importance : pots à fleurs, paille de seigle et ficelle pour paillassons, petit blé pour la basse-cour, arbustes, saillies de vaches, terre de route, chlorure de chaux, vétérinaire, ratier.

Art. 27. — Gratifications aux travailleurs :

Crédit alloué............ 8,000 »
Dépense effectuée 7,092 94

Annulation............. 7 06

Ce crédit étant insuffisant pour accorder la rémunération réglementaire de 0 fr. 10 c. par jour aux meilleurs travailleurs, a été augmenté en 1893, et la même augmentation est portée pour 1894.

Art. 28. — Fourrage et litière :

Crédit alloué............ 6,800 »
Dépense effectuée 4,806 05

Annulation............. 1,993 95

Nous avons acheté pour 603 fr. 15 c. de foin, 2,520 fr. 32 c. de paille d'avoine, 1,187 fr. 53 c. de paille de blé, 242 fr. 55 c. de menue paille, 160 fr. d'orge, et le battage de l'avoine récoltée à l'asile nous a coûté 02 fr. 50 c.

— 48 —

Art. 29. — Dépenses imprévues :

Crédit alloué............... 1,470 36
Dépense effectuée......... 176 55

Annulation............. 1,293 81

La dépense imprévue de 176 fr. 55 c. tient à l'augmentation des frais de réparation du séchoir à air chaud, nécessitée par la réfection de certaines parties du foyer qu'il avait été impossible de prévoir avant sa démolition.

Art. 30. — Restitution de trop perçu :

Crédit alloué............. 600 »
Dépense effectuée........ 323 80

Annulation............. 276 20

Art. 31. — Frais de transfèrement d'aliénés :

Crédit alloué............. 2,000 »
Dépense effectuée........ 163 45

Annulation............. 1,836 55

Les articles 32 et 33 ne comprennent que des dépenses d'ordre qui sont portées pour les mêmes sommes aux recettes.

CHAPITRE II. — DÉPENSES EXTRAORDINAIRES

Art. 34. — Construction d'un pensionnat pour les hommes :

Crédit alloué............. 170,721 50
Dépense effectuée........ 77,400 »

Annulation............. 93,231 50

Cette annulation est reportée pour la somme de 64,777 fr. 92 c. au budget supplémentaire de 1893 et pour celle de 28,453 fr. 58 c. au budget primitif de 1894.

~Art. 35. — Réparations extérieures du pavillon Dalet :

Crédit alloué............ 2,689 47

Dépense effectuée........ 1,799 87

Annulation............ 889 60

Ces réparations sont terminées et l'annulation de 889 fr. 60 c. est définitive.

CHAPITRE III. — DÉPENSES SUPPLÉMENTAIRES ORDINAIRES

Les crédits alloués pour ces dépenses se montaient à 34,284 fr. 41 c. et ont donné lieu à une annulation de 9,684 fr. 48 c. Ils ont été compris aux crédits primitifs.

Récapitulation des dépenses.

	Prévisions budgétaires.	Droits constatés.	Sommes dépensées.	Restes annulés.
Ch. Iᵉʳ. Ordinᵉˢ	494,580 36	468,340 85	468,340 85	26,239 51
Ch. II. Extraᵉˢ	173,410 97	79,289 87	79,289 87	94,121 10
Ch. III. Supplᵉˢ	34,284 41	24,599 93	24,524 18	9,684 48
Totaux.....	702,275 74	572,230 65	572,154 90	130,045 09

Les recettes prévues au budget primitif et au budget supplémentaire s'élevaient à 702,275 fr. 74 c.; les droits acquis ont été de 699,080 fr. 52 c.; les recettes effectuées de 692,684 fr. 94 c., et les restes à recouvrer de 6,395 fr. 58 c.

Les dépenses prévues étaient de 702,275 fr. 74 c., les droits constatés ont été de 572,230 fr. 65 c., et les dépenses effectuées de 572,154 fr. 90 c.

Les recettes effectuées ayant été de..... 692,684 94

Les dépenses de.................... 572,154 90

l'excédant des recettes est de........... 120,530 04

A reporter..... 120,530 04

Report......   120,530 04

dont il faut déduire :

Restant à payer.....................   75 75

ce qui donne.........................   120,454 29

En y ajoutant les restes à recouvrer.....   6,395 58

on obtient comme excédant total.........   126,849 87

Cette somme représente l'actif net de l'asile qui sera reporté au budget supplémentaire de 1893.

Situation financière en fin d'exercice 1892.

Valeur en nature.

Les terrains de l'asile ont coûté......	481,002 21
Les bâtiments.....................	2,505,042 62
Le mobilier......................	228,875 84
La lingerie......................	238,035 60
Le coucher......................	303,544 95
Les restants en magasin...........	69,101 10
Total...........	3,017,882 32

Valeur en argent.

ACTIF :

Excédant de l'exercice clos...........	120,530 04
Restes à recouvrer................	6,395 58
	126,925 62

PASSIF :

Restes à payer....................	75 75
Actif net...........	126,840 87

En ajoutant l'actif en argent 126,849 fr. 87 o. à la valeur en nature 3,917,882 fr. 32 c., on a pour l'estimation totale de l'établissement 4,044,732 fr. 19 c. qui est supérieure de 64,367 fr. 27 c. à celle de 1891.

82,889 fr. 87 c. ont été employés aux dépenses extraordinaires suivantes :

A-compte sur la construction du pensionnat des hommes.................................. 77,490 »

Solde des réparations extérieures du pavillon Dalet.................................. 1,799 87

Construction d'un nouveau séchoir à air chaud .... 3,600 »

82,889 87

Le mobilier a diminué de .	7,963 61	
Les restants en magasin de.	3,072 07	18,522 60
L'actif en argent de......	7,486 92	

Reste pour le bénéfice de l'asile.... 64,367 27

Ce bénéfice eut été plus élevé si nous avions reçu, au commencement de l'année, les 38 malades de la Seine que nous avions demandés et qui ne sont arrivés que le 3 décembre, et si la sécheresse de l'air n'avait nui aux récoltes de notre exploitation agricole et maraîchère et ne nous avait forcé d'acheter 45,000 kil. de farine en arrêtant, faute d'eau, notre moulin pendant trois mois.

Le prix de revient de la journée moyenne de toutes les catégories de malades réunies, qu'on obtient en divisant par le total des journées de présence les prix de pensions payés, diminués des bénifices réalisés, a été pour 1892 de 1 fr. 199.

Ce prix de revient avait été en 1891 de 1 fr. 203, de 1 fr. 282 en 1890, de 1 fr. 186 en 1889 et de 1 fr. 203 en 1888.

En résumé, tous les services ont fonctionné d'une manière convenable.

Les conditions hygiéniques n'ont rien laissé à désirer.

L'état sanitaire a été très-satisfaisant, la mortalité très-faible.

Les économies réalisées ont été assez considérables et ont permis de payer sans aucune gêne un à-compte de 77,490 fr. sur la construction du pensionnat des hommes.

Malgré l'absence de mur autour de notre propriété, un seul malade s'est évadé, à la suite d'une contrariété. Il a été réintégré à l'asile quelques jours après son évasion.

Les réparations intérieures des bâtiments sont achevées et j'espère que celles de l'extérieur le seront en 1894.

Jamais les admissions des indigents de l'Eure n'avaient été aussi peu nombreuses, tandis que les recettes des pensionnaires ont atteint le chiffre de 80,815 fr. qu'elles n'avaient pas encore présenté.

Comme les années précédentes, la commission de surveillance m'a prêté un concours très-zélé et très-bienveillant qui m'a facilité beaucoup l'accomplissement de mes fonctions.

Budget supplémentaire de 1893.

RECETTES

Elles comprennent :

1º L'excédant de l'exercice clos........ 120,530 04

2º Les restes à recouvrer... 6,395 58
sur lesquels il y a lieu d'admettre en non-valeur la somme
de 710 40
qui est irrecouvrable par suite de l'indigence

A reporter...... 120,530 04

Report.......	120,530 04

du mari d'une de nos pensionnaires décédée (délibération de la commission de surveillance en date du 18 mars 1893)........... 5,685 18

Total............ 126,215 22

DÉPENSES

Section Iʳᵉ. — Restes à payer de l'exercice 1892.

Art. 1ᵉʳ. — Entretien du mobilier...... 75 75

Cette somme est due au bourrelier de l'asile, qui n'a pu acquitter son mandat avant la clôture de l'exercice, parce que sa mort est survenue peu de temps avant cette clôture.

Section II. — Crédits additionnels.

Dépenses extraordinaires.

Art. 2. — Construction du pensionnat des hommes 64,777 92

Le crédit alloué pour la construction de ce pensionnat se montait à 170,721 fr. 50 c., sur lequel il reste à payer............................... 93,231 50

Le pensionnat ne sera pas terminé avant la fin de 1893, et il y a lieu de déduire du reste à payer pour cette construction le sixième de garantie des travaux, qui est de 28,453 fr. 58 c., et qui sera reporté au budget primitif de 1894.

Les recettes étant de................... 126,215 22
et les dépenses de 64,853 67

L'excédant des recettes est de........... 61,361 55
qui sera reporté au budget primitif.

Budget primitif de 1891.

RECETTES ORDINAIRES EN ARGENT

Ces recettes sont basées sur les résultats de l'exercice 1892, excepté celles des aliénés de la Seine, qui sont augmentées par suite de l'entrée de 38 nouveaux malades que nous avons reçus au mois de décembre.

Le chiffre prévu des aliénés, qui est de 863, n'entraînera aucun encombrement, notre établissement possédant actuellement 902 lits.

Le chiffre prévu des indigents de l'Eure est de.　555

Celui des aliénés de la Seine, de.............　171

Celui des aliénés des autres départements, de l'Etat et des pays étrangers, de.................　36

Et celui des pensionnaires de...............　101

Je ne pense pas qu'il y ait lieu de proposer de modifications aux prix de journée suivants, qui ont été adoptés par le Conseil général dans sa session d'août 1891 :

Indigents :	Hommes.	Femmes.
De l'Eure.....................	1 30	1 25
De la Seine....................	1 40	1 40
D'autres départements, des pays étrangers et de l'Etat..............	1 50	1 50
Pensionnaires :		
De classe exceptionnelle.........	8 70	8 70
De 1re classe....................	5 70	5 70
De 2e classe	4 »	4 »
De 3e classe	2 60	2 60
De 4e classe	1 45	1 45

Le total des recettes ordinaires en argent est de.................................　463,805 50

En y ajoutant les revenus en nature consommés à l'établissement et le produit du travail des aliénés, qui se montent à......　114,000　»

le total des recettes ordinaires est de......　577,805 50

RECETTES EXTRAORDINAIRES

Excédant du budget supplémentaire de
1893.. 61,361 55

Total de toutes les recettes 639,167 05

DÉPENSES ORDINAIRES EN ARGENT

Les dépenses du personnel et du pécule des aliénés
sont exactement les mêmes que celles du budget de 1893.

L'achat de jeunes porcs destinés à l'engraissement a
été réuni à l'article « viande » au lieu d'être porté à l'article « frais de culture » comme il l'était dans les budgets
antérieurs à celui de 1893.

La réduction notable que nous avions dû faire subir
dans les budgets de 1891 et de 1890 aux crédits « lingerie, coucher, mobilier, » pour nous permettre de subvenir aux frais de construction du pensionnat des hommes,
a pu être supprimée dans le budget de 1894 comme elle
l'avait du reste été déjà en partie dans celui de 1893.

Les autres dépenses ordinaires sont basées sur les
résultats de l'exercice 1892.

Le total des dépenses ordinaires en argent
est de 442,135 47

En y ajoutant, pour les revenus en nature
et le produit du travail des aliénés, qui sont
des dépenses d'ordre et qui sont inscrits
pour la même sommes aux recettes .... 114,000 »

Le total des dépenses ordinaires se monte
à 556,135 47

DÉPENSES EXTRAORDINAIRES

Construction du pensionnat des hommes.	28,453 58

Ce crédit a pour but de payer le sixième de la dépense de cette construction, affecté à la garantie des travaux.

Ameublement de ce pensionnat	32,920 »

Ce crédit comprend la literie nécessaire à soixante-dix lits, le mobilier d'un vestibule, d'un réfectoire, d'une salle de réunion et de jeux, d'une bibliothèque, de vingt chambres et de sept dortoirs.

Chaque lit se compose d'un lit en fer, d'un sommier en fer, d'un matelas en laine et crin, d'un traversin, d'un oreiller, d'un édredon, de deux couvertures de laine et de deux couvertures de coton.

La dépense de la literie se monte à elle seule à 19,040 fr.

Le détail de tout cet ameublement est indiqué dans l'état des consommations présumées joint aux pièces justificatives du budget.

Construction de deux galeries couvertes avec water-closets pour le préau du pensionnat des hommes......................	21,658 »

Ces galeries seront placées de chaque côté de ce préau et conduiront à des water-closets.

Elles auront une longueur de 53 mètres et seront assez larges pour servir de promenoirs pendant le mauvais temps.

A reporter..... 83,031 58

Report........ 83,031 58

Le préau ayant une largeur de 89 mètres 35, une seule galerie avec water-closet me paraîtrait insuffisante pour une aussi grande étendue.

Total des dépenses extraordinaires........ 83,031 58

Les dépenses ordinaires étant de........ 556,135 47

Le total des dépenses est de............ 639,167 05 et balance celui des recettes qui atteint le même chiffre.

Société de patronage pour les aliénés sortant des asiles.

M. le ministre de l'intérieur a demandé, pour chaque département, la création de sociétés de patronage desti-nées à surveiller et à aider, par des secours de diverse nature, les aliénés sortant guéris ou améliorés, pendant les premières phases de leur retour à la vie commune.

Ces malades, comme il le dit très-bien, livrés brusque-ment à eux-mêmes, sans surveillance et souvent sans ressources, reprennent les habitudes d'existence qui ont été parfois la cause déterminante des troubles de leur intelligence et se trouvent, d'autre part, dans l'impossi-bilité de se procurer du travail, par suite des préventions trop répandues auxquelles sont en butte les personnes ayant passé par un établissement d'aliénés.

La commission de surveillance de l'asile d'Evreux, à laquelle cette demande de M. le ministre de l'intérieur a été communiquée, a émis un avis favorable pour la créa-tion d'une semblable société dans l'Eure. Elle pense qu'en dehors des ressources qu'elle pourrait se créer par elle-même, l'asile devrait lui allouer un secours annuel, que le pécule des aliénés décédés qui fait retour à l'asile devrait lui être accordé, déduction faite des sommes avancées par lui pour compléter le pécule des malades sortant guéris, qui n'a pas atteint 15 fr.

Pendant les 20 dernières années la moyenne annuelle du pécule des aliénés décédés a été de 600 fr. 90, tandis que le complément du pécule des aliénés sortis guéris ne s'est élevé qu'à 44 fr. 87.

L'asile a donc bénéficié chaque année de 556 fr. 03 sur le pécule des aliénés, et c'est ce bénéfice que la commission propose d'affecter à la société de patronage au profit de laquelle un article serait ouvert dans la comptabilité du receveur-économe, parmi les comptes hors budget.

Cette légère diminution de recettes pour notre établissement pourrait être facilement supportée par lui.

Elle contribuerait à diminuer les frais d'entretien des aliénés à la charge du département en consolidant les guérisons, en empêchant les rechutes et, par suite, en diminuant le nombre des malades traités.

Veuillez agréer, Monsieur le préfet, l'hommage de mon respectueux dévouement.

Evreux, le 12 juin 1893.

Le Directeur-Médecin en chef,

D. BRUNET.

Evreux. — Ernest Quettier, imprimeur.

RAPPORT DU DIRECTEUR-MÉDECIN EN CHEF

Sur l'Asile public d'aliénés de l'Eure

Pour 1894

MONSIEUR LE PRÉFET,

J'ai l'honneur de vous adresser mon rapport annuel sur l'asile d'Evreux, que je vous prie de vouloir bien soumettre au Conseil général, à sa session d'août.

Ce rapport comprend :

1° Le compte médical de 1893;

2° Le compte administratif et moral de la même année;

3° Le budget supplémentaire de 1894;

4° Le budget primitif de 1895.

Compte médical de 1893.

Le 1er janvier 1893, l'asile contenait 875 aliénés.

Le nombre des admissions ayant été de 132 pendant l'année, le nombre total des malades traités s'est élevé à 1,007.

En 1892, ce dernier chiffre avait été exactement le même.

La moyenne quotidienne a été de 863; elle est supérieure de 25 malades à celle de 1892.

Le nombre des décès a été de 72 et celui des sorties de 63, total 135. Ce chiffre étant supérieur de 3 à celui des admissions, le nombre des aliénés existant le 31 décembre s'élevait à 872.

Les 875 aliénés présents au 1ᵉʳ janvier comprenaient : 558 indigents de l'Eure, 178 de la Seine, 37 de divers départements et de l'Etat, et 102 pensionnaires.

Le tableau suivant indique la forme d'aliénation mentale dont ces malades étaient atteints.

	Hommes	Femmes	Total
Folie simple, générale ou partielle....	134	175	309
Paralysie générale..................	26	13	39
Démence consécutive à la folie.......	124	126	250
Démence sénile.,....................	»	2	2
Démence organique..................	3	2	5
Idiotie et imbécillité simples.........	102	99	201
Epilepsie compliquée de folie ou de démence.............................	16	22	38
Epilepsie compliquée de folie ou d'imbécillité.	9	20	29
Hystéro-épilepsie...................	»	2	2
	414	461	875

Les cas d'idiotie sont très-nombreux à l'asile d'Evreux; 230 étaient atteints de cette forme d'aliénation mentale, qui était compliquée d'épilepsie chez 29 d'entre eux.

Au point de vue de leur domicile habituel, les idiots se répartissent de la manière suivante :

	Hommes	Femmes	Total
Eure.......................	99	94	193
Seine......................	10	23	33
Autres départements........	2	2	4
	111	119	230

La grande fréquence de l'idiotie dans l'Eure me paraît due aux nombreux excès alcooliques qui se commettent dans ce département, excès qui entraînent une déchéance rapide et profonde de tout l'organisme.

En 1893, nous avons reçu 132 individus, dont 1, le nommé B..., n'était pas aliéné, et a été renvoyé dès que sa simulation de folie a pu être constatée d'une manière certaine.

Le nommé B..., d'origine hollandaise, est très-intelligent, mais n'a aucune moralité et vit d'expédients. Dès qu'il est à bout de ressources, il simule la folie; c'est ainsi qu'il s'est fait admettre dans un grand nombre d'asiles de France et de l'étranger, pour se faire entretenir uu certain temps par ces établissements. Il n'est pas compris dans le tableau suivant qui résume les entrées de 1893.

Admissions.

	FOLIE simple		FOLIE alcoolique		FOLIE paralytique		DÉMENCE sénile et organique		IBIOTIE		ÉPILEPSIE		TOTAUX généraux		
	H.	F.	H.	F.	H.	F.	H.	F.	H.	F.	H.	F.	H.	F.	Les 2 sexes
Admis pour la première fois.	19	26	2	2	18	5	3	1	2	4	3	4	47	42	89
Admis par suite de rechute.	1	4	4	2	»	»	»	»	»	»	»	»	5	6	11
Réintégrés par suite d'évasion ou de sortie avant guérison..............	5	5	2	»	»	1	»	»	»	1	»	4	7	11	18
Admis par transférement d'un autre asile........	4	6	»	»	1	1	»	»	»	1	»	»	5	8	13
TOTAUX.......	29	41	8	4	19	7	3	1	2	6	3	8	64	67	131

La folie simple comprend la manie, la mélancolie, le délire des persécutions, la folie à double forme et la démence consécutive aux diverses formes de vésanie.

Les admissions se répartissent entre 47 pensionnaires et 84 indigents.

Il est entré 3 pensionnaires de 1re classe, 6 de 2e, 10 de 3e et 28 de 4e.

Les admissions des pensionnaires sont inférieures de

— 4 —

4 à celles de 1892 et supérieures de 1 à la moyenne de celles qui ont eu lieu de 1873 à 1892.

Les 84 indigents qui ont été admis appartiennent : 62 à l'Eure, 7 à la Seine, 2 à la Seine-et-Oise, 3 à l'Eure-et-Loir, 1 au Nord, 2 à la Seine-Inférieure, 1 aux Côtes-du-Nord, 2 au Calvados, 1 à la Mayenne, 1 à la Creuse, 1 au ministère de la justice et 1 au ministère de l'intérieur.

Le nombre des entrées des indigents de l'Eure est supérieur de 2 à la moyenne des quatre années précédentes.

Admissions pour la première fois. — 33 malades ont été admis sur la demande des parents et 56 par ordre de l'autorité.

Le tableau suivant indique la durée de leur affection avant leur entrée à l'asile.

	FOLIE simple		FOLIE alcoolique		FOLIE paralytique		DÉMENCE sénile et organique		IDIOTIE		ÉPILEPSIE		TOTAUX généraux		
	H.	F.	H.	F.	H.	F.	H.	F.	H.	F.	H.	F.	H.	F.	Les 2 sexes
Un mois et au-dessous...	5	5	»	1	3	»	1	»	»	»	»	»	9	6	15
De 1 mois à 3 mois......	1	6	»	»	1	2	2	»	»	»	»	»	4	8	12
3 à 6 mois...........	3	2	»	1	1	»	»	»	»	»	»	»	4	3	7
6 mois à 1 an........	1	2	»	»	9	1	»	»	»	»	»	»	10	3	13
1 an à 2 ans.........	2	3	»	»	2	»	»	1	»	»	»	»	4	4	8
2 ans et au-dessus....	3	5	»	»	»	»	»	»	1	»	3	1	7	6	13
Époque indéterminée ou inconnue.............	4	3	2	»	2	2	»	»	»	»	»	1	8	6	14
De la naissance ou de la première enfance......	»	»	»	»	»	»	»	»	1	4	»	2	1	6	7
Totaux...........	19	26	2	2	18	5	3	1	2	4	3	4	47	42	89

Parmi les malades épileptiques entrés pour la première fois, 2 étaient atteints d'idiotie et 5 de démence.

L'épilepsie des 4 femmes réintégrées était compliquée

de démence. Chez l'une d'elles, l'affaiblissement intellectuel était peu prononcé et les crises convulsives étaient de nature hystéro-épileptiques.

État-civil. — Le célibat et le veuvage prédisposent plus à la folie que le mariage qui entraîne une vie plus calme et plus régulière. Le nombre des célibataires et des veufs atteints d'aliénation mentale est de 51, tandis que celui des personnes mariées n'est que de 37. En défalquant des célibataires les individus âgés de moins de 20 ans qui comprennent 3 hommes et 5 femmes, le nombre des célibataires reste encore à 30.

	Hommes.	Femmes.	Total.
Célibataires............	23	15	38
Mariés...............	20	17	37
Veufs...............	4	9	13
Divorcée...............	»	1	1
	47	42	89

Instruction. — Elle n'a aucune influence sur le développement de l'aliénation mentale. L'éducation, en combattant les instincts égoïstes et développant les sentiments altruistes, pourrait seule arrêter les progrès continus de cette affection.

Le tiers des aliénés admis pour la première fois dans l'année n'avait reçu aucune instruction, ce qui prouve seulement que celle-ci n'est pas très-répandue dans l'Eure.

	Hommes.	Femmes.	Total.
Sachant lire..........	2	2	4
Instruction primaire....	27	27	54
Instruction plus élevée..	3	»	3
Sans instruction.......	15	13	28
	47	42	89

Professions. — 8 individus, dont 7 idiots et 1 épileptique n'avaient aucune profession.

Les gens à gages sont ceux qui, comme les années précédentes, ont donné le plus fort contingent à l'aliénation mentale. Cela tient probablement à ce que ce sont eux qui commettent le plus d'excès alcooliques.

	Hommes.	Femmes.	Total.
Sans profession...........	1	7	8
Professions libérales	3	»	3
Professions commerciales ou industrielles...........	8	7	15
Professions manuelles ou mécaniques...........	11	5	16
Professions agricoles......	5	8	13
Gens à gages	19	14	33
Professions inconnues.....	»	1	1
	47	42	89

L'arrondissement d'Evreux est, comme le tableau suivant l'indique, celui qui a fourni le plus d'aliénés d'une manière absolue et relativement à sa population, tandis que l'arrondissement des Andelys est celui qui en a eu le moins, parce que celui-ci est spécialement agricole.

Répartition par arrondissements des aliénés domiciliés dans l'Eure, admis pour la 1ʳᵉ fois en 1893.

DÉSIGNATION des arrondissements.	NOMBRE d'habitants de l'Eure.	ALIÉNÉS			PROPORTION pour 10,000 HABITANTS
		H.	F.	Total.	
Evreux	111.261	17	18	35	3.14
Louviers	57.301	10	4	14	2.44
Bernay.............	59.232	4	6	10	1.68
Pont-Audemer	63.662	4	8	12	1.88
Les Andelys	58.015	4	1	5	0.86
Totaux.......	349.471	39	37	76	2.17

Les 13 aliénés étrangers au département comprennent 5 pensionnaires de Seine-et-Oise et 8 indigents appartenant au Nord, à la Seine-Inférieure, aux Côtes-du-Nord, au Calvados, à la Mayenne, à l'Eure-et-Loir, à la Seine-et-Oise et à la Creuse.

Age au moment de l'admission. — La folie sévit surtout de 25 à 55 ans, époque de la vie où l'activité cérébrale est la plus grande.

Nous avons reçu 8 individus âgés de moins de 20 ans, dont 7 idiots et une jeune fille de 18 ans chez laquelle l'épilepsie a beaucoup affaibli les facultés intellectuelles.

Au-delà de 60 ans, on rencontre surtout la démence simple ou organique.

	Hommes.	Femmes.	Total.
De 12 à 15 ans...............	1	2	3
De 15 à 20 ans...............	2	3	5
De 20 à 25 ans...............	4	2	6
De 25 à 30 ans...............	4	7	11
De 30 à 35 ans...............	7	3	10
De 35 à 40 ans	6	4	10
De 40 à 50 ans...............	9	8	17
De 50 à 60 ans...............	9	7	16
De 60 à 70 ans...............	2	3	5
De 70 à 92 ans...............	3	3	6
	47	42	89

Admissions par mois. — L'automne et l'hiver sont les saisons où l'on reçoit le moins d'aliénés, parce que, probablement, pendant ces deux saisons, la vie est plus calme, moins active que pendant le printemps et l'été.

	Hommes.	Femmes.	Total.
Janvier	3	»	3
Février	4	5	9
Mars	4	4	8
Avril	5	6	11
Mai	3	5	8
Juin	6	6	12
Juillet	3	3	6
Aout	7	2	9
Septembre	3	5	8
Octobre	2	2	4
Novembre	2	1	3
Décembre	5	3	8
	47	**42**	**89**

Etiologie. — L'hérédité, les maladies de la vie intra-utérine et infantile, les excès alcooliques, les peines morales consistant en revers de fortune, chagrins domestiques, amour contrarié, perte d'une personne chère, misère, etc., sont les principales causes de l'aliénation mentale.

L'hérédité, les maladies de la vie intra-utérine et infantile, agissent en altérant la texture du cerveau et, suivant que cette altération est plus ou moins profonde, produisent l'idiotie, l'imbécillité et la débilité mentale. A un degré moindre, l'altération du tissu nerveux, qui échappe à nos moyens d'investigation, ne se traduit que par une émotivité exagérée, des bizareries de caractère, des facultés intellectuelles mal équilibrées, mal pondérées, quelquefois par de légers stigmates physiques, et constitue ce qu'on appelle la dégénérescence supérieure.

Cette dégénérescence, ou la débilité mentale, se rencontre dans presque tous les cas de folie et de démence, et ce n'est que grâce à elles que les peines morales agissent assez profondément sur le cerveau pour produire ces affections.

Un cerveau bien organisé résiste ordinairement à toutes les peines morales.

L'alcoolisme, si fréquent dans le département de l'Eure, agit de plusieurs manières, suivant sa durée et son intensité.

Au degré le plus faible, il diminue, comme la dégénérescence supérieure, l'énergie cérébrale, rend plus difficile la lutte pour l'existence et prédispose aux diverses formes de vésanies. Quand il se prolonge longtemps, il aboutit à la démence. Au degré le plus élevé, il détermine le *delirium tremens* et la paralysie générale.

L'hérédité a été signalée chez les malades admis pour la première fois dans 44 cas : 26 fois dans la folie et la démence, 7 fois dans la paralysie générale, 7 fois dans l'idiotie et 4 fois dans l'épilepsie.

Le chiffre de l'hérédité serait encore beaucoup plus élevé si les renseignements fournis par les parents des aliénés et les maires des communes étaient plus complets·

Les causes occasionnelles que nous avons relevées dans nos observations sont les suivantes :

Folie et démence : peines morales 12, alcoolisme 8, excès vénériens 2, insolation 2;

Idiotie : convulsions de la première enfance 2, frayeur de la mère pendant la grossesse 1.

Nous n'avons pas de renseignements sur les autres cas d'idiotie.

Malgré tous les soins que nous avons, ainsi que M. Vigouroux, médecin-adjoint, et M. Garnier, interne de l'asile, apportés à rechercher la syphilis chez les individus atteints de paralysie, nous n'avons pu la rencontrer que dans 2 cas, chez 2 hommes qui avaient commis en même temps beaucoup d'excès alcooliques; aussi, l'origine syphilitique de cette affection ne nous paraît-elle rien moins que prouvée, et nous ne comprenons guère les auteurs qui la rattachent uniquement à cette origine.

L'hérédité, l'alcoolisme, les peines morales, sont les trois causes auxquelles elle doit être attribuée le plus souvent. Dans 2 cas, les parents nous ont signalé, au début, une insolation, sans que cette cause nous ait paru démontrée d'une manière certaine.

Rechutes. — 9 individus, 3 hommes et 6 femmes, après avoir été guéris complètement, sont rentrés à l'asile pour cause de rechute.

4 étaient atteints de folie alcoolique, 1 de folie circulaire, 4 de manie aiguë.

Le nommé F... est rentré trois fois pour un *delirium tremens*. Il sort de l'asile complètement guéri, ne peut s'empêcher de se livrer à de nombreux excès alcooliques, retombe malade, et l'on est forcé de le ramener à l'établissement.

Réintégrations. — Les aliénés réintégrés comprennent 7 hommes et 11 femmes.

10 étaient atteints de folie simple, 2 de folie alcoolique, 1 de paralysie générale, 1 d'imbécillité et 4 de démence épileptique. 6 de ces aliénés présentaient, au moment de leur sortie, une amélioration notable dans leur état mental, qui n'a pas persisté dans leurs familles.

Sorties. — 28 malades sont sortis guéris, 5 améliorés, 1 s'est évadé, 14 ont été transférés dans les asiles des départements où ils avaient leur domicile de secours et 14 ont été réclamés par leurs familles, sans présenter de changement dans leur état mental.

Le tableau suivant indique le temps qu'ont passé à l'établissement les aliénés sortis pour cause de guérison.

DURÉE DU SÉJOUR A L'ASILE DES ALIÉNÉS GUÉRIS.	FOLIE simple.		FOLIE alcoolique		TOTAUX.		
	H.	F.	H.	F.	H.	F.	2 sexes
Quelques jours à 1 mois.	2	4	3	»	5	4	9
Do 1 à 3 mois............	1	1	2	1	3	2	5
Do 3 à 6 mois............	»	5	»	»	»	5	5
Do 6 mois à 1 an........	1	1	»	»	1	1	2
Do 1 an à 2 ans.........	»	2	1	»	1	2	3
Do 2 à 5 ans.............	»	2	1	1	1	3	4
Totaux......	4	15	7	2	11	17	28

19 'taient atteiuts de folie simple et 9 de folie alcoolique.

9 ont guéri en moins d'un mois de séjour à l'asile, 10 en moins de 6 mois. La durée du traitement des 9 autres a varié de 6 mois à 4 ans.

La folie guérit d'autant plus facilement qu'elle est plus récente, et, au-delà de 2 à 3 ans, les guérisons sont très-rares.

Nous avons accordé des congés à 18 aliénés. 12 de ces malades présentaient une amélioration notable dans leur état mental, qui, pour 11 d'entre eux, s'est convertie en guérison dans leurs familles ; les 6 autres étaient des malades inoffensifs que les familles désiraient avoir quelque temps avec elles.

Ces congés, que nous refusons rarement aux parents, présentent beaucoup d'avantages et peu d'inconvénients. Ils améliorent la situation des incurables, hâtent, le plus souvent, la guérison de ceux qui sont curables, et dont l'état mental est amélioré. En outre, certains parents, qui hésitent à retirer leurs malades de l'asile dans la crainte
de ne pouvoir les faire rentrer à l'établissement, s'ont

pressent de le faire dès que nous leur accordons des congés qu'ils peuvent convertir en sorties définitives.

Traitement. — La paralysie générale à son début, alors qu'elle ne consiste que dans du délire, de l'agitation et des troubles légers de la motilité, symptômes qui sont dus à une hypérémie de la substance corticale du cerveau, avec des adhérences très-fines, pointillées, quelquefois même sans adhérences, peut guérir par un traitement énergique, par l'administration de bains prolongés, combinés avec l'action du tartre stibié, à la dose de 15 à 80 centigrammes par jour, que je remplace par le bromure de potassium à très-haute dose quand il détermine de la diarrhée et des vomissements très-abondants.

Dans l'épilepsie, la belladone et le bromure de potassium agissent avec succès, quand elle est curable, ce qui est très-rare à l'asile d'Evreux, diminuent l'intensité et la fréquence des attaques convulsives, quand elle est ancienne, que des lésions graves se sont produites dans la substance cérébrale.

Les bains tièdes prolongés, l'hydrothérapie, joints à l'opium et au chloral, constituent le meilleur traitement des formes aiguës de la folie non compliquée des troubles de la motilité.

Hypnotisme. — La suggestion, aidée du sommeil hypnotique, a continué à nous donner des résultats très-satisfaisants dans l'hystérie et l'hystéro-épilepsie, simples ou compliquées de troubles mentaux. Elle diminue toujours l'intensité et la fréquence des crises convulsives, quand elle ne les fait pas disparaître complètement.

La nommée O..., atteinte d'hystéro-épilepsie héréditaire, avec débilité mentale, dont les attaques étaient tellement fréquentes autrefois que, du mois d'octobre 1887 à la fin de septembre de l'année suivante, nous en avons compté 3,110, a guéri complètement par ce moyen, n'a pas eu une seule crise convulsive depuis 1891.

Cette jeune fille, qui d'abord avait été très-difficile à endormir, est devenue si facilement hypnotisable qu'il suffisait, au bout de quelques mois, et qu'il suffit encore maintenant, de lui dire de dormir pour qu'elle s'endorme aussitôt.

Sa santé physique s'est fortifiée depuis qu'elle n'a plus d'attaques convulsives, mais elle est devenue très-sujette à des migraines qui, pendant les quatre premiers mois de 1894, ont été très-violentes.

Je les ai fait disparaître par la suggestion hypnotique.

Les nommées M... et R..., atteintes d'hystéro-épilepsie très-grave, ont été guéries aussi par ce procédé et sont sorties de l'asile, l'une le 7 janvier et l'autre le 2 février 1893.

La nommée J... est atteinte du délire des persécutions, avec hallucinations de l'ouïe, de la vue, de la sensibilité générale. Son délire, ordinairement très-peu accusé prend, dans certains moments, une très-grande violence.

Elle est alors en proie à des hallucinations terrifiantes, tombe dans la stupeur, refuse de prendre des aliments, se déchire la peau avec ses doigts. Ces périodes d'exacerbation délirantes étaient autrefois très-longues, tandis qu'elles disparaissent maintenant par une ou deux hypnotisations.

Alimentation forcée. — En 1893, nous avons eu 7 malades, 4 hommes et 3 femmes, que nous avons été obligés de nourrir au moyen de la sonde œsophagienne, parce qu'ils refusaient de prendre aucun aliment et qu'ils se seraient laissés mourir d'inanition.

5 de ces malades, au bout de quelques temps, ont consenti à prendre des aliments. La nommée O..., atteinte

du délire des négations, a persisté dans son refus jusqu'à sa mort, et la nommée M..., dont les idées de persécution sont très-intenses, continue à être nourrie à la sonde.

Les auteurs ne sont pas d'accord sur le liquide nutritif qui doit être employé dans ces cas, ni sur les instruments dont on doit se servir pour l'introduire dans l'estomac.

Depuis plusieurs années, nous n'avons plus recours qu'au lait pur non bouilli, à la dose de 3 ou 4 litres, administrés en deux fois dans la journée.

Le lait est bien préférable pour soutenir les forces des malades, parce qu'il se digère mieux, au bouillon, au chocolat, additionnés d'œufs crus, de jus de viande, de hachis avec ou sans préparations pharmaceutiques, vin de quinquina, huile de foie de morue, peptone, etc.; 3 ou 4 litres de lait suffisent pour entretenir la vie chez les malades qui restent couchés.

Nous avons eu un aliéné, atteint d'affection cardiaque, qui est resté alité pendant 4 ans et qui, pendant ce temps, n'a pris que 3 litres de lait par jour. Son affection cardiaque s'étant améliorée, il se lève maintenant, prend le régime alimentaire ordinaire, et travaille un peu de son état de menuisier.

Quand le refus des aliments de la part des aliénés ne dure que quelques jours, on peut introduire le lait par le nez, au moyen d'un biberon, mais si ce refus se prolonge plus longtemps, on est forcé d'avoir recours à la sonde œsophagienne.

Le plus souvent, il est impossible d'ouvrir la bouche de ces malades sans user de violence, sans risquer de casser les dents, de déterminer des contusions et des hémorrhagies et il vaut mieux employer le cathétérisme œsophagien, par le nez, qui n'offre aucun inconvénient quand il est bien pratiqué, que d'essayer de leur introduire des aliments par la voie buccale.

Leuret, Blanche, Baillarger, etc., ont inventé des appareils très-ingénieux pour faciliter ce cathétérisme et empêcher l'introduction du liquide nutritif dans le larynx. Ces appareils coûteux sont inutiles et l'on doit y renoncer.

Pour ce cathétérisme, nous avons employé, jusqu'en 1891, de petites sondes en gomme, de 4 à 5 millimètres de diamètre extérieur et, lorsque ces sondes étaient toutes neuves, bien flexibles, nous pouvions toujours les introduire facilement. Malheureusement, ces sondes se détériorent très-vite, s'écaillent, se plient à angle droit, au niveau de leur extrémité percée d'un ou deux trous, qui doit pénétrer dans l'estomac et, alors, leur introduction devient difficile, parce que cette extrémité revient souvent par la bouche.

Il faut les remplacer au bout de quelques jours et, comme elles coûtent 3 fr., elles constituent une dépense assez importante. En outre, je les ai vues déterminer plusieurs fois des contusions du pharynx et même des abcès assez graves.

La sonde dont nous nous servons depuis deux ans, est une sonde en caoutchouc, dont le diamètre intérieur est de 5 à 6 millimètres et les parois de 2 millimètres.

Elle est percée d'un trou à son extrémité stomacale, au lieu d'avoir à cette extrémité, un ou deux trous latéraux, au niveau desquels elle finirait par se plier à angle droit, comme les sondes en gomme.

Cette sonde est très-flexible et présente en même temps une certaine résistance, en raison de l'épaisseur de ses parois. Elle se coude très-facilement pour suivre la paroi postérieure du pharynx et, cependant, l'on peut exercer avec elle une certaine pression pour vaincre la constriction spasmodique de l'isthme du gosier, qui est très-fréquente et constitue le principal obstacle à son introduction.

Si, malgré cette légère pression, le spasme persiste,

que la sonde revienne par la bouche, il faut, lorsqu'elle est arrivée à la partie postérieure des fosses nasales, y verser quelques gouttes d'eau, qui déterminent, par leur contact avec l'isthme du gosier, des mouvements réflexes de déglutition, lesquels font disparaître cette constriction.

Le liquide nutritif peut être introduit dans la sonde au moyen d'un irrigateur, ou versé au moyen d'un entonnoir. Ce dernier procédé est plus long, mais préférable, parce qu'en supposant qu'on ait introduit la sonde dans le larynx, sans s'en apercevoir, ce qui est très-rare et même impossible, pour des personnes expérimentées, il ne pénétrerait dans le larynx qu'une très-petite quantité de liquide dans les voies aériennes, avant qu'on eût reconnu son erreur. Ce liquide étant toujours du lait, ne contenant ni œufs ni hachis, serait facilement résorbé, sans déterminer l'asphyxie, que j'ai vu se produire plusieurs fois.

Décès. — 72 malades sont morts en 1893, ce qui donne, par rapport à la population moyenne et au nombre de malades traités, une proportion à peu près égale à celle de la période qui s'étend de 1880 à 1892, mortalité bien inférieure à celle de la période de 1866 à 1879.

	1893			De 1880 à 1892			De 1866 à 1879		
	H.	F.	TOTAL	H.	F.	TOTAL	H.	F.	TOTAL
Décès par sexe........	34	38	72	36	33	69	47	46	93
Population moyenne ann^{lle}	414	449	863	417	432	849	292	362	654
Proportion % des décès..	8,21	8,46	8,84	8,63	7,64	8,18	16,10	12,71	14,86
Population traitée........	470	528	1,007	492	499	991	390	448	838
Proportion % des décès..	7,09	7,19	7,13	7,32	6,61	6,96	12,05	10,27	11,10

21 malades sont morts de paralysie générale arrivée à

la dernière période, 16 de diverses affections cérébrales, 9 d'affections thoraciques, 8 d'affections abdominales, 1 de cancer du pylore, des ovaires, de l'utérus, du foie, de la rate et des ganglions mésentériques, 7 de sénilité.

Nous n'avons pas eu de mort par suite d'accident ou de suicide.

Le tableau suivant donne le détail des causes des décès.

	Hommes	Femmes	Total
Paralysie générale	14	7	21
Congestion cérébrale	»	2	2
Hémorrhagie cérébrale	3	2	5
Hémorrhagie méningée	»	1	1
Ramollissement cérébral	1	1	2
Anciens foyers du cerveau	2	2	4
Syphilis cérébrale	»	1	1
Attaques d'épilepsie	»	1	1
Congestion pulmonaire	1	4	5
Pneumonie	3	»	3
Phtisie pulmonaire	»	2	2
Péricardite	2	»	2
Affections du cœur	3	4	7
Anévrysme de l'aorte	1	»	1
Péritonite	»	1	1
Entérite	3	1	4
Dysenterie	»	1	1
Cirrhose	»	1	1
Cancer généralisé	»	1	1
Sénilité	1	6	7
Totaux	34	38	72

La paralysie générale, dont quelques auteurs ont pris plaisir à embrouiller l'histoire, les uns en la scindant en deux affections distinctes, les autres en admettant une pseudo-paralysie générale, constitue une individualité morbide bien distincte, produite par une péricérébrite chronique.

Elle présente un très-grand nombre de variétés dues à l'intensité plus ou moins grande des lésions inflammatoires, au siége, à l'étendue de ces lésions, à leur cause, à la période à laquelle on les observe. L'épaississement, l'opalescence des membranes viscérales du cerveau, leurs adhérences à la substance corticale du cerveau, qu'on rencontre toujours à la dernière période de la maladie, quand les phénomènes phlegmasiques sont bien nets, peuvent manquer à la 1re et 2e périodes, ou être très-peu prononcés, ainsi que dans quelques cas très-rares de péricérébrite très-lente, qui se rencontrent surtout chez la femme.

La paralysie générale de nature alcoolique présente des lésions moins considérables que celle qui est due à des peines morales.

Dans 17 cas, chez 11 hommes et 6 femmes, où il nous a été permis de pratiquer l'autopsie, nous avons trouvé les lésions caractéristiques de cette affection.

Les granulations de l'épendyme des ventricules manquaient dans 3 cas et le cervelet était sain, excepté dans un cas où il y avait une hémorrhagie de la partie médiane, complication très-rare dans cette maladie et qui n'a aucun rapport avec elle.

L'atrophie du cerveau, à laquelle aboutit la péricérébrite, est toujours proportionnelle aux adhérences de sa substance corticale aux membranes viscérales, fait que nous avons signalé depuis longtemps et que nos observations confirment chaque année.

A l'état normal, les deux hémisphères cérébraux pèsent à peu près le même poids et, quand l'un pèse dix grammes de plus que l'autre, on peut affirmer que cette différence de poids tient à une lésion pathologique.

Chez les hommes morts de paralysie générale, les hémisphères cérébraux pesaient le même poids dans trois cas et dans les huit autres cas, il y avait une différence de poids qui était une fois de 8 grammes, trois fois de 10 gr. et quatre fois de 15 gr., 23 gr., 24 gr. et 30 gr.

Chez les femmes qui ont succombé à cette affection, nous avons constaté quatre fois des différences de poids assez considérables de 15 gr., 23 gr., 33 gr. et 45 gr.

L'hémisphère cérébral le moins lourd était celui dont les adhérences étaient le plus étendues.

La prédominance des lésions inflammatoires sur un hémisphère cérébral, qui rend les troubles de la motilité beaucoup plus prononcés du côté opposé du corps, peut donner lieu à des erreurs de diagnostic, comme cela est arrivé à plusieurs médecins des asiles de la Seine, pour les deux femmes dont les hémisphères gauches pesaient 45 et 33 gr. de moins que les droits.

Dans ces deux cas, les femmes présentaient une hémiplégie incomplète à droite, de l'aphasie et l'on a cru à une démence organique, produite par un foyer du cerveau.

Voici le résumé de l'une de ces deux observations, qui est intéressante, non-seulement à ce point de vue, mais aussi par la longue durée de la maladie, due au peu d'intensité des phénomènes inflammatoires.

Ils avaient déterminé un aspect scléreux de quelques circonvolutions cérébrales, ce qui est exceptionnel dans la paralysie générale.

La nommée L...., née dans le Doubs, le 23 septembre 1848, mariée, cuisinière, domiciliée à Paris, a été transférée le 3 décembre 1892, de l'asile de Villejuif à celui d'Evreux, où elle a succombé le 7 janvier 1893.

La maladie remonte à 1881. Attaques épileptiques, nombreuses au début. Hémiparésie droite, sans contracture.

Tremblement oscillatoire des membres, surtout du membre inférieur droit, tendant à se généraliser à l'occasion de mouvements volontaires.

Confusion dans les idées. Aphasie.

Tous les médecins qui l'ont examinée ont cru à une démence apoplectique.

A son arrivée à Evreux, elle est gâteuse et en démence complète.

Elle meurt à la suite de vomissements bilieux, noirâtres et très-abondants.

Autopsie. — Taille, 1^m,57. Pas d'eschare au sacrum, ni d'amaigrissement. On ne trouve aucune lésion dans les organes de la cavité abdominale et de la cavité thoracique.

Poids de l'encéphale :

Hémisphère cérébral droit.....	463 grammes	
— — gauche...	430	—
Cervelet......................	167	—
Protubérance	13	—
Bulbe	7	—
	1,080 grammes.	

Les membranes viscérales du cerveau sont très-épaissies, très-opalescentes et elles entraînent avec elles, quand on les enlève, des parcelles de substance corticale, sur la région frontale et la région temporo-sphéno-pariétale.

Les adhérences de ces membranes sont beaucoup plus abondantes sur l'hémisphère cérébral gauche que sur le droit, où elles sont assez rares.

Les hémisphères cérébraux sont atrophiés dans les régions qui présentent des adhérences, et le gauche l'est beaucoup plus que le droit.

L'atrophie porte principalement sur les circonvolutions pariétales, les ascendantes et le tiers postérieur des trois frontales transverses.

La substance grise est plus colorée, plus facile à désagréger qu'à l'état normal et la substance blanche est, au contraire, légèrement indurée.

La frontale ascendante, la 2ᵉ frontale transverse, dans son tiers postérieur, sont beaucoup plus atrophiées que les autres circonvolutions. Elles sont très-petites, presque vermiformes, comme dans la sclérose infantile.

C'est la première fois que j'ai rencontré un cas de sclérose aussi tranché dans la paralysie générale.

Granulations de l'épendyme des ventricules très nombreuses, surtout sur le plancher du 4ᵉ ventricule.

Le cervelet est très-volumineux et très-sain; ses membranes viscérales s'enlèvent très-facilement, sans entraîner aucune parcelle de la substance corticale.

Les trois observations suivantes me paraissent aussi dignes de quelque intérêt.

Épilepsie traumatique. — Le nommé U..., né à Hauville (Eure), le 12 août 1838, carrier, sans instruction, veuf, ayant un enfant, est entré à l'asile d'Evreux, le 6 juin 1876.

Il porte, à la région frontale gauche, une cicatrice résultant d'un coup de pied de cheval qu'il a reçu à l'âge de neuf ans et, depuis cette époque, il est sujet à de fréquentes attaques d'épilepsie.

1ᵉʳ juillet 1887. — A la suite de ses crises convulsives, il présente très-souvent une légère agitation. Il est très-irritable, querelleur, se dispute à chaque instant avec les autres aliénés et, pour le plus léger motif, se livre à des actes de violence.

Sa mémoire est affaiblie et il ne peut nous donner de renseignements sur son affection. Les convulsions atteignent aujourd'hui toutes les parties du corps et nous ne pouvons savoir s'il en était de même au début.

Il succombe le 21 mai 1893, à une gastro-entérite très-grave qui l'emporte en deux jours et qui était due à l'ingestion de corps étrangers, herbe, paille, qu'on ne pouvait l'empêcher de mâcher et avaler toute la journée.

Autopsie 44 heures après la mort :

Taille 1^m,68.

Poids de l'encéphale :

Hémisphère cérébral droit....	537 grammes..	
— — gauche...	532	—
Cervelet....................	120	—
Protubérance...............	16	—
Bulbe......................	5	—
	1,210 grammes.	

Le cœur pèse 325 grammes, le poumon droit 435 gr., le gauche 518 gr., le foie 1,531 gr., le rein droit 118 gr., le rein gauche 110 gr., la rate 105 gr. L'estomac, le duodenum, le tiers supérieur de l'iléon sont très-congestionnés.

Dégénérescence athéromateuse très-marquée de la face interne de la crosse de l'aorte.

Le frontal présente, à 0^m,02 au-dessus du tiers externe de l'arcade sourcillère gauche, une cicatrice horizontale de 3 centimètres de largeur, au niveau de laquelle l'os est très-déprimé. Quand on a enlevé le frontal, on constate que l'os est très-épaissi intérieurement et que cet épaississement s'étend à 2 centimètres de chaque côté de la cicatrice.

Le frontal forme dans ce point une plaque osseuse d'un centimètre et demi, qui est très-adhérente à la dure-mère qu'elle déprime.

Cette plaque correspond à un îlot scléreux des circonvolutions cérébrales situé à 3 centimètres de l'extrémité antérieure de la première frontale, ayant une longueur et une largeur de 2 centimètres. Il est placé entre la deuxième et la troisième circonvolutions frontales, intéressant un peu plus la deuxième que la troisième.

Au niveau de cet îlot, les circonvolutions sont très-déprimées, sont à 4 millimètres au-dessous des parties voisines, ont un aspect blanchâtre, sont devenues demi-transparentes. La substance grise et la substance de ces circonvolutions ont complètement disparu et sont remplacées par un tissu fibroïde. Autour de cet îlot scléreux le tissu cérébral est légèrement induré, et cette induration disparaît insensiblement en s'éloignant de lui.

Rupture d'un anévrysme de la crosse de l'aorte. — Le nommé P..., né à Paris, le 13 novembre 1833, célibataire, bourrelier, a été transféré de l'asile de Vaucluse à celui d'Evreux, le 8 août 1877.

Au moment de son admission, il était atteint de folie alcoolique, avec hallucinations terrifiantes et, à la suite de cet accès, l'intelligence était restée un peu affaiblie. Il manquait d'initiative, de volonté, travaillait assez bien, mais ne voulait pas se livrer à des travaux pénibles, et accusait une certaine faiblesse générale depuis longtemps. Il ne demandait pas à sortir de l'asile. Il ne présentait pas de dyspnée, et aucun symptôme n'avait attiré l'attention sur l'affection à laquelle il a succombé.

30 juin 1893. Il a été pris, à 7 heures du matin, d'une suffocation très-grande, avec coloration bleuâtre des téguments de la face et du cou, qui a augmenté jusqu'à 4 heures du soir, moment auquel il a succombé.

Le premier bruit du cœur était faible et l'on n'entendait plus le second. La veille, il avait travaillé comme d'habitude au jardinage.

Poids de l'encéphale :

Hémisphère cérébral droit....	520	grammes.
— — gauche...	519	—
Cervelet......................	128	—
Protubérance..	16	—
Bulbe........................	7	—
	1,100	grammes.

— 24 —

Pas de lésions de l'encéphale appréciables à l'œil nu.

Anévrysme de la crosse de l'aorte qui s'est rompu et dont le sang a rempli la cavité du péricarde. Son volume est à peu près celui d'un œuf de dinde.

Poumons congestionnés, bronches injectées remplies d'un liquide spumeux. La plèvre est revêtue, dans toute son étendue, de néo-membranes fibreuses bien organisées, dues à une pleurésie très-ancienne.

Le nommé N..., atteint de démence profonde, a succombé à une ancienne péricardite, compliquée de gangrène sèche des deux pieds, qui avait commencé par le droit et envahi, de ce côté, le quart inférieur de la jambe. Depuis trois ans, il ne prenait guère que 3 litres de lait.

Les deux feuillets du péricarde étaient réunis par des membranes fibreuses très-épaisses et les tibiales antérieures étaient remplies par un cordon d'aspect et de consistance athéromateuses.

L'encéphale, atrophiée, ne pessit que 1,172 grammes.

32 malades, dont 14 atteints de paralysie générale, sont morts la première année de leur séjour à l'asile ; 13 y sont restés de 1 à 5 ans, 4 de 5 à 10 ans et 23 de 10 à 24 ans.

DURÉE DU SÉJOUR A L'ASILE des aliénés décédés.	FOLIE simple.		FOLIE para-lytique.		DÉMENCE sénile et organique.		IDIOTIE.		EPILEPSIE.		TOTAUX généraux.		
	H.	F.	H.	F.	H.	F.	H.	F.	H.	F.	H.	F.	Les 2 sexes.
Un mois et au-dessous.........	1	1	2	»	1	3	»	»	»	»	4	4	8
De 1 à 3 mois.................	1	4	»	2	1	»	»	»	»	»	2	6	8
3 à 6 mois...................	»	2	3	1	»	»	»	»	»	»	3	3	6
6 mois à 1 an...............	1	3	3	3	»	»	»	»	»	»	4	6	10
1 an à 2 ans................	»	»	2	2	»	»	»	»	»	»	2	2	4
2 à 5 ans...................	1	2	2	»	1	»	»	»	1	2	5	4	9
5 à 10 ans..................	»	3	1	»	»	»	»	»	»	»	1	3	4
10 à 24 ans.................	9	8	»	»	1	»	1	2	2	»	13	10	23
Totaux............	13	23	13	8	4	3	1	2	3	2	34	38	72

Distractions. — Les aliénés ont à leur disposition des jeux divers, des livres et des journaux.

Comme les années précédentes, les malades tranquilles continuent à aller en promenade les dimanches et jours fériés. Ils prennent tous les mois du café ou de la bière pendant ces promenades, déjeunent ou dînent plusieurs fois à la campagne, assistent à des représentations théâtrales, à Évreux, au moment de la foire Saint-Taurin.

Toutes ces dépenses sont prélevées sur leur pécule et ne grèvent en rien le budget de l'asile.

La fanfare continue à fonctionner d'une manière satisfaisante, malgré les éléments peu favorables dont elle dispose, donne des concerts, les dimanches, dans le jardin de la direction , accompagne quelquefois les malades en promenade.

Il est à regretter que nous n'ayons pas de salle pour exécuter des concerts pendant le mauvais temps, et organiser des danses, de petites représentations théâtrales.

Le tableau suivant résume le mouvement des indigents, d'après leur domicile de secours, et celui des pensionnaires, d'après leurs différentes catégories :

<table>
<tr><th rowspan="3">MOUVEMENT DE LA POPULATION
EN 1893</th><th colspan="8">INDIGENTS</th><th colspan="19">PENSIONNAIRES</th><th rowspan="3">TOTAL GÉNÉRAL</th></tr>
<tr><th colspan="2">EURE</th><th colspan="2">SEINE</th><th colspan="2">SEINE-ET-OISE</th><th colspan="2">AUTRES DÉPARTEMENTS</th><th colspan="2">MINISTÈRES INTÉRIEUR</th><th>MIN. GUERRE</th><th>MIN. JUSTICE</th><th colspan="2">TOTAL des indigents</th><th colspan="2">1re classe</th><th colspan="2">2e classe</th><th colspan="2">3e classe</th><th colspan="2">4e classe</th><th colspan="2">TOTAL des pensionnaires</th><th colspan="2">TOTAL des pensionnaires et des indigents</th></tr>
<tr><th>H.</th><th>F.</th><th>H.</th><th>F.</th><th>H.</th><th>F.</th><th>H.</th><th>F.</th><th>H.</th><th>F.</th><th>H.</th><th>H.</th><th>U.</th><th>F.</th><th>H.</th><th>F.</th><th>H.</th><th>F.</th><th>H.</th><th>F.</th><th>H.</th><th>F.</th><th>H.</th><th>F.</th><th>H.</th><th>F.</th></tr>

<tr><td>Existants le 31 décembre 1892............</td><td>277</td><td>281</td><td>71</td><td>107</td><td>13</td><td>6</td><td>8</td><td>»</td><td>8</td><td>1</td><td>1</td><td>»</td><td>378</td><td>395</td><td>2</td><td>1</td><td>2</td><td>7</td><td>6</td><td>12</td><td>26</td><td>46</td><td>36</td><td>66</td><td>414</td><td>461</td><td>875</td></tr>

<tr><td>Entrés. { Admis pour la 1re fois................</td><td>24</td><td>23</td><td>»</td><td>»</td><td>»</td><td>»</td><td>6</td><td>3</td><td>»</td><td>1</td><td>»</td><td>1</td><td>31</td><td>27</td><td>2</td><td>1</td><td>1</td><td>4</td><td>5</td><td>1</td><td>9</td><td>9</td><td>17</td><td>15</td><td>48</td><td>42</td><td>90</td></tr>

<tr><td>Rechutes........................</td><td>1</td><td>4</td><td>»</td><td>»</td><td>»</td><td>1</td><td>»</td><td>»</td><td>»</td><td>»</td><td>»</td><td>»</td><td>1</td><td>5</td><td>»</td><td>»</td><td>»</td><td>»</td><td>»</td><td>»</td><td>4</td><td>1</td><td>4</td><td>1</td><td>5</td><td>6</td><td>11</td></tr>

<tr><td>Réintégrés p^r suite de sortie avant guérison</td><td>»</td><td>5</td><td>1</td><td>»</td><td>»</td><td>»</td><td>1</td><td>2</td><td>»</td><td>»</td><td>»</td><td>»</td><td>2</td><td>7</td><td>»</td><td>»</td><td>1</td><td>»</td><td>1</td><td>2</td><td>3</td><td>2</td><td>5</td><td>4</td><td>7</td><td>11</td><td>18</td></tr>

<tr><td>Transférés d'un autre asile............</td><td>3</td><td>3</td><td>1</td><td>5</td><td>»</td><td>»</td><td>»</td><td>»</td><td>»</td><td>»</td><td>»</td><td>»</td><td>4</td><td>8</td><td>»</td><td>»</td><td>»</td><td>»</td><td>1</td><td>»</td><td>»</td><td>»</td><td>1</td><td>»</td><td>5</td><td>8</td><td>13</td></tr>

<tr><td>Total des aliénés entrés........</td><td>28</td><td>35</td><td>2</td><td>5</td><td>»</td><td>1</td><td>7</td><td>5</td><td>»</td><td>1</td><td>»</td><td>1</td><td>38</td><td>47</td><td>2</td><td>1</td><td>2</td><td>4</td><td>7</td><td>3</td><td>16</td><td>12</td><td>27</td><td>20</td><td>65</td><td>67</td><td>132</td></tr>

<tr><td>Total des aliénés traités......</td><td>305</td><td>316</td><td>73</td><td>112</td><td>13</td><td>7</td><td>15</td><td>5</td><td>8</td><td>2</td><td>1</td><td>1</td><td>416</td><td>442</td><td>4</td><td>2</td><td>4</td><td>11</td><td>13</td><td>15</td><td>42</td><td>58</td><td>63</td><td>86</td><td>479</td><td>528</td><td>1007</td></tr>

<tr><td>Mutations de classe. { 1 indigente du ministère de l'intérieur passée aux autres départements......</td><td>»</td><td>»</td><td>»</td><td>»</td><td>»</td><td>»</td><td>»</td><td>1</td><td>»</td><td>»</td><td>»</td><td>»</td><td>»</td><td>1</td><td>»</td><td>»</td><td>»</td><td>»</td><td>»</td><td>»</td><td>»</td><td>»</td><td>»</td><td>»</td><td>»</td><td>1</td><td>1</td></tr>

<tr><td>13 pensionnaires de 4e classe passés { 10 à l'Eure......</td><td>6</td><td>4</td><td>»</td><td>»</td><td>»</td><td>»</td><td>»</td><td>»</td><td>»</td><td>»</td><td>»</td><td>»</td><td>6</td><td>4</td><td>»</td><td>»</td><td>»</td><td>»</td><td>»</td><td>»</td><td>»</td><td>»</td><td>»</td><td>»</td><td>6</td><td>4</td><td>10</td></tr>

<tr><td>2 à l'Eure-et-Loir....</td><td>»</td><td>»</td><td>»</td><td>»</td><td>»</td><td>»</td><td>1</td><td>1</td><td>»</td><td>»</td><td>»</td><td>»</td><td>1</td><td>1</td><td>»</td><td>»</td><td>»</td><td>»</td><td>»</td><td>»</td><td>»</td><td>»</td><td>»</td><td>»</td><td>1</td><td>1</td><td>2</td></tr>

<tr><td>1 aux pensionnaires de 3e classe........</td><td>»</td><td>»</td><td>»</td><td>»</td><td>»</td><td>»</td><td>»</td><td>»</td><td>»</td><td>»</td><td>»</td><td>»</td><td>»</td><td>»</td><td>»</td><td>»</td><td>»</td><td>»</td><td>»</td><td>1</td><td>»</td><td>»</td><td>»</td><td>1</td><td>»</td><td>1</td><td>1</td></tr>

<tr><td>1 pensionnaire de 1re classe passé aux pensionnaires de 2e classe</td><td>»</td><td>»</td><td>»</td><td>»</td><td>»</td><td>»</td><td>»</td><td>»</td><td>»</td><td>»</td><td>»</td><td>»</td><td>»</td><td>»</td><td>»</td><td>»</td><td>1</td><td>»</td><td>»</td><td>»</td><td>»</td><td>»</td><td>1</td><td>»</td><td>1</td><td>»</td><td>1</td></tr>

<tr><td>3 pensionnaires de 2e classe passés aux pensionnaires de 3e classe</td><td>»</td><td>»</td><td>»</td><td>»</td><td>»</td><td>»</td><td>»</td><td>»</td><td>»</td><td>»</td><td>»</td><td>»</td><td>»</td><td>»</td><td>»</td><td>»</td><td>»</td><td>»</td><td>1</td><td>2</td><td>»</td><td>»</td><td>1</td><td>2</td><td>1</td><td>2</td><td>3</td></tr>

<tr><td>2 pensionnaires de 3e classe passés aux pensionnaires de 4e classe</td><td>»</td><td>»</td><td>»</td><td>»</td><td>»</td><td>»</td><td>»</td><td>»</td><td>»</td><td>»</td><td>»</td><td>»</td><td>»</td><td>»</td><td>»</td><td>»</td><td>»</td><td>»</td><td>»</td><td>»</td><td>»</td><td>2</td><td>»</td><td>2</td><td>»</td><td>2</td><td>2</td></tr>

<tr><td>Total des mutations de classes..</td><td>6</td><td>4</td><td>»</td><td>»</td><td>»</td><td>»</td><td>1</td><td>2</td><td>»</td><td>»</td><td>»</td><td>»</td><td>7</td><td>6</td><td>»</td><td>»</td><td>1</td><td>»</td><td>1</td><td>3</td><td>»</td><td>2</td><td>2</td><td>5</td><td>9</td><td>11</td><td>20</td></tr>

<tr><td>Total des aliénés traités et des mutations de classes........</td><td>311</td><td>320</td><td>73</td><td>112</td><td>13</td><td>7</td><td>16</td><td>7</td><td>8</td><td>2</td><td>1</td><td>1</td><td>423</td><td>448</td><td>4</td><td>2</td><td>5</td><td>11</td><td>14</td><td>18</td><td>42</td><td>60</td><td>65</td><td>91</td><td>488</td><td>539</td><td>1027</td></tr>

<tr><td>Sortis. { Guéris..........................</td><td>2</td><td>7</td><td>1</td><td>1</td><td>»</td><td>2</td><td>»</td><td>»</td><td>»</td><td>»</td><td>»</td><td>»</td><td>5</td><td>8</td><td>1</td><td>»</td><td>»</td><td>2</td><td>1</td><td>1</td><td>4</td><td>6</td><td>6</td><td>9</td><td>11</td><td>17</td><td>28</td></tr>

<tr><td>Améliorés.....................</td><td>1</td><td>2</td><td>1</td><td>»</td><td>»</td><td>»</td><td>»</td><td>»</td><td>»</td><td>»</td><td>»</td><td>»</td><td>2</td><td>2</td><td>»</td><td>»</td><td>1</td><td>»</td><td>»</td><td>»</td><td>»</td><td>»</td><td>1</td><td>»</td><td>3</td><td>2</td><td>5</td></tr>

<tr><td>Evadés........................</td><td>»</td><td>»</td><td>1</td><td>»</td><td>»</td><td>»</td><td>»</td><td>»</td><td>»</td><td>»</td><td>»</td><td>»</td><td>1</td><td>»</td><td>»</td><td>»</td><td>»</td><td>»</td><td>»</td><td>»</td><td>»</td><td>»</td><td>»</td><td>»</td><td>1</td><td>»</td><td>1</td></tr>

<tr><td>Transférés....................</td><td>»</td><td>»</td><td>»</td><td>»</td><td>»</td><td>»</td><td>7</td><td>5</td><td>»</td><td>»</td><td>»</td><td>»</td><td>7</td><td>5</td><td>»</td><td>»</td><td>»</td><td>»</td><td>1</td><td>»</td><td>1</td><td>»</td><td>2</td><td>»</td><td>9</td><td>5</td><td>14</td></tr>

<tr><td>Réclamés par leurs familles, etc..</td><td>4</td><td>6</td><td>»</td><td>»</td><td>1</td><td>»</td><td>»</td><td>»</td><td>»</td><td>»</td><td>»</td><td>»</td><td>5</td><td>6</td><td>»</td><td>»</td><td>1</td><td>»</td><td>»</td><td>1</td><td>2</td><td>1</td><td>3</td><td>2</td><td>7</td><td>8</td><td>15</td></tr>

<tr><td>Total des aliénés sortis........</td><td>7</td><td>15</td><td>2</td><td>1</td><td>1</td><td>»</td><td>8</td><td>5</td><td>»</td><td>»</td><td>»</td><td>»</td><td>20</td><td>21</td><td>1</td><td>»</td><td>2</td><td>3</td><td>1</td><td>6</td><td>8</td><td>11</td><td>11</td><td>11</td><td>31</td><td>32</td><td>63</td></tr>

<tr><td>Décédés........................</td><td>22</td><td>16</td><td>4</td><td>16</td><td>1</td><td>»</td><td>»</td><td>»</td><td>»</td><td>1</td><td>»</td><td>1</td><td>28</td><td>33</td><td>»</td><td>1</td><td>»</td><td>1</td><td>2</td><td>3</td><td>4</td><td>»</td><td>6</td><td>5</td><td>34</td><td>38</td><td>72</td></tr>

<tr><td>Total des sortis et des décédés..</td><td>29</td><td>31</td><td>6</td><td>17</td><td>2</td><td>»</td><td>8</td><td>5</td><td>»</td><td>1</td><td>»</td><td>1</td><td>48</td><td>54</td><td>1</td><td>1</td><td>2</td><td>5</td><td>3</td><td>2</td><td>10</td><td>12</td><td>17</td><td>16</td><td>65</td><td>70</td><td>135</td></tr>

<tr><td>Mutations de classe. { 1 indigente du ministère de l'intérieur passée aux autres départements......</td><td>»</td><td>»</td><td>»</td><td>»</td><td>»</td><td>»</td><td>»</td><td>»</td><td>»</td><td>1</td><td>»</td><td>»</td><td>»</td><td>1</td><td>»</td><td>»</td><td>»</td><td>»</td><td>»</td><td>»</td><td>»</td><td>»</td><td>»</td><td>1</td><td>»</td><td>1</td><td>1</td></tr>

<tr><td>13 pensionnaires { 10 à l'Eure......</td><td>»</td><td>»</td><td>»</td><td>»</td><td>»</td><td>»</td><td>»</td><td>»</td><td>»</td><td>»</td><td>»</td><td>»</td><td>»</td><td>»</td><td>»</td><td>»</td><td>»</td><td>»</td><td>6</td><td>4</td><td>6</td><td>4</td><td>6</td><td>4</td><td>6</td><td>4</td><td>10</td></tr>

<tr><td>2 à l'Eure-et-Loir....</td><td>»</td><td>»</td><td>»</td><td>»</td><td>»</td><td>»</td><td>»</td><td>»</td><td>»</td><td>»</td><td>»</td><td>»</td><td>»</td><td>»</td><td>»</td><td>»</td><td>1</td><td>1</td><td>1</td><td>1</td><td>1</td><td>1</td><td>1</td><td>1</td><td>1</td><td>1</td><td>2</td></tr>

<tr><td>de 4e classe passés { 1 aux pensionnaires de 3e classe........</td><td>»</td><td>»</td><td>»</td><td>»</td><td>»</td><td>»</td><td>»</td><td>»</td><td>»</td><td>»</td><td>»</td><td>»</td><td>»</td><td>»</td><td>»</td><td>»</td><td>»</td><td>»</td><td>»</td><td>1</td><td>»</td><td>1</td><td>»</td><td>1</td><td>»</td><td>1</td><td>1</td></tr>

<tr><td>1 pensionnaire de 1re classe passé aux pensionnaires de 2e classe</td><td>»</td><td>»</td><td>»</td><td>»</td><td>»</td><td>»</td><td>»</td><td>»</td><td>»</td><td>»</td><td>»</td><td>»</td><td>»</td><td>»</td><td>»</td><td>»</td><td>1</td><td>»</td><td>»</td><td>»</td><td>»</td><td>»</td><td>1</td><td>»</td><td>1</td><td>»</td><td>1</td></tr>

<tr><td>3 pensionnaires de 2e classe passés aux pensionnaires de 3e classe</td><td>»</td><td>»</td><td>»</td><td>»</td><td>»</td><td>»</td><td>»</td><td>»</td><td>»</td><td>»</td><td>»</td><td>»</td><td>»</td><td>»</td><td>»</td><td>»</td><td>»</td><td>»</td><td>1</td><td>2</td><td>»</td><td>»</td><td>1</td><td>2</td><td>1</td><td>2</td><td>3</td></tr>

<tr><td>2 pensionnaires de 3e classe passés aux pensionnaires de 4e classe</td><td>»</td><td>»</td><td>»</td><td>»</td><td>»</td><td>»</td><td>»</td><td>»</td><td>»</td><td>»</td><td>»</td><td>»</td><td>»</td><td>»</td><td>»</td><td>»</td><td>»</td><td>»</td><td>»</td><td>»</td><td>»</td><td>2</td><td>»</td><td>2</td><td>»</td><td>2</td><td>2</td></tr>
</table>

Compte administratif

RECETTES

CHAPITRE Ier — RECETTES ORDINAIRES

Section Ire — Recettes en argent.

Article 1er. — Intérêts de fonds placés au
Trésor............................... 2,802 11

Les fonds provenant des comptes *asile* et *pécule* des
aliénés ont produit 2,350 fr. 85 c. et ceux des comptes
dépôt, 451 fr. 26 c.

Art. 2. — Aliénés de l'Eure........... 262,837 35

Cette recette est inférieure de 90 fr. 40 c. aux prévisions
budgétaires.

La moyenne quotidienne du nombre des aliénés de
cette catégorie a été de 564, et diffère peu de celle des
4 années précédentes, qui a été de 555 en 1892, de 565
en 1891, de 559 en 1890 et de 562 en 1889.

Art. 3. — Aliénés de la Seine.......... 83,482 »

La moyenne de ces aliénés a été de 164, et pourra
difficilement être maintenue, à moins de constructions
nouvelles, les divisions des agités et des malpropres
étant encombrées.

Art. 4. — Aliénés au compte d'autres
départements........................... 14,263 50

Cette recette a été produite, par une moyenne de
27 aliénés, dont 19 de Seine-et-Oise.

Le nombre des aliénés de ce département diminue
chaque année, parce que celui-ci envoie maintenant
presque tous ses malades à l'asile de Clermont, où il paie
un prix de journée un peu moins élevé qu'à l'asile
d'Evreux.

Les aliénés autres que ceux de Seine-et-Oise, compris à cet article, sont des aliénés de passage, qui ont été ou doivent être transférés dans les asiles des départements où ils ont leur domicile de secours.

Art. 5. — Aliénés de l'Etat........... 4,455 »

Cette recette a été produite par 10 aliénés du ministère de l'intérieur, par un aliéné militaire et par un détenu, qui ont produit une moyenne quotidienne de 8 individus.

Art. 6. — Pensionnaires de 1re classe ... 6,406 80
Art. 7. — Pensionnaires de 2e classe.... 13,660 »
Art. 8. — Pensionnaires de 3e classe.... 20,693 40
Art. 9. — Pensionnaires de 4e classe.... 35,613 45
Art. 10. — Domestiques particuliers.... 2,553 75

Total............ 78,927 40

La recette des pensionnaires est inférieure à celle de 1892 qui avait atteint le chiffre de 80,815 fr., mais plus élevée que celle de tous les autres exercices précédents.

Art. 11. — Vente des os et objets hors de service.................................. 776 04

3,570 kilog. d'os, à 7 fr. 50 c. les 100 kilog., ont produit 267 fr. 75 c. La vente des chiffons a été de 269 fr. 07 c. et celle des savates, papier, rognures de cuir et vieille fonte de 239 fr. 22 centimes.

Art. 12. — Vente de produits excédant les besoins.................................. 1,705 80

Cette recette provient de la vente de 7 veaux, de 205 peaux de lapin et de 17 porcs gras.

Art. 13. — Recettes accidentelles........ 10,102 31

Cet article comprend le détail suivant :

Cuirs provenant de l'abattoir............. 2,978 60
Suifs   id. 1,004 37
Braise de la boulangerie................. 220 50

A reporter...... 4,203 47

Report........	4,203	47
Chaussures fournies au personnel et aux aliénés...................................	456	50
Vin id.	1,877	89
Lait id.	61	50
Pommes à cidre et boisson	160	50
Autres fournitures diverses..............	398	84
Chocolat fourni aux aliénés..............	636	60
Café id.	830	25
Régime supplémentaire à un aliéné.......	438	»
Pécule des aliénés décédés en 1893........	674	51
Inhumations de pensionnaires	240	»
Douches données à des personnes étrangères à l'asile..............................	86	25
Briques fournies à un entrepreneur........	38	»
Total............	10,102	31

Cette recette avait été en 1892 de 11,137 fr. 31 c. et en 1891 de 11,309 fr. 37 centimes.

Art. 14. — Remboursement de frais de transfèrement.......................... 182 25

Même somme portée en dépense.

Art. 15. — Trop perçu............... 36 15

Même somme portée en dépense.

Les recettes totales en argent, prévues au budget à 466,307 fr., ne se sont montées qu'à 459,569 fr. 91 c., ce qui tient à ce que le chiffre prévu des aliénés de la Seine n'a pas été atteint.

Elles sont un peu plus élevées que celles des années précédentes. Elles ont été en 1892 de 450,579 fr. 11 c., en 1891 de 441,332 fr. 51 c., en 1890 de 441,027 fr. 06 c., en 1889 de 455,840 fr. 06 c. Avant 1889, elles n'avaient jamais atteint le chiffre de 450,000 francs.

Section IIe — *Revenus en nature et produit du travail des aliénés.*

Art. 16. — Revenus en nature consommés.................................... 79,336 24

Ils se rapportent aux crédits suivants :
Viande................................... 28,469 50
Porcs 27,949 fr. 50 c., poulets 132 fr., lapins 388 francs.
Pommes à cidre...................... 57 60
Comestibles 31,603 50
Lait 6,170 fr. 60 c., pommes de terre 5,898 fr., choux 5,478 fr. 70 c., salades 4,082 fr. 50 c., haricots verts 1,526 fr. 20 c., melons 1,368 fr. 40 c., carottes 1,005 fr. 10 c., navets 953 fr. 10 c., asperges 777 fr., poireaux 671 fr. 30 c., oignons 593 fr. 20 c., betteraves 580 fr. 80 c., œufs 446 fr. 60 c., citrouilles 433 fr. 60 c., petits pois 292 fr. 40 c., oseille 292 fr. 30 c., fruits 295 fr. 20 c., choux de Bruxelles 210 fr. 40 c., ail et échalottes 192 fr. 40 c., légumes divers 335 fr. 70 centimes.
Chauffage............................. 627 74
Bourrées 421 fr. 50 c., bois de boulangerie 206 fr. 24 centimes.
Culture : 1,200 m. c. de fumier à 4 fr... 4,800 »
Fourrages et litière...................... 13,777 90
Avoine 2,070 fr., betteraves 1,200 fr., carottes 180 fr., foin 9,813 fr. 90 c., paille d'avoine 504 fr., fanes 10 francs.
Pour avoir le total des produits en nature il faut ajouter aux produits consommés :

A reporter...... 79,336 24

Report........   79,336 24

1° Les produits vendus qui ont été de ...   1,705 80
2° L'augmentation du cheptel..........   3,963 »

Ce qui donne un total de...............   85,005 04
Les dépenses de notre exploitation agricole
et maraîchère ayant été de................   49,709 24

Les bénéfices nets de cette exploitation
sont de.................................   35,295 80

Les dépenses comprennent :
1° Les fourrages et la litière récoltés, mais consommés
à la ferme...............................   13,777 90
2° Les dépenses de l'article 26 du compte
administratif (frais de culture)...........   3,999 92
3° Les dépenses de l'article 28 (fourrages
et litière)..............................   8,000 »
4° L'achat de porcs maigres..............   11,025 »
5° Le traitement avec les avantages en
nature du jardinier, du vacher-porcher, du
chef de culture, de 2 infirmiers chargés de
la surveillance des aliénés travailleurs, et
le pécule de ces aliénés ....   6,000 »
6° Le son, le charbon de terre, le bois et
les articles d'éclairage, dépensés à la ferme.   6,906 42

Les bénéfices de notre exploitation agricole et maraîchère ont été inférieurs de 765 fr. 78 c., à ceux de 1892,
et de 5,345 fr. 10 c. à ceux de 1891, à cause de la grande
cherté de la paille et de la sécheresse de l'année.

Ils se répartissent de la manière suivante entre les
diverses parties de notre exploitation.

Porcherie...............................   14,732 26
Vacherie................................   1,040 56
Basse-cour 339 60
Jardinage et grande culture............   19,183 38

Total............   35,295 80

Je vais donner le détail des recettes et des dépenses de la porcherie qui continue à nous rapporter des bénéfices très-importants, par suite de l'utilisation des eaux grasses et des déchets de la cuisine et du jardin.

Porcherie.

Recettes. — Abattage de 199 porcs qui ont produit :

11,266 kilogrammes de viande fraîche à 1 fr. 50 c. le kilogramme......................................	16,899	»
et 7,367 kilogrammes de viande salée à 1 fr 50 c. le kilogramme..................	11,050	50
Vente de 17 porcs gras.................	1,444	80
Restant en magasin, au 31 décembre 1893, 118 porcs gras à divers degrés d'engraissement......................................	9,086	»
Total.............	38,480	30

Dépenses. — Restant en magasin, au 31 décembre 1892, 76 porcs estimés en moyenne à 73 fr. l'un........ 5,548 »

Achat de 263 porcs au prix moyen de 41 fr. 92 c......... 11,025 »

31,000 kilogrammes de petit son à 12 fr. 785 les 100 kilogrammes...................... 3,063 »

1,000 kilogrammes de petit son à 15 fr. les 100 kilogrammes 150 »

1,000 kilogrammes de petit son à 14 fr. 50 c. les 100 kilogrammes...................... 145 »

3,650 kilogrammes de gros son à 15 fr. 07 c. les 100 kilo-

A reporter......... 20,831 » 38,480 30

Report...........	20,831 »	38,480 30
grammes....................	550 05	
4,032 kilogrammes de recoupe à 11 fr. 75 c. les 100 kilogrammes....................	473 76	
46 hectolitres d'orge à 12 fr. l'hectolitre	552 »	
40 hectolitres de pommes de terre à 4 fr. l'hectolitre......	160 »	
170 hectolitres de betteraves à 1 fr. l'hectolitre...........	170 »	
9,960 kilogrammes de charbon de terre à 30 fr. les 1,000 kilogrammes..........	298 80	
Bois de boulangerie, de chauffage et articles d'éclairage.......................	82 43	
Moitié du traitement du vacher-porcher.............	600 »	
Pécule des aliénés occupés à la porcherie.................	30 »	
Total de la dépense...	23,748 04	23,748 04
Excédant de recettes..............		14,732 26

Le prix net de revient du kilogramme de viande de porc, produite à l'asile, a été de 0 fr. 709, tandis qu'il coûte au moins 1 fr. 50 c. le kilogramme à Evreux.

Art. 17. — Produit du travail des aliénés   49,999 70

Le tableau suivant indique la nature des travaux auxquels ont été occupés les aliénés et l'estimation approximative de ces travaux qui est inférieure à leur valeur réelle.

NUMÉROS D'ORDRE.	NATURE DES TRAVAUX.	NOMBRE DE		ÉVALUATION de la journée de travail.	MONTANT.
		Travailleurs.	Journées.		
	HOMMES				
1	Jardinage et culture	38	10.551	0.60	6.330 60
2	Terrassements.................	50	10.731	0.40	4.292 40
3	Cordonnerie...................	21	4.070	0.60	2.442 »
4	Maçonnerie....................	8	2.200	0.75	1.650 »
5	Menuiserie	5	1.453	0.75	1.089 75
6	Serrurerie	5	1.360	0.70	952 »
7	Peinture......................	3	861	0.75	645 75
8	Couture, raccommodage	2	553	0.70	387 10
9	Meunerie, boulangerie........	4	1.402	0.75	1.051 50
10	Cuisine.......................	7	2.061	0.60	1.236 60
11	Cave et bûcher...............	3	833	0.70	583 10
12	Buanderie	3	897	0.60	538 20
13	Conciergerie	1	299	0.60	179 40
14	Bureaux	6	1.618	0.75	1.213 50
15	Service intérieur.............	70	12.985	Diverse	2.610 10
	Totaux........	226	51.874	»	25.202 »
	FEMMES				
16	Buanderie.....................	47	10.541	0.60	6.324 60
17	Repassage.....................	10	2.631	0.60	1.578 60
18	Lingerie......................	59	11.376	0.60	6.825 60
19	Vestiaire.....................	31	11.363	0.50	5.681 50
20	Cuisine	15	3.213	0.60	1.927 80
21	Service intérieur.............	69	12.762	Diverse	2.459 60
	Totaux........	261	51.886	»	24.797 70

Récapitulation.	{	Hommes..........	25.202 »
		Femmes..........	24.797 70
		Total........	49.999 70

Le chiffre de 487 travailleurs ne comprend que les indigents; il n'est pas très-élevé, ce qui tient au grand nombre d'enfants, d'épileptiques et de déments existant à l'asile, et à l'absence de clôture de la propriété, qui ne permet pas d'envoyer au jardin les aliénés ayant des idées d'évasion très-prononcées.

Presque tous les travaux d'entretien des bâtiments sont exécutés par les aliénés, sous la direction de chefs d'ateliers, avec le concours de quelques ouvriers du dehors payés à la journée, à l'exception de ceux de la toiture, qui sont trop dangereux, et des réparations qui exigent des connaissances spéciales, comme celles de la zinguerie, des conduites d'eau, etc.

Les principaux travaux de terrassements exécutés dans le courant de l'année ont été les suivants :

Creusement de l'emplacement de la turbine;

Extraction de ravine dans la cour intérieure de la section des hommes;

Nivellement du terrain situé entre la buanderie et le jardin potager;

Creusement dans le préau du pensionnat des hommes de deux tranchées de 6 mètres de large, pour la construction de galeries et l'établissement d'allées contiguës à ces galeries;

Défoncement et épierrement d'une partie du terrain Dalet, situé entre la route d'Alençon et le Gord, et établissement d'une allée de 3 mètres.

Toute la terre végétale a été extraite de l'allée et remplacée par des pierres ramassées dans ce terrain.

La terre enlevée dans les deux tranchées du pensionnat des hommes a servi à continuer le comblement de l'ancienne briqueterie Simon.

CHAPITRE II. — RECETTES EXTRAORDINAIRES

Néant.

CHAPITRE III. — RECETTES SUPPLÉMENTAIRES

Elles comprennent :
1° L'excédent de l'exercice 1892........ 120,530 04
2° Les sommes à recouvrer de cet exercice
et des exercices antérieurs............... 5,685 18

Total........... 126,215 22

Sur les restes à recouvrer, il a été perçu. 3,482 81
et il reste à percevoir 2,202 37
qui seront reportés au budget additionnel de 1894.

Récapitulation des recettes.

	Prévisions budgétaires.	Droits constatés.	Recettes effectuées.	Restes à recouvrer.
Ch. Ier ordinres	590,807 »	588,905 85	586,451 45	2,454 40
Ch. II extrares	»	»	»	»
Ch. III supplres	126,215 22	126,215 22	124,012 85	2,202 37
Totaux....	717,022 22	715,121 07	710,464 30	4,656 77

DÉPENSES

CHAPITRE 1er. — DÉPENSES ORDINAIRES

Section 1re. — Dépenses en argent.

Art. 1er. — Traitement du directeur-médecin en chef :
Crédit alloué............... 8,000 »
Dépense effectuée........... 8,000 »

Art. 2. — Traitement du receveur-économe :
Crédit alloué............... 3,250 »
Dépense effectuée........... 3,250 »

Art. 3. — Traitement des employés de l'administration :
Crédit alloué............... 7,400 »
Dépense effectuée........... 7,399 99

Reste annulé.... » 01

Art. 4. — Traitement des fonctionnaires et employés
du service médical :

Crédit alloué.............. 6,600   »
Dépense effectuée.......... 5,043 33
Reste annulé.... 1,556 67

Le traitement du médecin-adjoint, prévu à la classe exceptionnelle, qui est de 4,000 fr., n'a été que celui de la 2ᵉ classe, à 2,500 fr.

En outre, il y a eu 17 jours de vacances dans le service de l'internat.

Art. 5. — Traitement de l'aumônier :
Crédit alloué.............. 1,500 »
Dépense effectuée.......... 1,500 »

Art. 6. — Vestiaire des sœurs :
Crédit alloué.............. 4,400 »
Dépense effectuée.......... 4,400 »

Il y a à l'asile 22 sœurs qui ont chacune 200 fr.

Art. 7. — Solde des préposés et servants :
Crédit alloué.............. 36,000 »
Dépense effectuée.......... 35,934 10
Reste annulé.... 65 90

Cette annulation tient à des vacances d'emploi parmi les infirmiers et les infirmières, dont le recrutement est toujours difficile et l'instabilité trop grande.

Ce personnel s'est cependant amélioré depuis quelques années, par suite de l'élévation de son traitement, qui dev.. .ncore être augmenté, si on veut le rendre plus stable, comme l'exige l'intérêt du service.

Les sœurs sont nourries de 1ʳᵉ classe.

Les infirmiers et les infirmières ont une nourriture équivalente à celle de la 3ᵉ classe; ils sont complètement habillés.

Le tableau suivant indique le nombre des fonctionnaires, employés, préposés ou infirmiers, avec le traitement et les avantages en nature qui leur sont alloués, ainsi que les dépenses qui ont été effectuées :

Articles du budget	FONCTIONS et EMPLOIS	TRAITEMENT EN ARGENT.		AVANTAGES en NATURE.	ÉVALUATION des avantages en nature.		RÉTRIBUTION totale.	
		Prévu au budget.	Payé.					
1	*Directeur-médecin....*	8.000 »	8.000 »	Logement, chauffage, éclairage............	800	»	8.800	»
2	*Receveur-économe....*	3.250 »	3.250 »	Id............	325	»	3.575	»
3	*Employés d'administ⁰ⁿ :*							
	Secrétaire..........	2.000 »	2.000 »	Logement, déjeuner....	500	»	2.500	»
	Commis de direction .	800 »	800 »	Nourriture, logement, chauffage, éclairage, blanchissage........	580	»	1.380	»
	1ᵉʳ commis d'économat	1.900 »	1.900 »	Logement, déjeuner....	500	»	2.400	»
	2ᵉ commis d'économat	1.500 »	1.500 »	Déjeuner.	250	»	1.750	»
	Dépensier..........	1.200 »	1.200 »	Id................	250	»	1.450	»
4	*Service médical :*							
	Médecin-adjoint.....	4.000 »	2.500 »	Nourriture, logement, chauffage, éclairage..	850	»	3.350	»
	Interne	1.200 »	1.143 33	Id............	783	»	1.926	30
	Préposé à la tenue des cahiers de visite...	400 »	400 »	Néant.		»	400	»
	Surveillant en chef ..	1.000 »	1.000 »	Nourriture, logement, chauffage, éclairage, habillement, blan- chissage............	912	50	1.912	50
5	*Aumonier.......... *	1.500 »	1.500 »	Logement, chauffage, éclairage	150	»	1.650	»
6	*Sœurs (22)......... *	4.400 »	4.400 »	Nourriture, logement, chauffage, éclairage..	16.060	»	20.460	»
7	*Préposés et servants :*							
	17 préposés (hommes)	10.920 »	10.900 70	Nourriture, logement, chauffage, habille- ment, blanchissage, éclairage............	8.555	20	19.455	90
	11 préposées (femmes)	4.080 »	4.064 15	Id............	5.611	20	9.675	35
	29 infirmiers........	13.400 »	13.394 85	Id............	15.734	40	29.129	25
	22 infirmières.......	7.600 »	7.574 40	Id............	11.158	»	18.732	40
	Totaux.......	67.150 »	65.527 43		63.019	30	128.546	73

Le nombre de journées d'aliénés traités ayant été de 315,019, la dépense totale du personnel a été, pour chaque aliéné, de 0 fr. 408.

Le traitement moyen en argent des préposés est, pour les hommes, de 641 fr. et pour les femmes, de 369 fr.

Celui des infirmiers est de 462 fr. et celui des infirmières, de 344 fr.

Dans la section des hommes, le service est purement laïque, tandis qu'il est mixte dans la section des femmes, où 22 sœurs ont sous leur direction, 11 préposées et 22 infirmières.

Art. 8. — Frais de culte.

Crédit alloué	300	»
Dépense effectuée	299	91
Reste annulé.	0	09

Art. 9. — Frais de sépulture.

Crédit alloué.	360	»
Dépense effectuée.	360	»

Art. 10 — Frais d'administration de bureau, etc.

Crédit alloué	3,000	»
Dépense effectuée.	2,999	94
Reste annulé	0	06

Ce crédit a servi à payer les dépenses suivantes :

Lithographie	392	50
Impressions	432	42
Fournitures de bureau.	516	32
Livres de médecine ou de littérature.	548	80
Journaux	8	
Timbres divers.	567	
Association des médecins aliénistes.	100	»
Dépenses diverses	356	»
Total.	2,999	94

Art. 11. Contributions.

Crédit alloué .... 600 »

Dépense effectuée 484 08

Reste annulé.............. 115 92

Nous avons payé sur ce crédit 294 fr. 32 c. pour la contribution foncière, 24 fr. 79 c. pour celle des portes et fenêtres et 164 fr. 97 c. pour la taxe des biens de main-morte.

Art. 12. — Assurance contre l'incendie.

Crédit alloué .... 1,800 »

Dépense effectuée............ 1,500 80

Reste annulé 299 20

L'asile est assuré à *L'Ancienne mutuelle* et à *La Normandie*, dont le siége est à Rouen.

Art. 13. — Blé et farine.

Crédit alloué .... 70,000 »

Dépense effectuée 61,542 80

Reste annulé 8,457 20

Ce crédit a servi à acheter :

264,944 kilogrammes de blé, au prix moyen de 21 fr. 10 c. les 100 kilogrammes. 55,912 80

15,000 kilogrammes de farine de 1re qualité, à 27 fr. les 100 kilogrammes........ 4,050 »

5,100 kilogrammes de farine de 2e qualité, à 25 fr. les 100 kilogrammes........ 1,275 »

1,000 kilogrammes de farine de féverolles, à 27 fr. 50 c. les 100 kilogrammes....... 275 »

100 kilogrammes de farine de féverolles, à 30 fr. les 100 kilogrammes.......... 30 »

Total...................... 61,542 80

Prix de revient de la farine fabriquée à l'asile.

Il a été livré au moulin, 200,044 kilogrammes de blé, dont la valeur était de.... 42,444 18
Et 1,010 kilogrammes de farine de féverolles, qui ont coûté 281 80
En ajoutant les frais de mouture qui comprennent: la moitié du traitement du meunier-boulanger, le pécule d'un aliéné et des réparations diverses au moulin 1,070 47

On a pour dépense totale 43,796 45

La recette comprend :
14,175 kilogrammes de gros son à 15 fr. 07 c. les 100 kilogrammes 2,136 17
30,575 kilogrammes de petit son à 12 fr. 785 les 100 kilogrammes.......... 3,909 01
4,017 kilogrammes de recoupe à 11 fr. 75 c. les 100 kilogrammes.................... 471 90
149,874 kilogrammes de farine à 24 fr. 873 les 100 kilogrammes.................... 37,270 28

Total........................ 43,796 45

100 kilogrammes de blé ont produit 74 kil. 21 gr. de farine.

Prix de revient du pain.

Le boulanger a reçu 134,812 kilogrammes de farine confectionnée pendant l'année, à 0 fr. 24873 le kilogramme........................ 33,531 78
14,508 kilogrammes de farine restant en magasin au 31 décembre 1892, à 0 fr. 25597 le kilogramme........................ 3,713 61

A reporter.... 37,245 39

Report........	37,245 39

15,000 kilogrammes de farine achetée à 0 fr. 27 c. le kilogramme................ 4,050 »

Et 5,100 kilogrammes de farine achetée à 0 fr. 25 c. le kilogramme .... 1,275 »

Total......................... 42,570 39

Il a fabriqué, avec cette farine, 218,650 kilogrammes de pain, ce qui donne un rendement de 129 fr 05 %.

Les frais de boulangerie se sont élevés à. 2,350 89

Total......................... 44,921 28

Dont il faut déduire, pour avoir la dépense réelle, 266 hectolitres de braise estimée à 1 fr. 75 c. l'hectolitre............. 465 50

Reste 44,455 78

Ce qui porte le kilogramme de pain à 0 fr. 20332.

Le prix du pain, d'après la taxe de la ville d'Evreux, a été pendant l'année, en moyenne, de 0 fr. 28333 le kilogramme ; par conséquent, de 0 fr. 08001 supérieur à celui de l'asile, ce qui donne un bénéfice de 17,494 fr. 18 c.

Les frais de boulangerie comprennent :

Moitié du traitement du boulanger-meunier, en argent et en nature 600 58

Pécule de trois malades............... 98 20

1,200 kilogrammes de sel gris, à 0 fr. 15 c. le kilogramme..................... 180 »

77 kilogrammes de recoupe 8 92

191 stères 270 de bois de boulangerie, à prix divers............................ 1,463 19

Total......................... 2,350 89

La valeur locative du moulin et de la boulangerie

n'est pas comprise dans le prix de revient de la farine et du pain.

Le blé a été mis en adjudication, comme les années précédentes et l'adjudication n'a pas réussi non plus, parce que le prix le plus bas, offert par les soumissionnaires, était supérieur au maximum fixé par l'administration.

Ce prix, le plus bas, était de 23 fr. 50 c., tandis que le blé n'a coûté que 21 fr. 10 c. les 100 kilogrammes.

Si le maximum eût été assez élevé pour permettre la réussite de l'adjudication, l'asile eût perdu 2 fr. 40 c. par 100 kilogrammes et 6,358 fr. 65 c., pour 264,944 kilogrammes achetés.

La moyenne de la population à nourrir ayant été de 965 individus, y compris le personnel, et la quantité de pain dépensée, de 218,650 kilogrammes, la consommation individuelle et annuelle a été de 226 kil. 580.

En 1892, elle avait été de 232 kil. 741 ; en 1891, de 236 kil. 989 ; en 1890, de 234 kil. 598, et en 1889, de 236 kil. 367.

La consommation du pain, qui est donné à discrétion, varie donc peu d'une année à l'autre.

Art. 14. — Viande.

Crédit alloué...............	80,000	»
Dépense effectuée..........	64,939	03
Reste annulé	15,060	97

Nous avons acheté, de gré à gré, les animaux nécessaires à notre abattoir : 33 bœufs, 84 vaches, 4 taureaux, 46 veaux et 83 moutons.

Les bœufs, vaches et taureaux, sont revenus au prix moyen de 0 fr. 6544 le kilogramme sur pied; les veaux ont coûté 1 fr. 126 et les moutons, 0 fr. 953.

Les bœufs ont donné un rendement de viande de 55,02 %, les veaux, de 70,45 et les moutons, de 51,58.

Le prix de revient de la viande nette de bœuf a été, déduction faite des frais d'abattoir, de 1 fr. 14 c. le kilogramme; celui de la viande de veau, de 1 fr. 549 et celui de la viande de mouton, de 1 fr. 75 c.

Le prix moyen de ces trois espèces de viande réunies a été de 1 fr. 22 c. le kilogramme.

En 1892, il s'était élevé à 1 fr. 284.

Il a été consommé pendant l'année :

34,220 k. 500	de viande de bœuf à 1 fr. 14 c. le kilogramme..........	39,011	37
4,870 k. »	de viande de veau à 1 fr. 549 le kilogramme.........	7,543	63
2,430 k. 500	de viande de mouton à 1 fr. 75 c. le kilogramme.	4,253	37
11,268 k. »	de porc frais à 1 fr. 50 c. le kilogramme	16,902	»
7,501 k. »	de porc salé à 1 fr. 50 c. le kilogramme	11,251	50
286 k. »	de volailles et lapins à prix divers	520	»
60,576 kilogrammes.		79,481	87

La consommation annuelle, par individu, a été de 62 kil. 773.

En 1892, elle avait été de 63 kil. 467 ; en 1891, de 64 kil. 213 ; en 1890, de 64 kil. 647 ; en 1889, de 61 kil. 958, et en 1888, de 63 kil. 666.

Cette consommation, comme celle du pain, varie peu, d'une année à l'autre.

La quantité de viande de boucherie et de porc frais ou salé allouée par semaine aux indigents est, pour les hommes, de 1 kil. 360 et pour les femmes, de 1 kil. 040.

Elle est aussi restreinte que possible.

Elle est répartie en 8 rations, 6 le matin et 2 le soir.

Art. 15. — Vin et pommes.

Crédit alloué.................	27,000	»
Dépense effectuée............	14,237	43
Reste annulé.................	12,762	57

Ce crédit a servi aux dépenses suivantes :

24,750 litres de vin à 27 fr. 97 c. les 100 litres..............................	6,922	52
225 litres de vin pour échantillon, à prix divers...............................	111	35
15,420 kil. de pommes à cidre, à 32 fr. les 1,000 kilogrammes.....................	493	44
49,230 kil. de pommes à cidre, à 34 fr. les 1,000 kilogrammes.....................	1,673	82
20,250 kil. de pommes à cidre à 35 fr. les 1,000 kilogrammes	708	75
14,080 kil. de pommes à cidre, à 38 fr. les 1,000 kilogrammes	535	04
24,350 kil. de pommes à cidre à 39 fr. les 1,000 kilogrammes	949	65
15,550 kil. de pommes à cidre à 55 fr. les 1,000 kilogrammes	855	25
Droits de sucrage et bière.............	51	11
4 tonneaux neufs......................	1,330	»
Réparation des tonneaux	606	50
Total..........................	14,237	43

Nous avons brassé, en janvier, pour compléter notre provision de cidre, 5,350 kilogrammes de pommes, restant en magasin au 31 décembre 1890, qui nous avaient coûté.. 374 50
et qui ont produit 19,310 litres de boisson à 1,36 de densité.

En ajoutant les frais de brassage, qui ont

Report.....   374 50

été de.. 205 25

et 390 kilogrammes de sucre, à 63 fr. 50 c.

les 100 kilogrammes.................... 255 45

On obtient.................... 835 20

ce qui porte le prix de la boisson à 0 fr. 043 le litre.

Les frais de brassage comprennent la dépense d'un cheval pour conduire le cidre à la cave, la solde de 3 infirmiers et le pécule de 8 aliénés.

Pour notre provision de 1894, nous avons brassé en octobre et novembre, 140,680 kilogrammes de pommes qui nous ont coûté 5,273 55

et qui ont produit 286,468 litres de boisson à une densite moyenne de 2,043.

La boisson a été portée à une densité plus élevée que celles des années précédentes et du mois de janvier de cette année, parce qu'en raison du bon marché des pommes, nous n'y avons pas ajouté de sucre

En ajoutant les frais de brassage, qui ont été de.................................... 937 50

et la réparation des tonneaux............ 606 50

On obtient.................... 6,817 55

Ce qui porte le prix de la boisson à 0 fr. 0238 le litre.

Un hectolitre de pommes pesant 52 kilogrammes, a produit 105 litres 88 de boisson ; par conséquent, 100 kilogrammes ont produit 203 litres 63.

Pour avoir la consommation réelle du personnel et des aliénés, il faut retrancher 700 litres vendus, 4,596 litres de lie et 1,187 litres de vidange, ce qui réduit notre consommation à 342,645 litres.

Elle avait été de 329,422 en 1892.

L'augmentation, en 1893, provient d'une plus grande

quantité de boisson distribuée aux travailleurs, pendant les grandes chaleurs.

La quantité de vin dépensée a été de 24,469 litres 50. Elle avait été de 24,276 litres 20, en 1892.

Notre brasserie par dialyse continue à nous donner des résultats très-satisfaisants.

Ce procédé est très-simple, épuise très-bien les pommes, et donne très-peu de lie.

Les rations réglementaires de vin et de boisson sont les suivantes :

	Hommes.	Femmes.
Vin. — Pensionnaires de la classe exceptionnelle, des deux premières classes, employés et sœurs	0^{l}60	0^{l}50
Cidre.. { Pensionnaires de 3e classe....	1^{l}50	1^{l}20
Pensionnaires de 4e classe....	1^l »	0^{l}75
Préposés et infirmiers.......	2^{l}25	1^{l}50

Des rations supplémentaires de cidre sont accordées à tous les malades occupés à des travaux pénibles.

Art. 16. — Comestibles.

Crédit alloué..............	48,000	»
Dépense effectuée..........	43,813	80
Reste annulé..............	4,186	20

La dépense des comestibles a été de 45,149 fr. 45 c. en 1892, de 41,597 fr. 25 c. en 1891, et de 41,810 fr. 03 c. en 1890.

Les dépenses en argent de ce crédit ont été les suivantes :

Beurre, 437 fr. 73 c.; biscuits, 144 fr.; café, 3,321 fr.; chocolat, 1,181 fr. 40 c.; figues, 345 fr. 78 c.; fromage de Gruyère, 445 fr. 28 c.; fromage ordinaire, 2,702 fr. 30 c.; huile d'olive, 686 fr. 49 c.; huile d'œillette, 1,957 fr. 47 c.; haricots secs, 5,576 fr.; lentilles, 434 fr.; morue, 797 fr. 50 c.; œufs, 4,491 fr. 05 c.; pruneaux, 1,068 fr.

37 c.; pois cassés, 1,615 fr. 68 c.; poisson frais, 2,577 fr. 75 c.; raisiné, 1,723 fr. 99 c.; raisins secs, 503 fr. 10 c.; riz, 854 fr. 64 c.; sardines, 405 fr. 90 c.; sel gris, 1,575 fr.; sucre, 4,067 fr. 25 c.; saindoux, 5,504 fr. 23 c.; vermicelle, 156 fr. 23 c.; vinaigre, 611 fr. 25 c.; conserves de poisson, 180 fr.; menus articles : caramel, harengs salés, moutarde, oignons, pâtes d'Italie, poivre, sel blanc, tapioca et épices divers, 450 fr. 41 c.

Régime alimentaire des indigents. — 1er repas : soupe ; 2e repas : soupe, viande ou poisson salé, légumes ; 3e repas : soupe, légumes, salade ou dessert. Le jeudi et le dimanche, le plat de légumes est remplacé par un plat de viande.

La ration de poisson salé est de 170 grammes pour les hommes et de 130 grammes pour les femmes, comme celle de viande.

Art. 17. — Pharmacie.

Crédit alloué................	2,600 »
Dépense effectuée..........	2,532 78
Reste annulé................	67 22

Ce crédit ne comprend que l'achat des médicaments proprements dits, le vin et le sucre étant mandatés l'un à l'art. 15 et l'autre à l'art. 16 du budget.

Art. 18. — Tabac.

Crédit alloué................	2,800 »
Dépense effectuée..........	2,786 70
Reste annulé................	13 30

Ce crédit est le même depuis 1882.

Art. 19. — Lingerie et vêture.

Crédit alloué................	31,700 »
Dépense effectuée..........	20,802 87
Reste annulé................	10,897 13

Art. 20. — Coucher.

Crédit alloué..............   8,600   »
Dépense effectuée..........   7,646 55

Reste annulé..............   953 45

Les annulations des crédits « Lingerie et Coucher » ont été motivées par la nécessité de créer des ressources pécuniaires suffisantes pour payer les à-comptes de la construction du pensionnat des hommes, sans trop diminuer notre fonds de roulement.

Art. 21. — Mobilier.

Crédit alloué..............   24,000   »
Dépense effectuée..........   23,999 88

Resté annulé..............   0 12

Le mobilier est insuffisant et ce crédit élevé devra être continné encore pendant quelques années.

Art. 22. — Blanchissage.

Crédit alloué..............   4,000   »
Dépense effectuée..........   3,998 73

Reste annulé..............   1 27

La quantité de savon dépensée a été de 6,283 kil. en 1893. En 1892, elle avait été de 6,168 kil.; en 1891, de 6,321 kil.; en 1890, de 6,283 kil., et en 1889, de 5,026 kil.

Avant l'établissement de notre séchoir, qui a eu lieu en 1885, elle était moitié plus considérable.

Art. 23. — Chauffage.

Crédit alloué..............   23,000   »
Dépense effectuée..........   20,592 37

Reste annulé..............   2,407 63

Il a été dépensé en 1893 :

1,113 bourrées, 58 stères 90 de bois de chauffage, 205 stères 770 de bois de boulangerie, 2,166 kil. de

— 51 —

charbon de bois, 537,050 kil. de charbon de terre,
90 hectolitres de charbon de forge et 73,180 kil. de
coke.

Les bourrées, consommées en 1893, ont été récoltées
dans la propriété de l'établissement.

Art. 24. — Eclairage.

Crédit alloué.............	3,200	»
Dépense effectuée..........	2,841	50
Reste annulé.............	358	50

Cette dépense est aussi restreinte que possible.

Art. 25. — Bâtiments.

Crédit alloué.............	29,000	»
Dépense effectuée..........	28,996	76
Reste annulé.............	3	24

L'intérieur des bâtiments est en bon état, excepté le
parquet en chêne de la 7e division des hommes, qui est
usé et doit être remplacé.

La plus grande partie des enduits extérieurs ont besoin
d'être refaits, ainsi que le dallage de plusieurs galeries
des cours intérieures.

Les principaux travaux exécutés en 1893 comprennent : la plâtrerie du pavillon Dalet et le dallage, en
carreaux de Sainte-Maxence, de la galerie des femmes
tranquilles.

Ce crédit a été employé à payer l'achat des matériaux
nécessaires aux ateliers, les ouvriers du dehors qui dirigent ces ateliers ou aident nos malades, les réparations
des bains, des conduites d'eau, de la zinguerie, de la
pompe hydraulique et de la toiture des bâtiments.

Art. 26. — Entretien des propriétés (frais de culture).

Crédit alloué.............	4,000	»
Dépense effectuée..........	3,999	92
Reste annulé.............	0	08

Nous avons acheté 840 fr. de fumier, 124 fr. 22 c. de graines fourragères, 607 fr. 70 c. de graines potagères et de graines de fleurs, 600 fr. d'orge, 295 fr. de son, 260 fr. 15 c. de produits chimiques pour désinfecter, 343 fr. 05 c. de paille de seigle et blé pour paillassons et 267 fr. 40 c. pour ferrage de chevaux.

Nous avons, en outre, payé 662 fr. 40 c. pour dépenses diverses de moindre importance : pots à fleurs, ficelle pour paillassons, petit blé, saillies de vaches, battage d'avoine et cylindrage de route.

Art. 27. — Gratifications aux travailleurs.

Crédit alloué	10,500	»
Dépense effectuée	10,419	08
Resté annulé	80	92

Ce crédit, qui était insuffisant, a été augmenté de 2,500 fr. en 1893. Il devra subir une nouvelle augmentation lorsque les pensionnaires de 4ᵉ classe seront admis, comme les indigents, à recevoir le pécule accordé aux travailleurs.

Art. 28. — Fourrage et litière.

Crédit alloué	8,000	»
Dépense effectuée	8,000	»

Nous avons acheté 366 fr. 25 c. de paille d'avoine, 7,349 fr. 35 c. de paille de blé et 284 fr. 40 c. de menue paille.

Art. 29. — Dépenses imprévues.

Crédit alloué	7,642	»
Dépense effectuée	206	12
Reste annulé	7,435	88

La dépense imprévue de 206 fr. 12 c. se rapporte à la turbine installée au moulin de l'asile.

Le décompte des travaux de cette turbine s'est élevé à 7,601 fr. 12 c., tandis que le crédit alloué n'était que de

7,455 fr., et l'imputation de l'excédant de 206 fr. 12 c.
cet article a été autorisée par délibération de la commission de surveillance du 5 mars 1894, approuvée par l'autorité préfectorale.

Art. 30. — Restitution de trop perçu.

Crédit alloué..............	600 »
Dépense effectuée...........	36 15
Reste annulé..............	563 85

Art. 31. — Frais de transfèrement d'aliénés.

Crédit alloué..............	1,000 »
Dépense effectuée..........	182 25
Reste annulé..............	817 75

Les articles 30 et 31 ne comprennent que des dépenses d'ordre, qui sont portées pour les mêmes sommes aux recettes.

Art. 32. — Construction d'une turbine.

Crédit alloué...............	7,455 »
Dépense effectuée..........	7,455 »

La construction de la turbine, pour remplacer la roue du moulin, qui était, d'ailleurs, usée et hors de service, a beaucoup amélioré le rendement, comme force motrice, de notre chute d'eau.

Une turbine est toujours préférable à une roue, quand la chute d'eau est assez élevée, que le débit d'eau est peu considérable et très-variable, que la force motrice est destinée à des usages très-divers, comme cela existe à l'asile.

Nous pensons que notre chute d'eau suffira maintenant à tous les services de l'établissement et que nous n'aurons plus besoin d'acheter de la farine, comme les trois années précédentes.

Notre turbine fonctionne très-bien.

CHAPITRE II. — DÉPENSES EXTRAORDINAIRES

Néant.

CHAPITRE III. — DÉPENSES SUPPLÉMENTAIRES

Section Ire. — Reste à payer de l'exercice 1892.

I. — Entretien du mobilier.

Crédit................ 75 75
Dépense 75 75

Cette somme était due au bourrelier de l'asile, qui est décédé sans avoir pu acquitter son mandat avant la clôture de l'exercice 1892. Elle a été soldée à son unique héritière, qui a produit les pièces justificatives à l'appui de ce paiement.

Section IIe. — Crédits additionnels de 1893.

DÉPENSES EXTRAORDINAIRES

II. — Construction d'un pensionnat pour les hommes.

Crédit............. 64,777 02
Dépense.......... 19,740 »
Reste annulé.... 45,037 02

La somme annulée de 45,037 fr. 92 c. est reportée au budget supplémentaire de 1894 et au budget primitif de 1895.

Récapitulation des dépenses.

	Prévisions budgétaires.	Droits constatés.	Sommes dépensées.	Restes annulés.
Ch. Ier. Ordin^{res}	590,807 »	529,537 81	529,537 81	66,105 43
Ch. II. Extra^{res}	»	»	»	»
Ch. III. Suppl^{res}	64,853 67	19,815 75	19,815 75	43,037 92
Totaux.........	655,660 67	549,353 56	549,353 56	111,143 35

Les recettes prévues au ndget primitif et au budget supplémentaire s'élevaient à 717,022 fr. 22 c.; les droits acquis ont été de 715,121 fr. 07 c. les recettes effectuées de 710,464 fr. 30 c. et les restes à recouvrer de 4,656 fr. 77 c.

Les dépenses prévues étaient de 655,660 fr. 67 c., les droits constatés ont été de 549,353 fr. 56 c. et les dépenses effectuées de 549,353 fr. 56 c.

Les recettes effectuées ayant été de	710,464	30
Les dépenses de	549,353	56
l'excédant des recettes est de	161,110	74
En ajoutant à cet excédant les restes à recouvrer	4,656	77
On obtient la somme de	165,767	51

qui représente l'actif de l'asile.

Situation financière en fin d'exercice.

L'actif de l'asile, au 31 décembre 1893, était de 4,116,782 fr. 90 c., et il est supérieur de 72,050 fr. 71 c. à celui de 1892.

Cet excédant considérable tient au bas prix exceptionnel de toutes les denrées alimentaires pendant cet exercice : blé, viande, vin, pommes à cidre, comestibles.

Un à-compte de 19,740 fr. a été payé pour la construction du pensionnat des hommes, le mobilier a augmenté de 13,393 fr. 07 c. et la valeur en argent de 38,917 fr. 64 c.

Depuis quatorze ans que je suis chargé de la direction de l'asile, la valeur de l'établissement a augmenté de 770,274 fr. 87 c.

Cette augmentation comprend :

Terrains	53,453	82
Bâtiments..............................	330,725	65
Mobilier .... Lingerie et vêture................... Coucher............................... Restants en magasin.................	185,993	94
Valeur en argent......................	200,101	46
	770,274	87

Les terrains achetés 53,453 fr. 82 c. à Mmes Dalet et Fouché on^t une contenance de 9 hectares 02 ares 84 centiares.

Leur proximité de l'asile rendait leur achat indispensable.

Les nouvelles constructions comprennent :

1° Deux petites maisons, avec un jardin de 13 ares 68 centiares, qui ont été achetées à M. Haulard 7,226 fr. 75 c. Elles ont été appropriées pour servir de logements au secrétaire de la direction et au premier commis de l'économat ;

2° Une nouvelle distribution d'eau de source : bassin de captation, pompe hydraulique, réservoir souterrain d'une capacité de 400 mètres cubes, tuyaux en fonte de 10 centimètres pour amener l'eau à ce réservoir et la reconduire à l'ancienne conduite des béliers, près de l'amphithéâtre. Cette eau sert à tous les services alimentaires, et l'eau des béliers, puisée dans le Gord, moins pure, est réservée exclusivement pour la buanderie et les bains des femmes ;

3° Un abattoir ;

4° Un hangar pour le bois de chauffage et de boulangerie et une porcherie pour 120 porcs. Ce bâtiment est surmonté d'un vaste grenier pour loger la paille et les fourrages ;

5° Une cidrerie par dialyse ;

6° Des ateliers de menuiserie, de cordonnerie, de peinture ;

7° Deux écuries pour les vaches et les chevaux, avec remise pour les voitures ;

8° Deux magasins pour paillasses des malpropres, les bois de menuiserie, les brouettes et autres instruments de travail ;

9° La restauration du pavillon Dalet et de la maison située dans la propriété de Mme Fouché ;

10° Deux pavillons dans le quartier des femmes, servant l'un de petit pensionnat et l'autre de chambres d'isolement pour les agitées. Les deux sous-sols de ces pavillons sont employés, l'un au repassage, et l'autre au dépôt de linge sale ;

11° Le pensionnat des hommes.

Le mobilier, qui a augmenté de 185,993 fr. 94 c., comprend : le linge, les vêtements, le coucher, les meubles proprement dits et les approvisionnements.

Cette augmentation est encore insuffisante, par suite de l'accroissement du nombre des aliénés.

La valeur en argent, au 31 décembre 1893, était de 165,767 fr. 51 c. Il faut ajouter à cette somme le déficit existant le 31 décembre 1879, qui était de 34,333 fr. 95 c., ce qui porte l'augmentation à 200,101 fr. 46 c.

L'asile présente encore de nombreuses améliorations à accomplir, dont les principales sont :

1° L'éclairage au gaz ou à l'électricité ;

2° L'agrandissement des terrains de culture ;

3° La transformation de la buanderie actuelle en buanderie à vapeur.

4° Une étuve à désinfection ;

5° Un petit tramway avec ascenseur pour le transport de linge ;

6° Le remplacement de notre pompe hydraulique ;

7° Une lanterne pour l'évaporation de la buée de la cuisine ;

8° Une serre pour le jardin ;

9° La construction d'une bouverie pour l'abattoir, d'un hangar pour remiser le matériel agricole, d'un pensionnat pour les femmes, de pavillons pour les agités et les malpropres.

Les préaux et les cours intérieures ne sont pas du tout éclairés et l'intérieur des bâtiments l'est d'une manière insuffisante, au moyen de lampes à huile.

Les asiles de Sainte-Anne, Ville-Evrard, Villejuif, Charenton, Quatre-Mares, Saint-Yon, Rennes, Marseille, etc., sont éclairés au gaz, et celui de Vaucluse à l'électricité.

Mon prédécesseur, le Dr Broc, avait fait dresser un devis pour l'éclairage au gaz de l'asile d'Evreux, mais, jusqu'à présent, nos ressources financières ne nous ont pas permis de le présenter au Conseil général.

Les terrains de culture n'ont qu'une contenance de 36 hectares, qui est trop faible pour le nombre de nos aliénés, et, si une vente de terrains autour de l'asile venait à se produire, il y aurait lieu d'en profiter.

Les malades suffisent difficilement à laver le linge et l'augmentation progressive du nombre d'aliénés ne tardera pas à exiger des essoreuses et des laveuses mécaniques. Une machine à vapeur économiserait beaucoup de charbon en remplaçant par un seul foyer les quatre foyers actuels qui servent à donner de l'eau chaude et à chauffer nos trois cuves.

Le ministère de l'intérieur réclame, avec raison, depuis longtemps, une étuve à désinfection, comme il en existe dans les principaux asiles.

Le transport du linge de la buanderie à la lingerie et au vestiaire, situés aux 2° et 3° étages du bâtiment de la communauté des sœurs, est très-pénible pour nos malades.

Notre pompe actuelle fonctionne mal, donne un rendement trop faible et exige très-souvent des réparations longues et coûteuses.

L'évaporation de la buée de la cuisine ne se fait que par de petites ouvertures au plafond, qui sont tout-à-fait insuffisantes et l'on est presque toujours forcé de laisser les croisées ouvertes, ce qui établit des courants d'air dangereux.

Nous n'avons pas de serre, et la conservation des fleurs ainsi que des arbustes, pendant l'hiver, est très-difficile.

Le pensionnat actuel des femmes consiste en un petit pavillon qui contient seulement 9 chambres et un petit dortoir de 5 lits. Le jour, les pensionnaires sont confondues avec les indigentes.

Nous avons aujourd'hui 72 pensionnaires femmes, dont 23 des trois premières classes. Si leur nombre continue à augmenter, il y aura lieu de construire ou d'aménager un pensionnat spécial pour elles.

L'écurie où l'on met les animaux destinés à notre abattoir est faite en mauvaises planches, et il est nécessaire d'en construire une neuve en maçonnerie.

Nous n'avons pas de hangar pour abriter notre matériel agricole, qui se détériore à l'air libre.

De toutes les améliorations, la plus importante, au double point de vue de l'économie et du bien-être des malades, consiste dans la construction d'un pavillon pour les hommes agités et, conformément à une délibération de la commission de surveillance, en date du 12 février 1894, j'ai inscrit la dépense de cette construction au budget primitif de 1895.

En résumé, tous les services ont très-bien fonctionné ; la mortalité a été peu élevée, aucun décès n'est survenu à la suite d'accident ou de suicide, et les économies ont été considérables. Les ressources seules de l'établissement permettront, en quelques années, de réaliser les nombreuses améliorations qu'il réclame encore, améliorations qui tiennent à ce qu'il n'a jamais été complètement terminé et à ce qu'il a été construit pour un chiffre d'aliénés presque moitié moindre que celui qui existe actuellement.

Budget supplémentaire de 1894.

RECETTES

Elles comprennent :

1° L'excédant de l'exercice clos........ 161,110 74

2° Les restes à recouvrer... 4,656 77 sur lesquels il y a lieu d'admettre en non-valeur la somme de 36 20

Cette réduction tient à ce que 181 journées de présence d'un aliéné de la Belgique avaient été calculées, comme cela a lieu pour les étrangers, à raison de 1 fr. 50 c., ce qui donne 271 fr. 50 c.

Des difficultés s'étant produites au sujet de la reconnaissance de nationalité du malade, le département de l'Eure a pris en charge le remboursement de la dépense qu'il avait occasionnée à l'asile, à raison de 1 fr. 30 c. par jour, soit 235 fr. 30 c., somme inférieure de 36 fr. 20 c. à celle de 271 fr. 50 c. primitivement inscrite à nos droits acquis, d'où il ne reste à recouvrer que 4,620 57

Total............. 165,731 31

Un état explicatif donne le détail des sommes dues à l'asile qui, je pense, pourront être toutes recouvrées.

DÉPENSES

Excédant du budget supplémentaire de 1893 reporté au budget primitif de 1894............. 61,361 55

Section Ire.— Dépenses extraordinaires.

Construction du pensionnat des hommes. 34,012 55
Il reste à payer, pour la construction de ce pensionnat, la somme de .. 73,491 50 qui est répartie de la manière suivante :

Budget primitif de 1894........ 28,453 58
Budget supplémentaire de 1894. 34,012 55
Budget primitif de 1895........ 11,025 37

La somme de 11,025 fr. 37 c., inscrite au budget de 1895, correspond au douzième de garantie des travaux. Elle ne peut être mandatée qu'après leur réception définitive, qui n'aura pas lieu cette année.

Section II. — Dépenses ordinaires.

Art. 14. — Viande..................... 10,000 »

Art. 28. — Fourrage et litière......... 3,000 »

Ces deux crédits supplémentaires sont nécessités par la cherté croissante de la viande et par le prix élevé des fourrages.

La viande nous est revenue à 1 fr. 40 c. pendant le mois d'avril, à 1 fr. 49 c. pendant

A reporter..... 108,374 10

Report....... 108,374 10

la première quinzaine de mai et tend encore à augmenter.

La paille de blé a été adjugée à 109 fr. 95 c. les 1,000 kilos, et celle d'avoine à 105 fr.

Total............. 108,374 10

Les recettes étant de................. 165,731 31
et les dépenses de.................... 108,374 10

l'excédant des recettes est de............ 57,357 21
qui sera reporté au budget primitif de 1895.

Budget primitif de 1895.

RECETTES ORDINAIRES EN ARGENT

Ces recettes se montent à 476,911 fr. et sont basées sur un chiffre de 867 aliénés, dont 757 indigents et 110 pensionnaires.

Indigents :	Hommes.	Femmes.	2 sexes.
De l'Eure................	280	286	566
De la Seine...............	71	85	156
D'autres départements et des pays étrangers..............	19	8	27
De l'État.................	8	»	8
Pensionnaires :			
De 1re classe..............	4	4	8
De 2e classe	4	7	11
De 3e classe	10	14	24
De 4e classe	25	42	67
	421	446	867

Le chiffre des aliénés prévu à ce budget est supérieur de 4 à la moyenne de 1893, mais il est inférieur de 13 au nombre actuel qui est de 769 indigents et de 111 pensionnaires.

Domestiques au compte des familles....　6,022 50

Cette recette comprend le remboursement, par les familles, de 3 infirmiers et de 3 infirmières.

Le produit de la vente des os et objets hors de service, 800 fr., le montant de la vente des produits excédant les besoins de l'asile, 1,700 fr.; les recettes accidentelles, 10,000 fr., sont basées sur les résultats de l'exercice 1893. Le trop perçu, 600 fr., le remboursement des frais de transfèrement d'aliénés, 600 fr., sont portés pour les mêmes chiffres en dépenses.

PRIX DE PENSION

Indigents :	Hommes.	Femmes.
De l'Eure......................	1 30	1 25
De la Seine...................	1 40	1 40
D'autres départements, des pays étrangers et de l'État.............	1 50	1 50

Pensionnaires :		
De classe exceptionnelle.........	8 70	8 70
De 1re classe...................	5 70	5 70
De 2e classe	4 »	4 »
De 3e classe	2 60	2 60
De 4e classe	1 50	1 50
Domestiques au compte des familles.	3 »	2 50

Le prix de la 4e classe a été élevé par le Conseil général, dans sa session d'avril, de 1 fr. 45 c., à 1 fr. 50 c.

La commission de surveillance, par une délibération en

date du 21 mai 1894, a proposé de porter le prix de journée des domestiques entretenus au compte des familles, à 3 fr. pour les hommes et à 2 fr. 50 c. pour les femmes, le prix actuel de 2 fr. 25 c. pour les deux sexes étant inférieur à leur prix de revient à l'établissement.

Les modifications du prix de la pension de la 4ᵉ classe et des domestiques au compte des familles devront être appliquées, à partir du 1ᵉʳ janvier 1895, à tous les pensionnaires de 4ᵉ classe existant à cette époque à l'asile, et à tous les domestiques des pensionnaires.

REVENUS EN NATURE ET PRODUIT DU TRAVAIL DES ALIÉNÉS CONSOMMÉS A L'ÉTABLISSEMENT

Ils s'élèvent à 129,000 fr. et constituent une recette d'ordre qui est inscrite pour la même somme en dépenses.

RECETTES EXTRAORDINAIRES

Excédent du budget supplémentaire de 1894, 57,357 fr. 21 c.

DÉPENSES ORDINAIRES EN ARGENT

Le tableau suivant donne le détail comparatif de ces dépenses qui se montent à 448,016 fr. 51 c., avec celles du budget primitif de 1894, augmenté des additions du budget supplémentaire.

Numéros des articles.	Nature des dépenses.	Budget de 1894.		Prévisions budgétaires de 1895.	
1.	Traitement du directeur.........	8.000	»	8.000	»
2.	— du receveur-économe..	3.250	»	3.250	»
3.	— des employés de l'administration.....................	7.400	»	7.400	»
4.	Traitement des fonctionnaires et employés du service médical....	6.600	»	5.600	»
5.	Traitement de l'aumônier........	1.500	»	1.500	»
6.	Vestiaire des sœurs	4.400	»	4.400	»
7.	Solde des préposés et servants....	36.000	»	38.800	»
8.	Frais de culte..................	300	»	300	»
9.	Frais de sépulture	360	»	360	»
10.	Frais d'administration, de bureau, etc.............................	3.000	»	3.500	»
11.	Contributions	600	»	600	»
12.	Assurances cóntre l'incendie......	1.800	»	1.800	»
13.	Blé ou farine...................	61.000	»	54.000	»
14.	Viande........................	75.000	»	73.000	»
15.	Vin et pommes.................	23.500	»	23.500	»
16.	Comestibles....................	47.000	»	47.000	»
17.	Pharmacie.....................	2.600	»	2.600	»
18.	Tabac.........................	2.800	»	3.200	»
19.	Lingerie et vêture	36.000	»	41.000	»
20.	Coucher.......................	13.300	»	13.300	»
21.	Entretien et renouvellement des meubles.....................	24.000	»	24.000	»
22.	Blanchissage...................	4.000	»	4.000	»
23.	Chauffage	23.000	»	23.000	»
24.	Eclairage......................	3.200	»	3.200	»
25.	Entretien des bâtiments.........	31.000	»	32.000	»
26.	Entretien des propriétés (frais de culture).....................	4.000	»	4.000	»
27.	Gratifications aux travailleurs	10.500	»	12.500	»
28.	Fourrages et litière.............	11.000	»	8.000	»
29.	Dépenses imprévues.............	7.425	47	3.006	51
30.	Restitution de trop perçu	600	»	600	»
31.	Frais de transfèrement d'aliénés ..	2.000	»	600	»
		455.135	47	448.016	51

Art. 4. — Traitement des fonctionnaires et employés du service médical........................ 5,600 »

Cet article présente une diminution de 1,000 fr. par rapport au budget de 1894, due à ce que le médecin-adjoint est compris à la première classe de son grade qui est de 3,000 fr. au lieu de l'être à la classe exceptionnelle de 4,000 fr.; celle-ci ne sera pas atteinte à moins de changement du titulaire actuel qui n'est encore que de 2° classe, changement que rien ne fait prévoir.

Art. 7. — Solde des préposés et servants.   38,800   »

L'augmentation de 2,800 fr. tient à la nécessité d'avoir en plus 4 infirmiers et 2 infirmières.

Le service du pensionnat des hommes exigera 3 nouveaux infirmiers et les domestiques au compte des familles, dont le nombre aujourd'hui est de 5, sont portés de 3 à 6.

Les autres dépenses du personnel comprises aux articles 1, 2, 3, 5 et 6 restent les mêmes.

Les frais de culte, de sépulture, de contributions, d'assurances contre l'incendie ne présentent pas non plus de changement.

Art. 10. — Frais d'administration, de bureau, d'impression, de bibliothèque, etc   3,500   »

Cet article est augmenté de 500 fr. Le crédit de 3,000 fr., qui date de 1877, est devenu insuffisant par suite de l'accroissement du nombre des pensionnaires dont les recettes se sont élevées de 48,548 fr. 21 c. à 80,815 fr. en 1892, et à 78,927 fr. 40 c. en 1893. En outre, depuis 1890, la direction de l'enregistrement exige que deux expéditions des décomptes des frais de séjour à l'asile des pensionnaires et des indigents soient faites sur papier timbré, ce qui occasionne, chaque année, un supplément de dépense de 165 à 170 fr.

Art. 13. — Blé......................   54,000   »

Le prix du blé, qui aujourd'hui à Evreux, vaut de 19 à 20 fr. les 100 kilog., est porté à 22 fr.

Art. 14. — Viande .... 73,000 »

Diminution de 2,000 fr. due à l'espoir que le prix actuellement très-élevé des animaux de boucherie baissera un peu en 1895.

Art. 15. — Vin et pommes............ 23,500 »

Art. 16. — Comestibles............... 47,000 »

Ces deux crédits sont subordonnés, non-seulement aux prix des objets de consommation qu'ils comprennent, mais aussi aux récoltes de l'établissement.

Art. 17. — Tabac.................... 3,200 »

Art. 27. — Gratifications aux travailleurs. 12,500 »

L'augmentation de ces deux crédits tient à l'accroissement du nombre des aliénés et à l'autorisation accordée par le Conseil général de donner du tabac et du pécule aux pensionnaires de 4ᵉ classe qui sont dans une situation pécuniaire voisine de l'indigence.

Les rations réglementaires de tabac sont aussi restreintes que possible, celle du tabac à priser étant de 4 grammes par jour et celle du tabac à fumer de 8 grammes.

Le tabac donné aux aliénés est du tabac de cantine qui coûte 5 fr. le kilogramme.

Le nombre des travailleurs dépasse 500 et le crédit de 12,500 fr. ne permettra encore d'accorder la totalité de la faible rétribution de 0 fr. 10 c. par jour qu'aux meilleurs d'entre eux.

Une partie de cette rétribution est employée par les aliénés en vêtements qui viennent en déduction des frais de la lingerie.

Art. 19. — Lingerie et vêture.......... 41,000 »

Augmentation de 5,000 fr.

Ce crédit a été réduit considérablement, depuis quelques années, par suite de la nécessité de créer des ressources pour la construction du pensionnat des hommes, et il importe de le rétablir au chiffre d'autrefois.

L'inventaire de la lingerie et de la vêture a diminué depuis 5 ans de 24,169 fr. 53 c. et le change du linge et des vêtements, aux époques réglementaires, est devenu très-difficile.

Art. 25. — Entretien des bâtiments..... 32,000 »

L'augmentation de 1,000 fr. a pour but de permettre d'achever, le plus tôt possible, les réparations encore nombreuses qu'ils réclament.

Art. 28. — Fourrages et litière........ 8,000 »

Diminution de 3,000 fr. par suite de la baisse du prix de la paille prévu pour 1895.

Les articles 17, 20, 21, 22, 23, 24, 26, concernant la pharmacie, le coucher, le blanchissage, le chauffage, l'éclairage, les frais de culture, sont les mêmes en 1895 qu'en 1894 et ne donnent lieu à aucune observation.

Les recettes ordinaires en argent étant de	476,911	»
les dépenses de..........................	448,016	51
les recettes présentent un excédent de.....	28,894	49
qui, ajouté au report du budget supplémentaire de 1894, se montant à.............	57,357	21
donne la somme de.......................	86,251	70

employée aux dépenses extraordinaires suivantes :

Art. 34. — Construction du pensionnat des hommes et calorifère................. 15,025 37

Il restera à payer, pour la construction du pensionnat des hommes, sur l'exercice 1894, le douzième de garantie des travaux qui est

A reporter.... 15,025 37

Report........ 15,025 37

de...................... 11,025 37

En ajoutant à cette somme
celle de.................... 4,000 »
pour l'établissement d'un calorifère dans ce pensionnat, on a
le total de.................. 15,025 37
inscrit à cet article.

Les cheminées du pensionnat produiraient
difficilement une chaleur convenable pendant les grands froids de l'hiver et il est
nécessaire de suppléer à leur chauffage insuffisant par celui d'un calorifère.

Art. 35. — Construction de chambres
d'isolement........................... 71,226 33

86,251 70

L'asile a été construit pour 550 aliénés, 275 hommes
et 275 femmes.

Il contient, aujourd'hui, 470 lits de femmes et
440 d'hommes, et les lits de ceux-ci seront portés à 500
l'année prochaine, lorsque le pensionnat sera terminé.

Presque tous les lits surajoutés sont des lits de malades
tranquilles et les divisions des agités sont devenues beaucoup trop petites.

Pour agrandir cette division dans la section des
femmes, on a construit un petit pavillon contenant
9 chambres d'isolement et un dortoir de 5 lits, et, malgré cette construction, cette division reste encore très-
encombrée.

Dans la section des hommes, il n'a rien été fait, et
nous ne savons plus où placer les agités.

Nous n'avons que 8 cellules, et beaucoup de malades,

dont l'agitation est très-grande, couchent dans les dortoirs, troublent le repos des autres aliénés par leurs cris, le désordre de leurs actes, et rendent ainsi leur guérison très-difficile.

La construction de nouvelles cellules, ou chambres d'isolement, est de toute nécessité, si l'on veut continuer à recevoir des aliénés de la Seine.

Le projet de construction que je propose en contiendrait 25 et permettrait, non-seulement de maintenir le nombre actuel des aliénés de ce département, mais encore d'en recevoir 100 de plus.

En effet, nous avons aujourd'hui 27 lits vacants dans la section des hommes, le pensionnat en donnera 60 nouveaux, total 87, auxquels il faut ajouter les 25 lits des chambres d'isolement, si le projet proposé est adopté.

Les 100 nouveaux aliénés de la Seine nous donneraient un bénéfice d'au moins 61 fr. par jour, de 22,265 fr. par an, et ce bénéfice paierait presque, en 3 ans, la construction des 25 chambres d'isolement.

Le prix de revient des indigents est d'environ 1 fr. 20 c. par jour; les aliénés de la Seine payant 1 fr. 40 c., rapportent un bénéfice de 0 fr. 20 c. Dans le prix de revient de 1 fr. 20 c., les frais du personnel se montent à 0 fr. 41 c., et, comme le personnel ne serait pas augmenté, le bénéfice serait de 0 fr. 61 c. par jour, pour chaque nouveau malade, sans compter la diminution des frais généraux résultant de l'augmentation du nombre des aliénés.

Il n'y a pas lieu de craindre que le département de la Seine retire des asiles de province les aliénés qu'il y entretient à ses frais pour les placer dans de nouveaux établissements qu'il ferait construire. Son but consiste, seulement, à placer dans ses asiles les aliénés curables, ainsi que ceux qui sont visités par leurs familles, et, s'il à décidé la création d'un cinquième asile, cela tient à ce que les quatre établissements qu'il possède, les hospices de Bicêtre, de la Salpêtrière et de la fondation Vallée, ne peuvent plus suffire à recevoir les aliénés de ces deux catégories.

Le nombre des indigents de la Seine était, le 31 décembre 1892, de 11,529, dont 5,971 placés dans les asiles de ce département et 5,558 dans ceux de province.

Le prix de revient par jour de ces aliénés est de 1 fr. 23 c. dans les asiles de province et de 2 fr. 37 c. dans les établissements de la Seine, sans compter la valeur locative de ceux-ci, résultant de leurs frais de construction et d'ameublement, qui est de plus de 1 fr.

Ce prix de revient étant donc environ trois fois moins élevé dans les asiles de province que dans les établissements du département de la Seine, ce département a tout intérêt à y laisser ses incurables, qui sont délaissés par leurs familles, et ne songe nullement à les en retirer.

La construction de 25 chambres d'isolement pour l'asile d'Evreux, qui serait une source de grande économie, améliorerait en même temps beaucoup la situation de nos aliénés en isolant tous ceux qui sont susceptibles de faire du bruit la nuit.

Ces chambres seraient bâties dans le jardin potager, le long du mur qui clôt, de ce côté, le préau des agités.

Ce bâtiment aurait la même forme architecturale que les magasins situés en face la communauté des sœurs; il serait construit sur cave, pour prévenir l'humidité, n'aurait qu'un rez-de-chaussée, et sa toiture en zinc, peu élevée, ne masquerait presque pas la vue du bois.

La cave servirait à remiser les récoltes de notre culture maraîchère, les caves existant actuellement ne pouvant contenir tous les produits de cette culture.

Les évasions seraient moins faciles, et l'on n'aurait plus besoin d'employer de moyens de contrainte pour les prévenir.

Veuillez agréer, Monsieur le préfet, l'hommage de mon respectueux dévouement.

Evreux, le 28 mai 1894.

Le Directeur-Médecin en chef,

Dr D. BRUNET.

RAPPORT DU DIRECTEUR-MÉDECIN EN CHEF

Sur l'Asile public d'aliénés de l'Eure

Pour 1895

Monsieur le Préfet,

J'ai l'honneur de vous adresser mon rapport annuel sur l'asile d'Evreux, que je vous prie de vouloir bien soumettre au Conseil général, à sa session d'août.

Ce rapport comprend :

1° Le compte médical de 1894;

2° Le compte administratif et moral de la même année;

3° Le budget supplémentaire de 1895;

4° Le budget primitif de 1896.

Compte médical de 1894.

Le 1er janvier 1894, l'asile contenait 872 aliénés. Le nombre des admissions a été de 165 pendant l'année, ce qui porte le nombre total des malades traités à 1,037, chiffre supérieur de 30 à celui de 1893.

La moyenne quotidienne des aliénés a été de 874, tandis qu'elle n'a été que de 863 en 1893 et de 838 en 1892.

Le nombre des décès a été de 89 et celui des sorties de 72. Le total des sorties et des décès ayant été de 161 et inférieur de 4 à celui des admissions, le chiffre des aliénés existant le 31 décembre 1894 s'élevait à 876.

Les 872 aliénés présents au 1er janvier comprenaient : 571 indigents de l'Eure, 162 de la Seine, 35 de divers départements et de l'Etat, et 104 pensionnaires, dont 74 de l'Eure.

Le tableau suivant indique la forme d'aliénation mentale dont ces malades étaient atteints :

	Hommes	Femmes	Total
Folie simple, générale ou partielle. ...	135	176	311
Paralysie générale.................	29	12	41
Démence consécutive à la folie.......	119	118	237
Démence sénile...................	»	1	1
Démence organique.................	2	2	4
Idiotie et imbécillité simples	105	105	210
Epilepsie compliquée de folie ou de démence..........................	15	24	39
Epilepsie compliquée d'idiotie ou d'im-bécillité..........................	9	20	29
	414	458	872

Les cas d'idiotie sont très-nombreux à l'asile d'Evreux;
239 malades étaient atteints de cette forme d'aliénation
mentale, qui était compliquée d'épilepsie chez 29 d'entre
eux.

Au point de vue de leur domicile habituel, les idiots
se répartissent de la manière suivante :

	Hommes	Femmes	Total
Eure............................	104	101	205
Seine............................	6	23	29
Autres départements...............	4	1	5
	114	125	239

Les 205 aliénés de l'Eure, qui étaient atteints d'idiotie,
comptent 197 indigents de l'Eure et seulement 8 pensionnaires.

Le nombre total des indigents de l'Eure étant de 571
et celui des pensionnaires de 74, l'idiotie est trois fois
plus fréquente pour le département, relativement aux
autres formes d'aliénation mentale, dans la classe pauvre
de la société que dans la classe riche.

Pour les indigents, la proportion est de 34 %, tandis
que chez les pensionnaires elle n'est que de 10.

L'idiotie est le résultat d'une profonde dégénérescence mentale et physique déterminée par l'hérédité névropathique et l'hérédité alcoolique, auxquelles viennent se joindre, chez les indigents, la misère et le défaut de soins convenables, pendant la première enfance, qui produisent si souvent l'athrepsie à laquelle peut se rattacher un développement incomplet de l'organisme.

Les 165 admissions de 1894 comprennent : 119 entrées pour la première fois, 11 par suite de rechute, 21 par réintégration à la suite de sortie avant guérison et 13 par transfèrement d'un autre asile.

86 sont indigents, dont 72 domiciliés dans l'Eure, et 79 sont pensionnaires.

Les 14 indigents étrangers au département appartiennent : 2 à la Seine, 1 à Seine-et-Oise, 1 à l'Ille-et-Vilaine, 2 à l'Orne, 2 aux Côtes-du-Nord, 1 à Constantine, 2 à la Charente, 2 au ministère de l'intérieur et 1 à la Belgique.

Le tableau suivant indique la forme d'aliénation mentale dont ils sont atteints; il ne comprend pas 2 individus qui ont été reconnus non aliénés après leur admission : l'un, âgé de 16 ans, est atteint d'épilepsie sans troubles intellectuels, en dehors des attaques convulsives, et l'autre est un condamné libéré qui nous a avoué avoir simulé l'épilepsie à la maison centrale de Loos, pour être transféré au quartier d'aliénés criminels de Gaillon, où l'on est mieux nourri et où l'on n'est assujetti à aucun travail forcé.

Admissions totales.

	FOLIE simple		FOLIE alcoolique		FOLIE paralytique		DÉMENCE sénile et organique		IDIOTIE		IDIOTIE et démence épileptiques		TOTAUX généraux		
	H.	F.	H.	F.	H.	F.	H.	F.	H.	F.	H.	F.	H.	F.	Les 2 sexes
Admis pour la première fois.	20	50	14	3	17	2	2	3	1	2	2	2	56	62	118
Admis par suite de rechute.	2	6	2	1	»	»	»	»	»	»	»	»	4	7	11
Réintégrés par suite d'évasion ou de sortie avant guérison..............	5	10	»	»	3	1	»	»	»	»	1	1	9	12	21
Admis par transférement d'un autre asile........	3	2	»	»	2	»	»	»	2	1	1	2	8	5	13
TOTAUX.......	30	68	16	4	22	3	2	3	3	3	4	5	77	86	163

La classification adoptée dans le tableau ci-dessus est celle qui est réclamée par le ministère du commerce; elle est incomplète surtout en ce que la folie simple ne présente pas de subdivisions. Malheureusement, aucune des nombreuses classifications où existent ces subdivisions n'a pu rallier, jusqu'à présent, la majorité des suffrages des médecins aliénistes, parce qu'elles sont toutes plus ou moins artificielles et basées sur des symptômes variables, dans le cours de la maladie, non assujettis à une marche fixe.

Nous avons déjà, du reste, traité cette question dans notre rapport de 1892, et nous n'avons pas à y revenir cette année.

Admissions pour la première fois. — Elles se sont élevées à 118 et, depuis longtemps, elles n'avaient jamais été aussi nombreuses, comme le montre le tableau suivant. L'augmentation du nombre des admissions a porté à la fois sur les pensionnaires et sur les indigents de l'Eure, mais surtout sur les aliénés de la première catégorie.

Pendant les vingt-cinq dernières années, la moyenne annuelle des entrées des pensionnaires a été de 34,7 et celle des indigents de l'Eure de 51,03. Les admissions des premiers malades ont presque doublé en 1894, tandis que celles des seconds n'ont augmenté que de 9.

Les admissions des femmes pensionnaires et des indigentes de l'Eure ont atteint à peu près le même chiffre que celles des hommes aliénés appartenant aux mêmes catégories; nous avons reçu 1,216 femmes et 1,193 hommes.

Admissions pour la première fois, de 1870 à 1894.

| | PENSIONNAIRES | | | INDIGENTS | | | | | | TOTAL des pensionnaires et des indigents. | | TOTAL GÉNÉRAL. |
| | | | | Eure. | | | Autres départements et l'Etat. | | | | | |
	H.	F.	TOTAL	H.	F.	TOTAL	H.	F.	TOTAL	H.	F.	
1870	15	17	32	37	35	72	16	6	22	68	58	126
1871	11	8	19	25	34	59	5	2	7	41	44	85
1872	16	22	38	39	41	80	11	7	18	66	70	136
1873	23	17	40	38	43	81	14	4	18	75	64	139
1874	12	19	31	51	33	84	6	3	9	69	55	124
1875	10	13	23	34	44	78	10	6	16	54	63	117
1876	20	16	36	53	29	82	9	12	21	82	57	139
1877	15	20	35	42	37	79	7	4	11	64	61	125
1878	24	18	42	36	44	80	9	6	15	69	68	137
1879	17	16	33	43	30	73	10	1	11	70	47	117
1880	19	27	46	39	34	73	8	2	10	66	63	129
1881	21	15	36	35	36	71	8	3	11	64	54	118
1882	16	16	32	24	31	55	7	4	11	47	51	98
1883	19	22	41	23	42	65	7	3	10	49	67	116
1884	12	17	29	31	32	63	11	2	13	54	51	105
1885	12	17	29	29	25	54	9	1	10	50	43	93
1886	16	15	31	28	16	44	3	5	8	47	36	83
1887	15	23	38	22	17	39	2	»	2	39	40	79
1888	22	11	33	26	22	48	4	3	7	52	36	88
1889	13	16	29	23	20	43	4	»	4	40	36	76
1890	14	10	24	24	18	42	5	1	6	43	29	72
1891	24	18	42	23	18	41	4	4	8	51	40	91
1892	16	19	35	17	22	39	7	4	11	40	45	85
1893	17	15	32	24	23	47	7	4	11	48	42	90
1894	25	36	61	26	24	50	5	2	7	56	62	118

-- 6 --

L'augmentation des admissions tient à la plus grande fréquence des cas de folie simple et de folie alcoolique, qui ont été pour les premiers de 70 et pour les seconds de 17, tandis que la moyenne des quatre années précédentes n'est que de 42 cas de folie simple et de 6 cas de folie alcoolique.

Pendant ces quatre dernières années, la paralysie générale n'a augmenté que d'une unité ; la moyenne des admissions de cette forme d'aliénation mentale a été de 18, et les entrées, en 1894, ont été de 19.

Le tableau suivant indique la forme d'aliénation mentale que présentaient les malades entrés pour la première fois, et la durée de leur affection avant leur admission à l'asile.

Durée de la maladie avant l'admission.

	FOLIE simple		FOLIE alcoolique		FOLIE paralytique		DÉMENCE sénile et organique		IDIOTIE		IDIOTIE et démence épileptiques		TOTAUX généraux		
	H.	F.	H.	F.	H.	F.	H.	F.	H.	F.	H.	F.	H.	F.	Les 2 sexes
Un mois et au-dessous...	5	16	4	»	6	1	1	1	»	»	»	»	16	18	34
De 1 mois à 3 mois......	4	7	5	1	2	»	»	»	»	»	»	»	11	8	19
3 à 6 mois..........	»	6	2	»	1	»	»	»	»	»	1	»	4	6	10
6 mois à 1 an........	5	3	»	»	»	1	»	1	»	»	»	»	5	5	10
1 an à 2 ans.........	2	6	»	»	5	»	»	»	»	»	»	»	7	6	13
2 ans et au-dessus....	1	8	1	1	2	»	»	1	»	»	1	2	5	12	17
Époque indéterminée ou inconnue...........	3	4	2	1	1	»	1	»	»	»	»	»	7	5	12
De la naissance ou de la première enfance......	»	»	»	»	»	»	»	»	1	2	»	»	1	2	3
Totaux..........	20	50	14	3	17	2	2	3	1	2	2	2	56	62	118

Parmi les malades épileptiques, 3 étaient atteints de démence et 1 d'imbécillité.

État-civil :

	Hommes.	Femmes.	Total.
Célibataires........	13	14	27
Mariés...........	37	31	68
Veufs...........	6	17	23
	56	62	118

Le célibat et le veuvage prédisposent plus à la folie que le mariage qui présente, en général, des conditions de moralité plus grandes et entraîne à moins d'excès de toutes sortes.

Instruction. — Elle n'a aucune influence sur le développement de l'aliénation mentale. L'éducation, en élevant le degré de moralité, pourrait seule arrêter les progrès si rapides de cette affection, depuis quelques années. Le nombre des aliénés n'ayant reçu aucune instruction est beaucoup moins considérable, en 1804, que les années précédentes.

	Hommes.	Femmes.	Total.
Sachant lire	5	2	7
Instruction primaire.....	43	51	94
Instruction plus élevée ..	2	1	3
Sans instruction........	6	8	14
	56	62	118

Professions. — Les gens à gages sont ceux qui, comme les années précédentes, ont donné le plus fort contingent à l'aliénation mentale.

	Hommes.	Femmes.	Total.
Professions libérales.....	»	1	1
Professions commerciales ou industrielles.......	11	10	21
Professions manuelles ou mécaniques...........	17	16	33
Professions agricoles....	11	10	21
Gens à gages	15	25	40
Sans profession........	1	»	1
Profession inconnue.....	1	»	1
	56	62	118

L'arrondissement de Louviers est celui qui a fourni le
plus d'aliénés, relativement à sa population, et l'arrondissement de Pont-Audemer celui qui en a donné le moins; les
années précédentes, au contraire, les admissions de l'arrondissement d'Evreux étaient les plus nombreuses, et celles
de l'arrondissement des Andelys les moins élevées.

*Répartition par arrondissement des aliénés domiciliés dans
l'Eure, admis pour la première fois en 1804.*

DÉSIGNATION des arrondissements.	NOMBRE d'habitants de l'Eure.	ALIÉNÉS			PROPORTION pour 10,000 HABITANTS
		H.	F.	Total.	
Evreux	111.261	12	27	39	3.50
Louviers	57.301	12	10	22	3.83
Bernay.	59.232	5	9	14	2.36
Pont-Audemer	63.662	5	7	12	1.88
Les Andelys	58.015	12	3	15	2.58
Totaux........	349.471	47	56	103	2.92

Les 15 aliénés étrangers au département comprennent
8 pensionnaires de Seine-et-Oise, 1 de la Seine, 1 du
Rhône et 5 indigents appartenant à l'Ille-et-Vilaine, à
l'Orne, à la Charente, aux Côtes-du-Nord et à la Belgique.

Age au moment de l'admission. — La folie sévit surtout
de 25 à 55 ans, époque de la vie où les excès de toutes
sortes sont les plus nombreux, où les peines morales sont
les plus fréquentes et l'activité cérébrale la plus grande.

La paralysie générale est très-rare avant 30 ans, et,
par une coïncidence exceptionnelle, nous avons reçu, cette
année, au-dessous de cet âge, 4 malades atteints de cette
affection ; ils avaient 17 ans, 21 ans, 27 ans et 29 ans.

	Hommes.	Femmes.	Total.
De 15 à 20 ans............	4	5	9
De 20 à 25 ans............	»	3	3
De 25 à 30 ans............	7	4	11
De 30 à 35 ans............	9	7	16
De 35 à 40 ans............	5	10	15
De 40 à 50 ans............	13	14	27
De 50 à 60 ans............	5	8	13
De 60 à 70 ans............	8	6	14
De 70 à 85 ans............	5	5	10
	56	62	118

Admissions par mois. — Le tableau suivant ne donne lieu à aucune considération.

	Hommes.	Femmes.	Total.
Janvier...............	4	7	11
Février...............	3	3	6
Mars.................	6	5	11
Avril.................	10	8	18
Mai..................	6	7	13
Juin.................	»	7	7
Juillet...............	6	3	9
Août.................	4	5	9
Septembre............	4	4	8
Octobre..............	5	5	10
Novembre............	4	5	9
Décembre............	4	3	7
	56	62	118

Étiologie. — L'hérédité névropathique, l'alcoolisme, les maladies de la vie intra-utérine et infantile, les peines morales, sont les principales causes de l'aliénation mentale.

Sur les 118 aliénés admis pour la première fois, nous avons constaté des antécédents héréditaires bien nets

dans 46 cas : 28 chez les hommes et 18 chez les femmes.
En outre, 17 hommes et 6 femmes avaient commis de
nombreux excès alcooliques, auxquels se rattachait l'aliénation mentale.

Hérédité directe. — On appelle ainsi la transmission
héréditaire du père et de la mère à leurs enfants.

L'hérédité directe est croisée quand la transmission se
fait du père aux filles et de la mère aux garçons.

Dans une note communiquée à l'académie de médecine,
le 2 avril 1844, Baillarger a tiré les conclusions suivantes
de l'analyse de 453 cas d'aliénation mentale héréditaires :

La folie de la mère est plus grave que celle du père,
non-seulement parce qu'elle est plus fréquemment héréditaire, mais encore parce qu'elle est transmissible à un
plus grand nombre d'enfants, dans une même famille.

La transmission de la folie de la mère est un tiers
plus fréquente que celle du père.

Sur 271 familles, elle a atteint 2 enfants 62 fois, 3 enfants
5 fois, 4 enfants 1 fois.

La transmission de la folie du père, sur 182 familles,
a atteint un seul enfant 152 fois, 2 enfants 26 fois et
3 enfants 4 fois.

La folie de la mère est donc transmise à plusieurs
enfants dans un tiers des cas, et celle du père dans un
sixième des cas seulement.

La folie de la mère se transmet, dans un quart des cas,
plus souvent aux filles qu'aux garçons, et celle du père,
dans un tiers des cas, est plus transmissible aux garçons
qu'aux filles.

Ces conclusions sont très-importantes; malheureusement, elles ne sont basées que sur un chiffre de faits peu
nombreux. Aussi, Baillarger, frappé lui-même de cette
insuffisance de faits, a-t-il conseillé aux médecins alié-

nistes de continuer les recherches qu'il a commencées, conseil qui, jusqu'à présent, n'a guère été suivi.

De 1867 à 1895, j'ai trouvé, consigné sur les feuilles statistiques de l'asile d'Evreux, 303 cas d'hérédité directe, chiffre bien au-dessous de la réalité, parce que nous manquons souvent de renseignements précis sur les antécédents héréditaires des aliénés.

Je n'ai pas besoin de dire que l'hérédité alcoolique n'est pas comprise dans ce nombre, qui a trait uniquement à l'hérédité névropathique.

Voici comment se décompose ce chiffre de 303 :

	Hommes.	Femmes.	Total.
Hérédité paternelle.........	94	55	140
Hérédité maternelle........	62	92	154
Totaux.........	156	147	303

Ces chiffres infirmeraient la conclusion de Baillarger qui considère la transmission héréditaire de la mère comme un tiers plus fréquente que celle du père, et confirmeraient le fait que l'hérédité croisée serait la plus rare.

D'après les cas ci-dessus, l'hérédité non croisée est plus fréquente du tiers que l'hérédité croisée, aussi bien du côté paternel que du côté maternel.

Ce fait serait contraire à l'opinion populaire qui admet le croisement des caractères physiologiques dans l'acte de la génération.

Ribot, qui incline pour cette dernière opinion, pense que l'hérédité des affections mentales n'est qu'une des formes de l'hérédité psychologique, que l'on n'a nullement le droit de conclure de l'une à toutes, que l'on peut avoir hérité d'une prédisposition morbide à l'aliénation mentale sans avoir hérité de toute la constitution psychologique.

Nous croyons que l'hérédité pathologique des facultés

psychiques, surtout celle de l'aliénation mentale, doit
suivre les mêmes lois que l'hérédité psychologique, et si
mes faits, ajoutés à ceux de Baillarger, venaient à être
confirmés par d'autres plus nombreux encore, il est
évident que l'opinion populaire en recevrait une forte
atteinte.

Nous ne comprenons guère que la prédisposition morbide de l'aliénation mentale, que l'on désigne sous le
nom de dégénérescence, soit un fait d'aussi peu d'importance que l'admet M. Ribot, alors que toutes les facultés
psychiques, instinctives, psycho-motrices, intellectuelles,
sont plus ou moins profondément altérées par cette prédisposition.

Le fait du non croisement de l'hérédité psycho-pathique,
qui a une très-grande valeur, non-seulement au point de
vue de l'hérédité pathologique, mais aussi au point de
vue de l'hérédité normale, pourrait facilement être tran-
chée au moyen d'un grand nombre d'observations, et il
suffirait, pour cela, que tous les médecins des asiles
d'aliénés reçussent du ministre de l'intérieur l'ordre de
faire immédiatement des recherches exactes dans ce sens.

Rechutes. — 11 individus, 4 hommes et 7 femmes,
après avoir guéri complètement, sont rentrés à l'asile
pour cause de rechute. 8 étaient atteints de folie simple
et 3 de folie alcoolique.

Réintégrations. — Les malades sortis avant guérison
et qui ont été réintégrés, comprennent 9 hommes et
12 femmes. 15 présentaient une folie simple, 4 une
paralysie générale et 2 une imbécillité épileptique.

Les malades atteints de folie simple étaient améliorés,
mais leur amélioration n'a pu se maintenir dans leurs
familles.

Les 4 individus paralytiques généraux sont revenus à

l'asile plus malades qu'ils ne l'étaient lorsqu'ils ont quitté l'établissement.

La réintégration des deux aliénés atteints d'imbécillité épileptique a été motivée, chez une jeune fille, par un accès d'agitation maniaque, et, chez un jeune homme, par des accès de violence auxquels il s'est livré.

Sorties. — 26 malades sont sortis guéris, 28 améliorés, 1 s'est évadé, 8 ont été transférés dans d'autres asiles et 7 ont été réclamés par leurs familles sans présenter aucun changement dans leur état mental.

16 des malades sortis guéris étaient atteints de folie alcoolique, qui guérit facilement au début, mais qui récidive presque toujours.

Durée du séjour.

DURÉE DU SÉJOUR A L'ASILE DES ALIÉNÉS GUÉRIS.	FOLIE simple.		FOLIE alcoolique		TOTAUX.		
	H.	F.	H.	F.	H.	F.	2 sexes
Quelques jours à 1 mois.	»	2	2	»	2	2	4
De 1 à 3 mois..........	1	1	5	»	4	1	5
De 3 à 6 mois..........	1	5	2	1	3	6	9
De 6 mois à 1 an.......	3	2	1	»	4	2	6
De 2 ans à 5 ans........	1	»	»	»	1	»	1
Au-dessus de 5 ans.....	1	»	»	»	1	»	1
Totaux......	7	10	8	1	15	11	26

24 malades ont guéri la première année de leur séjour à l'établissement.

Le nommé P...., atteint du délire des persécutions avec hallucinations de l'ouïe, dont un frère est mort idiot, et qui a un oncle maternel aliéné, a fini cependant, malgré ces antécédents héréditaires, par guérir complètement après plus de cinq ans de séjour à l'asile.

Sorties par essai. — Ces sorties continuent à nous donner de très-bons résultats et il est très-rare que nous les refusions aux familles qui les réclament, à moins que les troubles de l'intelligence des aliénés ne soient trop graves.

Ces sorties concernent 18 aliénés et, pour 8 d'entre eux, elles ont pu être converties en sorties définitives.

Traitement de l'aliénation mentale. — Ce traitement a été indiqué dans nos précédents rapports et nous n'avons pas à y revenir cette année.

Hypnotisme. — Il continue à nous donner des résultats très-satisfaisants dans l'hystérie et l'hystéro-épilepsie, sans avoir jamais déterminé aucun accident.

Décès. — La mortalité a été un peu plus élevée en 1894 que les années précédentes, par suite d'un certain nombre d'affections pulmonaires infectieuses, dues à l'influenza, et d'un plus grand nombre de cas de phthisie pulmonaire.

	Hommes	Femmes	2 Sexes
Décès par sexe	49	40	89
Population moyenne annuelle	469	405	874
Proportion % des décès	11.08	8.60	10.18
Population traitée	493	544	1,037
Proportion % des décès	9.94	7.35	8.38

Nous n'avons pas eu de mort par suite d'accident ou de suicide.

Le tableau suivant donne le détail des causes des décès.

	Hommes	Femmes	2 Sexes
Paralysie générale	21	9	30
Congestion cérébrale	4	»	4
Hémorrhagie cérébrale	2	1	3
A reporter	27	10	37

	Hommes	Femmes	2 Sexes
Report............	27	10	37
Ramollissement cérébral..........	»	1	1
Néomembrane de la dure-mère avec kystes sanguins volumineux.........	1	»	1
Attaques d'épilepsie..............	3	»	3
Porencéphalie..................	»	1	1
Congestion pulmonaire...........	3	5	8
Bronchite.....................	»	4	4
Pneumonie....................	»	3	3
Phthisie	6	4	10
Gangrène du sommet du poumon...	1	»	1
Pleurésie.....................	1	»	1
Affections du cœur..............	3	»	3
Cancer du pylore...............	1	»	1
Perforation stomacale...........	»	1	1
Péritonite....................	»	1	1
Diabète......................	»	1	1
Maladie de Bright..............	»	1	1
Cancer de l'utérus	»	1	1
Entérite	2	2	4
Dyssenterie...................	»	1	1
Phlegmon gangréneux du membre inférieur.....................	»	1	1
Fracture à la jambe.............	1	»	1
Affaiblissement progressif........	»	1	1
Sénilité.....................	»	2	2
Totaux.............	40	40	80

Sur les 30 individus atteints de paralysie générale, 23 ont succombé à l'affaiblissement progressif déterminé par cette affection. La terminaison fatale a été hâtée dans les 7 autres cas, quatre fois par une pneumonie, une fois par un érysipèle phlegmoneux de la jambe et deux fois par des tubercules pulmonaires.

La péricérébrite diffuse chronique est la lésion primitive et principale de la paralysie générale ; elle siège surtout sur le tiers postérieur des trois circonvolutions frontales transverses, sur les circonvolutions ascendantes, les deux pariétales, la première et la deuxième temporale, et la moitié antérieure de la face interne de la première frontale.

Les trois faces du lobe occipital ne sont pas ordinairement atteintes par l'inflammation et, de ces trois faces, l'inférieure et l'interne le sont plus rarement que la supérieure.

La péricérébrite chronique produit toujours l'atrophie du cerveau, atrophie qui est en rapport avec l'intensité et la durée des phénomènes phlegmasiques. Si l'intensité et l'étendue de ces phénomènes, qu'on peut facilement déterminer par les adhérences des membranes viscérales du cerveau à la substance corticale, prédominent sur un hémisphère, celui-ci est toujours plus atrophié que l'autre, en sorte que l'inflammation et l'atrophie du cerveau sont en rapport constant l'une avec l'autre.

Les lésions macroscopiques de la péricérébrite ont été nettement constatées dans les 16 cas de paralysie générale, où nous avons pu faire l'autopsie.

Chez 5 individus, il y avait une différence de poids notable entre les deux hémisphères : elle était dans un cas, de 50 grammes ; dans un autre, de 28 ; dans un troisième, de 25, et dans deux autres cas, de 15 grammes. L'hémisphère cérébral le plus atrophié présentait les adhérences inflammatoires des membranes viscérales du cerveau les plus étendues.

Les causes prédisposantes de la paralysie générale sont, l'état congestif habituel du cerveau, fréquent surtout chez les arthritiques, et les causes occasionnelles, les excès alcooliques, les peines morales, et la suractivité des facultés cérébrales.

Quant au rôle que joue la syphilis dans la production de cette maladie, dont elle serait même l'unique cause, pour quelques auteurs, il est très-difficile à apprécier, parce que nous manquons le plus souvent de renseignements précis sur la nature des accidents vénériens éprouvés par les malades, et que ces accidents coïncident presque toujours avec les peines morales et les excès alcooliques, causes habituelles de la paralysie générale.

L'un de nos malades était porteur de plaques muqueuses aux lèvres, qu'il avait contractées avec sa femme; mais les auteurs qui admettent la syphilis comme cause de la paralysie générale soutiennent qu'elle ne survient qu'à une période beaucoup plus avancée, qu'après même la période tertiaire, en sorte que ce fait lui-même serait contraire à leur théorie. Les plaques muqueuses de cet individu ont été guéries par un traitement approprié, sans qu'aucune amélioration soit survenue dans sa paralysie générale qui a continué à suivre sa marche progressive.

Il avait commis beaucoup d'excès alcooliques, et avait éprouvé un violent chagrin de l'inconduite de sa femme.

Sur les 24 autres cas de paralysie générale, une syphilis ancienne a été mentionnée comme certaine dans deux cas, et comme probable dans trois autre cas.

Dans ces cinq cas, l'alcoolisme est signalé en même temps que la syphilis.

Depuis 38 ans que nous étudions l'aliénation mentale, nous avons rencontré la péricérébrite chronique à presque tous les âges, bien qu'elle s'observe surtout de 30 à 55 ans et qu'elle n'ait été bien étudiée qu'à cette époque de la vie.

L'observation suivante de péricérébrite, chez un adolescent, est intéressante en raison de la rareté de faits semblables et mérite d'être rapportée ici.

Le nommé E..., né le 31 mars 1873, est entré à l'asile d'Evreux le 5 mars 1804 et y a succombé le 6 juin suivant.

Sa mère est hémiplégique depuis 3 ans, son père alcoolique.

Il n'a marché qu'à 3 ans et n'a parlé que vers 4 ans. Son intelligence s'est ensuite assez développée pour lui permettre de recevoir une instruction primaire.

Il sait lire, écrire, connaît les quatre règles, mais n'a pas pu avoir son certificat d'études.

Il s'est bien porté jusqu'à l'âge de 12 ans et demi, époque à partir de laquelle la motilité des membres, surtout des membres inférieurs, s'est affaiblie ainsi que son intelligence.

La vue est devenue moins nette en même temps. Il se plaignait souvent de céphalalgie. On n'aurait constaté de l'embarras de la parole qu'à 16 ans.

Depuis trois ans, il ne peut plus marcher et la vue est très-faible. La nuit il est quelquefois pris de secousses convulsives des membres. Il se sert assez de ses mains pour manger seul. Intelligence très-faible. L'ouïe est conservée.

Taille 1^{m},67. Pas de stigmates physiques de dégénérescence.

6 mars 1894. — Examen du malade.

Intelligence presque complètement abolie. L'on ne peut obtenir de lui presque aucune réponse aux questions qu'on lui adresse. Idées enfantines. Il rit souvent d'un air niais. Il ne prononce que des mots incohérents qui n'ont aucun sens, connaît encore les objets les plus usuels de la vie.

La parole est très-embarrassée et la gêne de la motilité des membres inférieurs est telle, qu'il ne peut pas se tenir seul debout. Il se sert un peu de ses mains, mange seul.

Le côté droit est un peu plus paralysé que le gauche.

Les jambes sont légèrement fléchies sur les cuisses et ne peuvent être étendues. Quand on cherche à les redresser, il pousse des cris. La cuisse gauche est dans l'abduction, la droite dans l'adduction.

Amaurose incomplète.

Reflexes rotuliens exagérés, un peu plus à gauche qu'à droite. Pas de trépidation des pieds. Reflexes iriens abolis à la lumière et à l'accommodation. Sensibilité normale.

La circulation des membres inférieurs est ralentie, les pieds sont toujours froids, bleuâtres, légèrement œdématisés.

Pâleur de la face.

21 mars. — Démence avec affaiblissement et contracture des quatre membres, beaucoup plus marquées aux membres inférieurs qu'aux membres supérieurs. Le côté droit est un peu plus paralysé que le gauche. Gâtisme. L'intelligence est presque nulle.

1er avril. — Les forces s'affaiblissent. La flexion des jambes sur les cuisses augmente. Appétit conservé.

On le tient encore une partie de la journée assis sur une chaise.

1er mai. — Il ne peut plus se lever, mange peu.

6 juin. — Il succombe aujourd'hui, après s'être affaibli progressivement.

Autopsie 37 heures après la mort. Eschares du sacrum. Amaigrissement.

Le poumon droit pèse 575 gr., le gauche 385 gr., le cœur 180 gr., le foie 1,040 gr., la rate 140 gr., le rein gauche 107 gr., le droit 115 gr.

Poids de l'encéphale :

Hémisphère cérébral droit...........	415 gr.
— gauche........	401
Cervelet......................	03
Protubérance..................	13
Bulbe........................	7
	020 gr.

Jambes fléchies sur les cuisses, la gauche dans l'abduction, la droite dans l'adduction.

Tuméfaction des deux genoux.

Ostéite de la partie inférieure des deux fémurs; le tissu osseux est injecté, rouge, ramolli.

Les os du crâne sont épaisssis et très-injectés. La suture bipariétale est complètement ossifiée à la face interne, et incomplètement à la face externe. Les autres sutures du crâne ne sont pas ossifiées.

Les membranes viscérales du cerveau sont épaissies et opalescentes au niveau des circonvolutions ascendentes du tiers postérieur des circonvolutions frontales transverses.

Elles adhèrent à la surface corticale du cerveau, au niveau de la région frontale et de la région pariéto-temporo-sphénoïdale. Elles entraînent avec elles des pórtions de substance corticale assez épaisse, laissant a nu une substance d'un gris plus foncé qu'à l'état normal, très-injectée, ramollie, d'un aspect granuleux.

Les adhérences des membranes viscérales du cerveau sont plus marquées et plus nombreuses sur l'hémisphère gauche que sur le droit. Il n'en existe pas dans la région occipitale. Elles sont en tout semblables à celles de la paralysie générale ordinaire.

Légère infiltration œdémateuse de la substance blanche, qui est un peu injectée.

Pas de granulation de l'épendyme des ventricules.

Ramolissement cadavérique de la couche corticale du cervelet.

Les racines des nerfs optiques sont légèrement atrophiées, plus consistantes qu'à l'état normal, sans revêtir toutefois nettement, à l'œil nu, l'aspect fibreux.

L'autopsie de la moëlle n'a pu être faite.

L'observation suivante est remarquable par la coïncidence fortuite, chez une femme atteinte de paralysie générale, avec une malformation considérable des mains et des pieds de cause complètement inconnue.

Voici les renseignements qui nous ont été donnés par les deux aînés de ses enfants.

La nommée J... est entrée à l'asile d'Evreux le 11 décembre 1893. Elle est née à Violay (Loire) le 1er novembre 1835. Sa taille est de 1m45, sa constitution bonne. Elle est très-intelligente, a reçu une assez bonne instruction primaire.

Elle a été tisseuse de soie jusqu'en 1874, époque à laquelle elle a commencé à voyager, à courir les foires et les fêtes publiques pour se faire voir, elle et trois de ses enfants, comme des phénomènes.

Elle s'est mariée à 24 ans et a perdu son mari le 22 février 1893. Il était rhumatisant, alcoolique et dyspeptique. Il s'est affaibli progressivement pendant les deux années qui ont précédé sa mort arrivée à 55 ans.

Il était sabotier; après son mariage, il apprit de sa femme le métier de tisseur en soie qu'il a pratiqué jusqu'au moment où il s'est mis à voyager avec elle. Il était beaucoup moins intelligent. Il a eu un frère sabotier, alcoolique comme lui, mort vers l'âge de 50 ans.

Le père de la nommée J... est mort, à 72 ans, d'une affection intestinale et sa mère, à 82 ans, de sénilité.

Ils ne présentaient aucune malformation, pas plus du reste qu'aucun membre de leur famille, en dehors d'elle.

Ils étaient tisseurs en soie, bien portants, d'une intelligence ordinaire. Aucune tare héréditaire connue.

Elle a eu cinq frères et cinq sœurs, qui n'ont eu aucune malformation; quatre frères et deux sœurs vivent encore, une sœur est morte de fièvre typhoïde, un frère soldat est mort en Cochinchine et deux sœurs sont mortes en bas âge.

La nommée J... a eu huit enfants, qu'elle a tous nourris au sein et elle a élevé en outre trois nourrissons. Les quatre derniers de ses enfants, deux garçons et deux filles, sont morts, celles-ci au moment de leur naissance, un garçon, à dix-huit mois, de convulsions, et l'autre, à trois ans, sans qu'on puisse nous dire de quelle maladie. Les deux filles sont les derniers enfants qu'elle a eus. Ses quatre enfants qui sont morts n'avaient aucune malformation.

Il lui reste deux garçons et deux filles, voici leur nom et leur âge :

Jean est âgé de 32 ans, Marie de 27 ans, Benoite de 26 ans, Marius de 24 ans. Les deux filles sont bien réglées. Les trois premiers enfants ont des malformations des mains et des pieds, tandis que le plus jeune, Marius, n'en a aucune.

Ils sont tous les quatre intelligents, savent bien lire et écrire. Ils ont une taille moyenne et leur crâne est bien conformé.

Jean joue du tambour, Marie du violoncelle et Benoite du violon.

Marie est mariée depuis quatre ans et elle a eu trois enfants bien conformés, un garçon et deux petites filles ; la plus jeune de celles-ci est morte à quatre mois. Jean, Benoite et Marius ne sont pas mariés.

Les malformations des mains, des pieds de la mère et de ses trois enfants ont beaucoup de ressemblance.

· Celles des pieds sont à peu près les mêmes ; les trois orteils du milieu, l'index, le médius et l'annulaire, manquent ; le gros orteil et le petit orteil, qui seuls existent, convergent plus ou moins l'un vers l'autre.

Marius, qui n'a pas de malformation, a seulement la tête du cinquième métatarsien très-saillante, qui le gêne pour marcher.

Les malformations des doigts présentent des différences chez la mère et chez les enfants.

Mère. — Main gauche : le pouce est petit, allongé ; les deux derniers doigts sont soudés ensemble par la peau jusqu'aux ongles qui sont distincts. L'index et le médius manquent; leurs métacarpiens existent et paraissent bien conformés.

Main droite : elle a deux doigts seulement, le pouce et le petit doigt. La phalange de l'annulaire existe, mais est très-rudimentaire. Les trois métacarpiens, qui n'ont pas de doigts, ont des têtes volumineuses très-saillantes; le quatrième et le cinquième métacarpiens sont réunis ensemble par un os transversal.

Jean. — L'annulaire et le petit doigt des mains existent seuls. Ils sont dans la flexion et unis jusqu'aux ongles qui sont distincts. Les trois premiers métacarpiens de la main droite sont très-saillants, le troisième et le quatrième métacarpiens sont unis ensemble par un os.

Les pieds n'ont que le pouce et le petit doigt qui convergent l'un vers l'autre.

Marie. — Le pouce et le petit doigt des pieds sont très-écartés et dans la flexion.

La main droite a six doigts, les trois derniers bien formés, les autres réduits à la première phalange. Ils ne sont pas unis ensemble.

La main gauche a sept doigts, trois bien formés et quatre soudés.

Benoite. — Main gauche : le doigt du milieu manque seul. L'indicateur n'a que la première phalange. Les quatre autres doigts sont très-écartés. Le pouce et les deux derniers doigts ont les deux dernières phalanges très-fléchies sur la première phalange. Le troisième et le quatrième métacarpiens sont réunis par un os transversal.

Main droite : le médius manque; le troisième et le quatrième métacarpiens sont réunis par un os. Les quatre doigts sont dans la flexion très-forte. Le pouce et l'indicateur sont très-minces, très-allongés.

Pieds : les trois doigts du milieu manquent; l'orteil et

le petit doigt sont dans la flexion et convergent l'un vers l'autre.

La nommée J... n'a plus ses règles depuis sept à huit ans et l'apparition de migraines a coïncidé avec la cessation de la menstruation. Elle a éprouvé une vive contrariété du mariage de sa fille Marie qui a eu lieu malgré elle, parce qu'elle la faisait voir comme un phénomène avec elle, Jean et Benoite.

Les troubles intellectuels ont débuté il y a un an, un mois après la mort de son mari et ont toujours été en augmentant. Elle est maintenant très-agitée, très-incohérente, n'a aucune conscience de ses actes, ne sait pas du tout ce qu'elle fait, est gâteuse. Il est impossible d'obtenir d'elle une seule réponse aux questions qu'on lui adresse. La parole est mal articulée.

Pendant le mois de décembre 1894 et le mois de janvier 1895 elle a été très-agitée, très-incohérente. Elle a commencé à s'affaiblir dans le mois de février, à ne plus pouvoir marcher. Le 21 mars, elle a été prise d'une attaque apoplectique, avec perte de connaissance qui a duré trois heures et elle a succombé, le 24 de ce mois, à trois heures du matin.

Pendant tout le temps qu'elle est restée à l'asile, nous n'avons pu obtenir d'elle une seule parole raisonnable.

Autopsie : 36 heures après la mort.

Eschares au sacrum. Les os du crâne sont très-injectés, ont une couleur violacée ; les sutures de la voûte sont complètement ossifiées. La face externe de la dure-mère est tapissée, au niveau de l'hémisphère cérébral gauche, d'une néo-membrane épaisse et résistante, dans l'endroit correspondant à la partie moyenne de la face externe de cet hémisphère.

Les membranes viscérales du cerveau sont épaissies et opalescentes à la partie moyenne de la face externe de cet organe. Elles présentent des adhérences à la substance corticale. Ces adhérences sont moins nombreuses sur l'hémisphère cérébral droit que sur le gauche. Sur ce dernier hémisphère on en rencontre sur les deux tiers postérieurs des circonvolutions frontales tranverses, les circonvolutions ascendantes, la pariétale supérieure, la face interne de la première frontale, la corne sphénoïdale et les deux premières temporales. Elles n'existent pas sur l'hémisphère droit au niveau du lobe temporal et du lobe pariétal.

Ces membranes sont très-injectées ainsi que la substance corticale qui est ramollie et a une coloration plus foncée qu'à l'état normal.

Le liquide sous-arachnoïdien et intra-ventriculaire est augmenté de quantité.

Pas de granulations de l'épendyme des ventricules.

Rien de notable sur le cervelet dont la couche corticale est ramollie, ce qui paraît être un résultat de la décomposition cadavérique, ramollissement qu'on trouve très-fréquemment.

Poids de l'encéphale :

Hémisphère cérébral droit..........	539 gr.
— gauche.......	505
Cervelet....................	103
Protubérance	15
Bulbe	7
Total................	1,169 gr.

Cette observation de malformation des mains et des pieds survenue chez la nommée J..., sans aucune cause connue, est intéressante en ce que, sur huit enfants que cette femme a eus, elle n'a transmis sa malformation qu'à ses trois premiers enfants, à un garçon et deux filles. L'une de ces filles, qui est mariée, a trois enfants, ne l'a transmise à aucun d'eux.

Cette malformation, presque complètement semblable

aux mains et aux pieds de la nommée J... et de ses trois enfants, présente quelque différence aux pieds.

Cette tare héréditaire s'est donc vite épuisée.

Idées de persécution suivies d'idées de négation. — Nour-riture à la sonde œsophagienne pendant 10 mois avec du lait seul. — Mort de perforation stomacale produite par un bloc volumineux de matière caséeuse.

La nommée O..., née à Evreux, le 10 avril 1848, célibataire, couturière, ayant reçu une bonne instruction primaire, est entrée à l'asile le 24 octobre 1888.

Hérédité. — Père alcoolique, mère morte phthisique.

Elle était bonne ouvrière, mais bizarre, ayant des pré-tentions matrimoniales exagérées que ne justifiaient ni sa position pécuniaire ni sa laideur. Elle espérait faire un mariage très-riche et entretenait tout le monde de ses espérances.

A plusieurs reprises même, elle conçut des passions toutes spirituelles pour des jeunes gens de la ville, auxquels elle n'avait jamais parlé, mais qui, pensait-elle, allaient la demander en mariage.

Ce serait, à la suite d'une déception de ce genre, qu'en 1884, elle aurait été prise d'un premier accès de folie et se serait jetée d'un second étage. Elle guérit promptement de cet accès à l'hôpital et put reprendre ses occupations jusqu'en mai 1888, où elle fut atteinte de nouveaux troubles cérébraux caractérisés par des idées de persécution, d'hypochondrie, d'empoisonnement, avec hallucinations de l'ouïe. Un de ses cousins, le nommé H..., était à la tête de ses persécuteurs et elle se livra sur lui à des voies de fait qui motivèrent son entrée à l'asile, le 24 octobre 1888.

Malgré ses idées délirantes très-nombreuses, elle con-tinua à travailler jusqu'au mois de mai 1892, époque à

laquelle survinrent des idées de mélancolie et de négation.

Elle refusa alors de manger, prétendant que rien ne
pouvait passer, que sa gorge était bouchée, qu'elle n'avait
plus ni corps, ni tête, ni cou. Son cœur ne battait plus,
elle n'avait plus de pouls, ses poumons et son es'omac
avaient été mangés. Ses idées de persécution avaient en
partie disparu et avaient été remplacées par des idées de
grandeur. Elle avait la protection de Dieu et le pouvoir
de défendre le peuple.

Les hallucinations de l'ouïe n'étaient plus aussi nettes;
elle n'entendait plus de voix, mais elle pouvait commu-
niquer, par la pensée, avec Dieu. Elle présentait des
troubles de la sensibilité générale, sa tête craquait, le
lait qu'on lui faisait prendre traversait son corps sans s'y
arrêter.

Hallucinations musculaires. — Son corps quittait son
lit, s'enlevait dans les airs, voltigeait dans la salle et
elle en éprouvait une violente frayeur.

Obtusion de la sensibilité. — Elle éprouvait peu de
douleur quand on la piquait, qu'on la pinçait. Pas d'hallucinations de la vue, de l'odorat et du goût.

Elle est nourrie à la sonde œsophagienne depuis le
mois de mai 1893 jusqu'au moment de la mort qui arrive
le 16 mars 1894, après avoir éprouvé, pendant deux jours,
une violente douleur abdominale avec fièvre. Elle était
habituellement constipée et il fallait souvent joindre à
son lait des purgatifs. On lui donnait deux litres de lait
le matin et deux litres le soir.

Autopsie : 36 heures après la mort.

L'encéphale pèse 1,257 gr., il ne présente pas de lésions,
si ce n'est qu'il est un peu injecté, un peu plus coloré qu'à
l'état normal.

L'estomac contient, dans son grand cul-de-sac, un bloc
de matière caséeuse de la grosseur d'une tête de fœtus et,

— 28 —

sous cette masse, existe une perforation linéaire de quatre centimètres d'étendue.

L'intestin est dilaté et est encombré de matières très-dures qui, comme celles de l'estomac, étaient produites par du lait solidifié et caséifié.

La perforation stomacale paraît due à l'irritation des parois de cet organe par la masse du lait caséïfié. Au niveau de cette perforation, la muqueuse intestinale était très-rouge et très-injectée.

Nous ne connaissons pas d'observation semblable où l'alimentation forcée, au moyen du lait, ait produit une masse caséeuse aussi considérable et ait déterminé ainsi une perforation stomacale.

Il en résulte que, dans le cas d'alimentation par le lait, avec la sonde œsophagienne, on doit souvent explorer la région stomacale et combattre la constipation dès qu'elle se produit.

DURÉE du séjour à l'asile des aliénés décédés.	FOLIE simple.		FOLIE alcoolique.		FOLIE para-lytique.		DÉMENCE sénile et organique.		IDIOTIE.		IDIOTIE et démence épileptique		TOTAUX généraux.		
	H.	F.	H.	F.	H.	F.	H.	F.	H.	F.	H.	F.	H.	F.	Les 2 sexes.
Moins de 8 jours......	1	2	»	»	»	»	»	»	»	»	»	»	1	2	3
De 8 jours à 15 jours..	»	1	»	»	1	»	»	»	»	»	»	»	1	1	2
15 jours à 1 mois...	1	»	1	»	1	»	»	»	»	»	»	»	3	»	3
1 mois à 3 mois ...	1	1	»	1	3	»	1	»	»	»	»	»	5	2	7
3 à 6 mois.........	1	2	»	»	2	4	»	»	»	»	»	»	3	6	9
6 mois à 1 an......	1	2	»	»	5	1	»	2	»	1	1	»	7	6	13
1 an à 2 ans.......	1	1	»	»	4	4	»	»	»	»	1	1	6	6	12
2 à 5 ans..........	2	3	»	»	5	»	»	»	»	»	»	»	7	3	10
5 à 10 ans	4	3	»	»	»	»	»	»	2	»	»	»	6	3	9
10 à 28 ans	6	7	»	»	»	»	»	1	1	2	3	1	10	11	21
Totaux...	18	22	1	1	21	9	1	3	3	3	5	2	49	40	89

17 aliénés atteints de paralysie générale sont morts la

première année de leur séjour à l'asile, 8 la seconde, 2 la troisième et 3 la quatrième.

Un de ces derniers malades avait déjà fait un séjour précédent à l'établissement et la durée totale de sa maladie a été de 6 ans et 5 mois, ce qui est une durée exceptionnelle pour cette affection. C'était un homme âgé de 51 ans, au moment de sa mort, qui avait fait de grandes pertes d'argent auxquelles on attribuait sa paralysie générale. Les lésions de la péricérébrite diffuse chronique, constatées à l'autopsie, étaient très-étendues.

Distractions. — Les aliénés ont à leur disposition des jeux divers, des livres, des journaux.

Comme les années précédentes, les malades tranquilles continuent à aller en promenade les dimanches et les jours fériés et, pendant ces promenades, prennent souvent des rafraîchissements avec leur pécule.

Ils déjeunent et dînent plusieurs fois à la campagne, pendant l'été, assistent à des représentations théâtrales à Evreux, au moment de la foire Saint-Taurin.

Les épileptiques et les malades qui marchent difficilement se promènent dans notre bois plusieurs fois la semaine.

La fanfare de l'établissement, qui continue à fonctionner d'une manière satisfaisante, leur donne souvent des concerts.

Le tableau suivant résume le mouvement de la population dans tous ses détails.

MOUVEMENT DE LA POPULATION EN 1894

MOUVEMENT DE LA POPULATION EN 1894	EURE H.	EURE F.	SEINE H.	SEINE F.	SEINE-ET-OISE H.	SEINE-ET-OISE F.	AUTRES DÉPARTEMENTS H.	AUTRES DÉPARTEMENTS F.	MINISTÈRES INTÉRIEUR H.	MINISTÈRES INTÉRIEUR F.	JUSTICE H.	Nationalité étrangère H.	TOTAL des Indigents H.	TOTAL des Indigents F.	1re classe H.	1re classe F.	2e classe H.	2e classe F.	3e classe H.	3e classe F.	4e classe H.	4e classe F.	TOTAL des pensionnaires H.	TOTAL des pensionnaires F.	TOTAL des pensionnaires et des indigents H.	TOTAL des pensionnaires et des indigents F.	TOTAL GÉNÉRAL
Existants le 31 décembre 1893	282	289	67	95	11	7	7	2	7	»	1	»	375	393	2	2	3	7	9	14	25	42	39	65	414	458	872
Entrés. — Admis pour la 1re fois	26	24	»	»	»	»	4	1	»	1	»	1	31	26	»	3	1	2	3	4	22	27	26	36	57	62	119
Rechutés	2	5	»	»	»	»	»	»	»	»	»	»	2	5	»	1	1	1	»	»	1	1	2	2	4	7	11
Réintégrés p' suite de sortie avant guérison	4	4	»	1	»	»	»	»	»	»	»	»	4	5	»	1	1	1	1	1	3	4	5	7	9	12	21
Transférés d'un autre asile	3	4	1	»	»	1	4	»	»	»	»	»	8	5	»	»	»	»	»	»	1	»	1	»	9	5	14
Total des aliénés entrés	35	37	1	1	»	1	8	1	»	1	»	1	45	41	»	5	3	3	4	5	27	32	34	45	79	86	165
Total des aliénés traités	317	326	68	96	11	8	15	3	7	1	1	1	420	434	2	7	6	10	13	19	52	74	73	110	493	544	1037
Mutations de classe. — 1 indigent des autres départements passé à l'Eure	»	1	»	»	»	»	»	»	»	»	»	»	»	1	»	»	»	»	»	»	»	»	»	»	»	1	1
1 indigent du ministère de l'intérieur passé à l'Eure	»	1	»	»	»	»	»	»	»	»	»	»	»	1	»	»	»	»	»	»	»	»	»	»	»	1	1
7 pensionnaires de 4e classe passés : 5 à l'Eure	2	3	»	»	»	»	»	»	»	»	»	»	2	3	»	»	»	»	»	»	»	»	»	»	2	3	5
1 à Seine-et-Oise	»	»	»	»	»	1	»	»	»	»	»	»	»	1	»	»	»	»	»	»	»	»	»	»	»	1	1
1 aux pensionnaires de 3e classe	»	»	»	»	»	»	»	»	»	»	»	»	»	»	»	»	»	»	»	1	»	»	»	1	»	1	1
5 pensionnaires de 3e classe passés : 4 aux pensionnaires de 4e classe	»	»	»	»	»	»	»	»	»	»	»	»	»	»	»	»	»	»	»	»	1	3	1	3	1	3	4
1 aux pensionnaires de 2e classe	»	»	»	»	»	»	»	»	»	»	»	»	»	»	»	»	»	1	»	»	»	»	»	1	»	1	1
4 pensionnaires de 2e classe passés : 1 aux pensionnaires de 1re classe	»	»	»	»	»	»	»	»	»	»	»	»	»	»	»	1	»	»	»	»	»	»	»	1	»	1	1
1 aux pensionnaires de 3e classe	»	»	»	»	»	»	»	»	»	»	»	»	»	»	»	»	»	»	»	1	»	»	»	1	»	1	1
2 aux pensionnaires de 4e classe	»	»	»	»	»	»	»	»	»	»	»	»	»	»	»	»	»	»	»	»	»	2	»	2	»	2	2
1 pensionnaire de 1re classe passée aux pensionnaires de 2e classe	»	»	»	»	»	»	»	»	»	»	»	»	»	»	»	»	»	1	»	»	»	»	»	1	»	1	1
Total des mutations de classes	2	5	»	»	»	1	»	»	»	»	»	»	2	6	1	»	»	2	1	1	1	5	3	8	5	14	19
TOTAL des aliénés traités et des mutations de classe	319	331	68	96	11	9	15	3	7	1	1	1	422	440	3	7	6	12	14	20	53	79	76	118	498	558	1056
Sortis. — Guéris	6	7	»	»	»	»	1	»	»	»	»	»	7	7	»	1	1	1	3	»	4	2	8	4	15	11	26
Améliorés	1	4	»	»	»	»	1	»	»	»	»	»	2	4	»	3	2	1	1	3	4	8	7	15	9	19	28
Évadés	1	»	»	»	»	»	»	»	»	»	»	»	1	»	»	»	»	»	»	»	»	»	»	»	1	»	1
Transférés	»	»	»	»	»	»	7	»	»	»	»	»	7	»	»	»	»	»	»	»	»	1	»	1	7	1	8
Réclamés par leurs familles, etc.	1	»	»	»	»	»	»	1	»	»	»	»	1	1	»	1	1	»	»	1	5	»	6	2	7	2	9
Total des aliénés sortis	9	11	»	»	»	»	9	1	»	»	»	»	18	12	»	4	2	3	5	3	14	11	21	21	39	33	72
Décédés	32	21	3	7	»	»	2	1	»	»	»	»	37	29	»	»	»	1	2	4	10	6	12	11	49	40	89
Total des sortis et des décédés	41	32	3	7	»	»	11	2	»	»	»	»	55	41	»	4	2	4	7	7	24	17	33	32	88	73	161
Mutations de classe. — 1 indigent des autres départements passé à l'Eure	»	»	»	»	»	»	»	1	»	»	»	»	»	1	»	»	»	»	»	»	»	»	»	»	»	1	1
1 indigent du ministère de l'intérieur passé à l'Eure	»	»	»	»	»	»	»	»	»	1	»	»	»	1	»	»	»	»	»	»	»	»	»	»	»	1	1
7 pensionnaires de 4e classe passés : 5 à l'Eure	»	»	»	»	»	»	»	»	»	»	»	»	»	»	»	»	»	»	»	»	2	3	2	3	2	3	5
1 à Seine-et-Oise	»	»	»	»	»	»	»	»	»	»	»	»	»	»	»	»	»	»	»	»	»	1	»	1	»	1	1
1 aux pensionnaires de 3e classe	»	»	»	»	»	»	»	»	»	»	»	»	»	»	»	»	»	»	»	»	»	1	»	1	»	1	1
5 pensionnaires de 3e classe passés : 4 aux pensionnaires de 4e classe	»	»	»	»	»	»	»	»	»	»	»	»	»	»	»	»	»	»	1	3	»	»	1	3	1	3	4
1 aux pensionnaires de 2e classe	»	»	»	»	»	»	»	»	»	»	»	»	»	»	»	»	»	»	»	1	»	»	»	1	»	1	1
4 pensionnaires de 2e classe passés : 1 aux pensionnaires de 1re classe	»	»	»	»	»	»	»	»	»	»	»	»	»	»	»	»	»	1	»	»	»	»	»	1	»	1	1
1 aux pensionnaires de 3e classe	»	»	»	»	»	»	»	»	»	»	»	»	»	»	»	»	»	1	»	»	»	»	»	1	»	1	1
2 aux pensionnaires de 4e classe	»	»	»	»	»	»	»	»	»	»	»	»	»	»	»	»	»	2	»	»	»	»	»	2	»	2	2
1 pensionnaire de 1re classe passée aux [pensionnaires de 2e classe]	»	»	»	»	»	»	»	»	»	»	»	»	»	»	»	1	»	»	»	»	»	»	»	1	»	1	1

Compte administratif.

RECETTES

CHAPITRE 1ᵉʳ. — RECETTES ORDINAIRES

Section 1ʳᵉ. — *Recettes en argent.*

Article 1ᵉʳ. — Intérêts de fonds placés au Trésor...............................   3,136 19

Les fonds provenant des comptes *asile* et *pécule* des aliénés ont produit 2,739 fr. 44 c. et ceux des comptes *dépôt* 396 fr. 75 c.

Art. 2. — Aliénés de l'Eure............   268,270 60

La moyenne quotidienne de ces aliénés a dépassé de 19 celle des prévisions budgétaires, ce qui a procuré une augmentation de recettes, pour tout l'exercice de 10,388 fr. 35 c.

Elle a été supérieure de 12 à celle de 1893.

Art. 3. — Aliénés de la Seine.........   70,045 60

Cette recette est inférieure de 7,435 fr. 40 c. au chiffre porté au budget.

Nous n'avons pu recevoir de nouveaux malades de cette catégorie, pour remplacer ceux qui sont sortis ou décédés, à cause de l'encombrement de nos divisions des agités.

Art. 4. — Aliénés au compte d'autres départements.........................   14,365 50

Cette recette a été produite par une moyenne de 27 aliénés, dont 20 de Seine-et-Oise.

Le nombre des aliénés de ce département diminue chaque année, parce que celui-ci envoie maintenant presque tous ses malades à l'asile de Clermont, où il paie un prix de journée un peu moins élevé qu'à l'asile d'Evreux.

Les 7 aliénés autres que ceux de Seine-et-Oise comprennent un homme des Hautes-Pyrénées, qui est à l'asile depuis 10 ans, et des aliénés de passage qui ont été ou doivent être transférés dans les asiles des départements ou des pays étrangers où ils ont leur domicile de secours.

Art. 5. — Aliénés de l'Etat .... 4,416 »

Cette recette est due à 8 aliénés du ministère de l'intérieur et à un prévenu, qui ont produit une moyenne quotidienne de 8 individus.

Art. 6. — Pensionnaires de 1re classe... 9,319 50
Art. 7. — Pensionnaires de 2e classe.... 13,624 »
Art. 8. — Pensionnaires de 3e classe.... 18,077 80
Art. 9. — Pensionnaires de 4e classe.... 40,467 55
Art. 10. — Domestiques particuliers.... 3,183 75

Total............. 84,672 60

La recette des pensionnaires n'avait jamais été aussi élevée que celle de cette année; elle dépasse de 3,857 fr. 60 c. le chiffre le plus élevé qui avait été obtenu jusqu'à présent, celui de l'exercice 1892.

Art. 11. — Vente des os et objets hors de service 631 04

3,490 kilogr. d'os, à 7 fr. 50 c. les 100 kilogr., ont rapporté 261 fr. 75 c. La vente des chiffons a été de 284 fr. 85 c. et celle des savates, rognures de cuir et verre cassé de 84 fr. 44 c.

Art. 12. — Vente de produits excédant les besoins 366 50

Cette recette provient de la vente de 7 veaux et de 115 peaux de lapin.

Art. 13. — Recettes accidentelles 9,470 19

Cette recette comprend le détail suivant :

4,305 kilogr. de cuir de bœuf à 48 fr. 395

les 100 kilogr...................................	2,083	42
423 kilogr. de cuir de veau à 88 fr. 413		
les 100 kilogr...................................	373	00
299 kilogr. de peaux de mouton à 91 fr. 387		
les 100 kilogr...................................	273	25
1,583 kilogr. de suif de bœuf à 41 fr. 154		
les 100 kilogr...................................	651	48
195 kilogr. de suif de mouton à 41 fr. 050		
les 100 kilogr...................................	80	06
134 hectol. de braise de boulangerie à		
1 fr. 75 c. l'hectol.....................	234	50
Chaussures fournies au personnel et aux		
aliénés...................................	646	80
Vin id.	1,480	12
Lait id.	104	60
Pommes à cidre et boisson id.	85	50
Autres fournitures diverses id.	301	31
Chocolat fourni aux aliénés.............	748	40
Café id.	770	00
Régime supplémentaire id.	530	10
Pécule des aliénés décédés en 1894.....	412	26
Inhumations de pensionnaires..........	476	»
Douches données à des personnes étran-		
gères à l'asile..........................	208	50
Total...............	9,470	10

Cette recette avait été en 1893 de 10,102 fr. 31 c., en 1892 de 11,137 fr. 31 c. et en 1891 de 11,300 fr. 37 c. Le prix des cuirs et des suifs baisse depuis plusieurs années.

Art. 14. — Remboursement de frais de transfèrement...................................... 103 70

Même somme portée en dépense.

Art. 15. — Trop perçu................... 143 80

Même somme portée en dépense.

Les recettes totales en argent, prévues au budget à

463,805 fr. 50 c., se sont montées à 465,530 fr. 72 c., ce qui tient à l'augmentation du nombre des indigents de l'Eure et de celui des pensionnaires.

Elles sont plus élevées que celles des années précédentes. Elles ont été en 1893 de 459,569 fr. 91 c., en 1892 de 450,570 fr. 11 c., en 1891 de 441,332 fr. 51, en 1890 de 441,027 fr. 06 c., en 1880 de 455,840 fr. 06 c. Avant 1889, elles n'avaient jamais atteint le chiffre de 450,000 fr.

Section II. — Revenus en nature et produit du travail des aliénés.

Art. 16.—Revenus en nature consommés.   83,715 76

Le tableau suivant donne le détail de ces revenus.

PRODUITS.	NOMBRE poids ou mesure.	QUANTITÉS	PRIX de l'UNITÉ	MONTANT.	CRÉDITS AUXQUELS SE RAPPORTENT ces produits.	
Bois de peuplier.....	Stères.	38	20 »	760 »	Sépulture.........	760 »
Porc frais...........	Kilog.	15.083	1 50	22.624 50		
Porc salé	Id.	7.840	1 50	11.760 »	Viande.........	34.734 50
Poulets.............	Unités.	40	3 »	120 »		
Lapins.............	Id.	115	2 »	230 »		
Pommes à cidre	les 1000 kilog.	0.490	Divers	362 46	Vin et Pommes..	362 46
Asperges	Kilog.	393	Divers	550 40		
Ail et Echalottes	Id.	683	» 40	273 20		
Betteraves..........	Id.	7.500	» 10	750 »		
Choux.............	Id.	78.192	» 10	7.819 20		
Carottes...........	Id.	10.250	Divers	1.929 »		
Citrouilles.........	Id.	3.267	» 10	326 70		
Choux de Bruxelles .	Id.	1.032	Divers	311 90		
Choux-fleurs........	Id.	361	» 40	113 60		
Fruits	Id.	6.588 500	Divers	700 30		
Haricots verts	Id.	8.123	Id.	2.396 40		
Légumes divers.....	Id.	410	Id.	82 40		
Lait	Litres.	31.371	» 20	6.874 20	Comestibles......	37.132 40
Melons	Kilog.	1.439	Divers	1.213 »		
Navets............	Id.	6.796	» 10	679 60		
Oseille............	Id.	2.234	» 20	446 80		
Oignons...........	Id.	10.165	» 10	1.016 50		
Œufs.............	Unités.	4.691	» 10	469 40		
Petits pois.........	Kilog.	979	Divers	257 40		
Pommes de terre ...	Id.	65.740	Id.	4.717 50		
Poireaux	Id.	2.776	» 10	277 60		
Persil et Cerfeuil....	Id.	455	» 20	91 »		
Radis.............	Id.	121	» 20	24 20		
Salade............	Id.	37.565	» 10	3.756 50		
Salsifis	Id.	108	» 20	21 60		
Bois de charronnage	Stères.	9 800	40 »	392 »	Mobilier.........	392 »
Bourrées	Unités.	1.100	» 30	330 »	Chauffage........	330 »
Bois divers	Stères.	47	20 »	940 »	Bâtiments	940 »
Avoine	Litres.	30.000	» 075	2.250 »		
Betteraves.........	Hectol.	1.250	1 »	1.250 »		
Carottes...........	Id.	90	3 »	270 »	Fourrage et litière	9.061 40
Foin..............	Bottes.	16.368	» 30	4.909 40		
Paille d'avoine......	les 1000 kilog.	13.400	25 »	385 »		
Total..............				83.713 76		83.713 76

Pour avoir le total des revenus en nature, il faut ajouter

aux produits consommés.................... 83,715 76

Les objets vendus qui ont été de......... 366 50

Ce qui donne un total de............... 84,082 26

Les dépenses de notre exploitation agricole et maraîchère ayant été de........... 47,012 04

Les bénéfices nets de cette exploitation sont de........................... 37,070 22

Les dépenses comprennent :

1° Les fourrages et la litière récoltés, mais consommés à la ferme............................ 9,064 40

2° Les dépenses de l'article 26 du compte administratif (frais de culture)........... 3,000 74

3° Les dépenses de l'article 28 (fourrages et litière)........................ 10,040 45

4° L'achat des porcs maigres........... 10,714 »

5° Le traitement, avec les avantages en nature, du jardinier, du vacher-porcher, du chef de culture, de 2 infirmiers chargés de la surveillance des aliénés travailleurs, et le pécule de ces aliénés....................... 6,000 »

6° Le son, le charbon de terre, le bois et les articles d'éclairage dépensés à la ferme.. 7,175 05

7° La diminution du cheptel........... 17 50

Total................. 47,012 04

Les bénéfices de notre exploitation agricole et maraîchère ont été supérieurs de 1,774 fr. 42 c., à ceux de 1863.

Ils se répartissent de la manière suivante, entre les diverses parties de notre exploitation.

Porcherie............................ 15,612 33

Vacherie............................ 2,612 04

Basse-cour........................ 380 68

Jardinage et grande culture........... 18,455 27

Total................. 37,070 22

Je vais donner le détail des recettes et des dépenses de
la porcherie, qui continue à nous rapporter des bénéfices
très-importants, par suite de l'utilisation des eaux grasses
et des déchets de la cuisine et du jardin.

Porcherie.

Recettes. — Abatage de 236 porcs qui ont produit :

15,083 kilogr. de viande fraîche à 1 fr. 50 c. le kilogr.	22,624	50
7,840 kilogr. de viande salée à 1 fr. 50 c. le kilogr.	11,760	»
Restant en magasin, au 31 décembre 1804, 87 porcs à divers degrés d'engraissement à 94 fr. 50 c. l'un	8,221	50
Total.	42,606	»

Dépenses. — Restant en magasin, au
31 décembre 1803, 118 porcs estimés en
moyenne à 77 fr. l'un . . . . 0,086 »
Achat de 206 porcs au prix
moyen de 52 fr. . . . . 10,714 »
36,405 kilogr. de petit son
à 0 fr. 81 c. les 100 kilogr. . . . 3,580 15
4,000 kilogr. de petit son à
0 fr. 50 c. les 100 kilogr. . . . 380 »
7,800 kilogr. de gros son à
12 fr. 72 c. les 100 kilogr. . . . 002 16
7,029 kilogr. de recoupe à
0 fr. 80 c. les 100 kilogr. 038 84
455 hectolitres de betteraves
à 1 fr. l'hectolitre. . . . . 455 »
420 kilogr. de betteraves à

A reporter. . . . . . . 25,806 15 42,606 »

Report........	25,896	15	42,606	»
0 fr. 10 c. le kilogr........	42	»		
10,710 kilogr. de charbon de terre à 32 fr. 20 c. les 1,000 kilogr.	344	80		
Bois de boulangerie, de chauffage et articles d'éclairage........................	80	66		
Moitié du traitement du vacher-porcher.............	600	»		
l'écule des aliénés occupés à la porcherie................	30	»		
Total de la dépense....	26,093	67	26,093	67
Excédent de recettes			15,612	33

Le prix net de revient du kilogr. de viande de porc, produite à l'asile, a été de 0 fr. 8180, tandis qu'il coûte au moins 1 fr. 50 c. le kilogr. à Evreux.

Art. 17. — Produit du travail des aliénés.

Le tableau suivant indique la nature des travaux auxquels ont été occupés les aliénés, et l'estimation approximative de ces travaux, qui est inférieure à leur valeur réelle.

NUMÉROS D'ORDRE.	NATURE DES TRAVAUX.	NOMBRE DE		ÉVALUATION de la journée de travail.	MONTANT.
		Travailleurs.	Journées.		
	HOMMES				
1	Jardinage et culture	38	10.275	0.50	5.137 50
2	Terrassements	46	10.323	0.35	3.613 05
3	Cordonnerie	22	4.424	0.50	2.212 »
4	Maçonnerie	9	2.478	0.60	1.486 80
5	Menuiserie	5	1.536	0.60	921 60
6	Serrurerie	4	1.190	0.60	714 »
7	Peinture	3	847	0.60	508 20
8	Couture, raccommodage	3	676	0.55	37. 80
9	Meunerie, boulangerie	5	1.503	0.60	90 80
10	Cuisine	7	2.077	0.60	1.246 20
11	Cave et bûcher	4	1.115	0.60	669 »
12	Buanderie	3	918	0.55	504 90
13	Conciergerie	1	308	0.50	154 »
14	Bureaux	6	1.569	0.60	941 40
15	Service intérieur	72	13.075	Diverse	2.115 16
	Totaux	228	52.314	»	21.497 40
	FEMMES				
16	Buanderie	50	10.717	0.50	5.358 50
17	Repassage	11	2.637	0.50	1.318 50
18	Lingerie	54	10.908	0.45	4.908 60
19	Vestiaire	64	11.786	0.45	5.303 70
20	Cuisine	15	3.146	0.50	1.573 »
21	Service intérieur	72	12.049	Diverse	2.038 50
	Totaux	266	52.143	»	20.500 80

Récapitulation. {	Hommes	21.497 40
	Femmes	20.500 80
	Total	41.998 20

Le chiffre de 494 travailleurs ne comprend que les indigents; il n'est pas très-élevé, ce qui tient, comme nous l'avons déjà dit dans nos précédents rapports, au grand nombre d'enfants, d'épileptiques et de déments existant à l'asile, et à l'absence de clôture de la propriété, qui ne permet pas d'envoyer au jardin les aliénés ayant des idées d'évasion très-prononcées.

Les travaux d'entretien des bâtiments ont été presque tous exécutés par les aliénés, sous la direction de chefs d'ateliers, avec le concours de quelques ouvriers du dehors payés à la journée, à l'exception de ceux de la toiture qui sont trop dangereux, et des réparations qui exigent des connaissances spéciales, comme celles de la zinguerie, des conduites d'eau, etc.

Les principaux travaux de terrassements exécutés dans le courant de l'année ont été les suivants :

Nivellement de la cour intérieure de la section des femmes;

Extraction de ravine dans la cour intérieure de la section des hommes;

Défoncement de terrain et établissement d'allées dans le préau du pensionnat des hommes;

Construction et encaissement d'un chemin d'exploitation dans l'ancienne propriété Dalet;

Arrachage de souches de 16 noyers le long du chemin de la Papeterie et de 17 peupliers le long de l'allée des Marronniers.

CHAPITRE II. — RECETTES EXTRAORDINAIRES

Néant.

CHAPITRE III. — RECETTES SUPPLÉMENTAIRES

Elles comprennent :

1° L'excédent de l'exercice 1893....... 161,110 74

2° Les sommes à recouvrer de cet exercice
et des exercices antérieurs 4,620 57

Total................... 165,731 31

Sur les restes à recouvrer, il a été perçu. 1,059 85
et il reste à percevoir................... 2,660 72
qui seront reportés au budget additionnel de 1895.

Récapitulation des Recettes.

	Prévisions budgétaires.	Droits constatés.	Recettes effectuées.	Restes à recouvrer.
Chap. Ier. Ordinaires.	577.803 50	591.211 68	581.736 41	9.503 27
Chap. II. Extraord^{res}	» »	» »	» »	» »
Chap. III. Supplém^{res}.	165.731 31	165.731 31	163.070 59	2.660 72
Totaux......	713.536 81	756.975 99	741.807 »	12.168 99

DÉPENSES

CHAPITRE 1er — DÉPENSES ORDINAIRES

Section Ire — Dépenses en argent.

Art. 1er. — Traitement du directeur-médecin en chef :
    Crédit alloué............... 8,000 »
    Dépense effectuée.......... 8,000 »

Art. 2. — Traitement du receveur-économe :
    Crédit alloué............... 3,250 »
    Dépense effectuée.......... 3,250 »

Art. 3. — Traitement des employés de l'administration :
    Crédit alloué............... 7,400 »
    Dépense effectuée.......... 7,400 »

Art. 4. — Traitement des fonctionnaires et employés du service médical :
    Crédit alloué............... 6,600 »
    Dépense effectuée.......... 5,230 »

    Reste annulé...... 1,370 »

Le traitement du médecin-adjoint prévu à la classe exceptionnelle, qui est de 4,000 fr., n'a été que celui de la 2ᵉ classe à 2,500 fr. Il en est résulté une annulation de 1,500 fr. sur laquelle on a dû prélever 130 fr. pour indemnité accordée à un interne, nommé en remplacement du titulaire appelé à une période d'instruction militaire de 28 jours.

Art. 5. — Traitement de l'aumônier :
Crédit alloué................ 1,500 »
Dépense effectuée.......... 1,500 »

Art. 6. — Véstiaire des sœurs :
Crédit alloué................ 4,400 »
Dépense effectuée.......... 4,400 »

Il y a à l'asile 22 sœurs qui ont chacune 200 fr.

Art. 7. — Solde des préposés et servants :
Crédit alloué................ 36,000 »
Dépense effectuée.......... 35,893 85
                            ____
Reste annulé 106 15

Cette annulation tient à des vacances d'emploi parmi les infirmiers et les infirmières, dont le recrutement est toujours difficile et l'instabilité trop grande.

L'administration des postes, le commissariat de police d'Evreux, les asiles d'aliénés de la Seine, nous enlèvent souvent nos meilleurs gardiens.

Ce personnel s'est cependant amélioré, depuis quelques années, par suite de l'élévation de son traitement, qui devra encore être augmenté, si on veut le rendre plus stable, comme l'exige l'intérêt du service.

Les sœurs sont nourries de 1ʳᵉ classe.

Le tableau suivant indique le nombre des fonctionnaires, employés, préposés ou infirmiers, avec le traitement et les avantages en nature qui leur sont alloués, ainsi que les dépenses qui ont été effectuées.

Articles du budget	FONCTIONS et EMPLOIS	TRAITEMENT EN ARGENT.		AVANTAGES en NATURE.	ÉVALUATION des avantages en nature.		RÉTRIBUTION totale.	
		Prévu au budget.	Payé.					
1	*Directeur-médecin*....	8.000 »	8.000 »	Logement, chauffage, éclairage............	800	»	8.800	»
2	*Receveur-économe*....	3.250 »	3.250 »	Id.............	325	»	3.575	»
3	*Employés d'administ^{on} :*							
	Secrétaire............	2.000 »	2.000 »	Logement, déjeuner....	500	»	2.500	»
	Commis de direction .	800 »	800 »	Nourriture, logement, chauffage, éclairage, blanchissage........	580	»	1.380	»
	1er commis d'économat	1.900 »	1.900 »	Logement, déjeuner....	500	»	2.400	»
	2e commis d'économat	1.500 »	1.500 »	Déjeuner.............	250	»	1.750	»
	Dépensier............	1.200 »	1.200 »	Id................	250	»	1.450	»
4	*Service médical :*							
	Médecin-adjoint.....	4.000 »	2.500 »	Nourriture, logement, chauffage, éclairage..	850	»	3.350	»
	Interne	1.200 »	1.330 »	Id.............	888 75		2.218 75	
	Préposé à la tenue des cahiers de visite...	400 »	400 »	Néant................	»		400	»
	Surveillant en chef ..	1.000 »	1.000 »	Nourriture, logement, chauffage, éclairage, habillement, blanchissage............	012 50		1.012 50	
	Aumônier............	1.500 »	1.500 »	Logement, chauffage, éclairage	150	»	1.650	»
	Sœurs (22).........	4.400 »	4.400 »	Nourriture, logement, chauffage, éclairage..	16.058	»	20.458	»
	Préposés et servants :							
	17 préposés (hommes)	9.780 »	9.749 25	Nourriture, logement, chauffage, habillement, blanchissage, éclairage	8.558 40		18.307 65	
	11 préposées (femmes)	4.300 »	4.275 »	Id.............	5.621	»	9.896	»
	20 infirmiers........	13.970 »	13.950 35	Id.............	16.520	»	30.470 35	
	22 infirmières.......	7.950 »	7.910 25	Id.............	11.549 80		10.469 05	
	Totaux........	67.150 »	65.673 85		64.313 45		129.087 30	

Le nombre de journées d'aliénés traités ayant été de 310,183, la dépense totale du personnel a été, pour chaque aliéné, de 0 fr. 407, elle a été de 0 fr. 408 en 1893.

Le traitement moyen en argent des préposés est, pour les hommes, de 600 fr. 32 c., et, pour les femmes, de 388 fr.

Celui des infirmiers est de 481 fr. 04 c. et celui des infirmières de 359 fr. 06 c.

Dans la section des hommes, le service est purement laïque, tandis qu'il est mixte dans la section des femmes, où 22 sœurs ont sous leur direction 11 préposées et 22 infirmières.

Art. 8. — Frais de culte :

Crédit alloué	300	»
Dépense effectuée	300	»

Art. 9. — Frais de sépulture :

Crédit alloué	360	»
Dépense effectuée	360	»

Art. 10. — Frais d'administration, de bureau, etc. :

Crédit alloué	3,000	»
Dépense effectuée	2,999	99
Reste annulé	0	01

Ce crédit a servi à payer les dépenses suivantes :

Lithographie	518	»
Impressions	621	32
Fournitures de bureau	480	42
Livres de médecine ou de littérature	478	70
Reliures	59	»
Journaux	96	»
Timbres divers	500	55
Association des médecins aliénistes	100	»
Dépenses diverses	136	10
Total	2,999	99

Art. 11. — Contributions :

    Crédit alloué.............. 600 »

    Dépense effectuée.......... 600 »

Ce crédit a été insuffisant de 3 fr. qui ont été prélevés sur l'article 29, *Dépenses imprévues.*

Nous avons payé 393 fr. 99 c. pour la contribution foncière, 26 fr. 84 c. pour celle des portes et fenêtres, 164 fr. 91 c. pour la taxe des biens de main morte et 17 fr. 26 c. pour deux années du Syndicat de l'Iton.

Art. 12. — Assurance contre l'incendie :

    Crédit alloué............... 1,800 »

    Dépense effectuée.......... 1,500 80

    Reste annulé 299 20

Même dépense qu'en 1893.

Art. 13. — Blé et farine :

    Crédit alloué............... 61,000 »

    Dépense effectuée.......... 40,091 50

    Reste annulé 20,908 50

Ce crédit a servi à acheter :

201,500 kilogr. de blé au prix moyen de 19 fr. 694 les 100 kilogr.......................... 39,684 »

1,000 kilogr. de farine de féveroles à 27 fr. 50 c. les 100 kilogr............... 275 »

500 kilogr. de farine de féveroles à 26 fr. 50 c. les 100 kilogr................ 132 50

    Total................. 40,091 50

Prix de revient de la farine fabriquée à l'asile.

Il a été livré au moulin 235,500 kilogr. de blé dont la valeur était de........................... 47,061 66

Et 1,370 kilogr. de farine de féveroles

    A reporter....... 47,061 66

Report........	47,061	66
qui ont coûté...........................	375	90

En ajoutant les frais de mouture, qui comprennent : la moitié du traitement du meunier-boulanger, le pécule d'un aliéné et des réparations diverses au moulin........ | 746 | 05 |

| On a, pour dépense totale............. | **48,183** | **61** |

La recette comprend :

23,000 kilogr. de gros son à 12 fr. 72 c. les 100 kilogr...............................	2,925	60
35,750 kilogr. de petit son à 9 fr. 81 c. les 100 kilogr...............................	3,507	07
6,753 kilogr. de recoupe à 9 fr. 80 c. les 100 kilogr...............................	661	70
168,006 kilogr. de farine à 24 fr. 456 les 100 kilogr...............................	41,089	15
Total.............	**48,183**	**61**

100 kilogr. de blé ont produit 70 kilogr. 92 de farine.

Prix de revient du pain.

Le boulanger a reçu 160,306 kilogr. de farine confectionnée pendant l'année à 0 fr. 24456 le kilogr............................... | 39,204 | 43 |

13,650 kilogr. de farine restant en magasin au 31 décembre 1893 à 0 fr. 2442 le kilogr............................... | 3,333 | 33 |

Il a fabriqué avec cette farine 223,420 kilogr. de pain, ce qui donne un rendement de 128,43 %.

| Les frais de boulangerie se sont élevés à. | 2,540 | 30 |
| Total............. | 45,078 | 06 |

Dont il faut déduire, pour avoir la dépense

| *A reporter*........ | 45,078 | 06 |

Report........ 45,078 06

réelle, 274 hectolitres de braise estimée à
1 fr. 75 c. l'hectolitre..................... 479 50

Reste............. 44,598 56

Ce qui porte le kilogr. de pain à 0 fr. 19961.

Le prix du pain, d'après la taxe de la ville d'Evreux,
a été pendant l'année, en moyenne, de 0 fr. 26701 le
kilogr.; par conséquent, de 0 fr. 0683 supérieur à celui
de l'asile, ce qui donne un bénéfice de 15,259 fr. 58 c.

Les frais de boulangerie comprennent :

Moitié du traitement du boulanger-meunier, en argent
et en nature.................................. 714 75

Pécule de trois malades............... 122 40

1,265 kilogr. de sel gris à 0 fr. 15 c. le
kilogr................................... 180 75

100 kilogr. de recoupe................. 10 38

213 stères de bois de boulangerie à prix
divers.................................. 1,503 02

Total.......... 2,540 30

La valeur locative du moulin et de la boulangerie n'est
pas comprise dans le prix de revient de la farine et du
pain.

Le blé a été mis en adjudication, comme les années
précédentes, et l'adjudication n'a pas réussi non plus,
parce que le prix le plus bas, offert par les soumissionnaires, était supérieur au maximum fixé par l'administration.

Ce prix le plus bas était de 23 fr. 500, tandis que le
blé n'a coûté que 19 fr. 604 les 100 kilogr.

Si le maximum eût été assez élevé pour permettre la
réussite de l'adjudication, l'asile eût perdu 3 fr. 806 par
100 kilogr. et 7,660 fr. 00 c. pour 201,500 kilogr. achetés.

La moyenne de la population à nourrir ayant été de

079 individus, y compris le personnel, et la quantité de pain dépensée de 223,420 kilogr., la consommation individuelle et annuelle a été de 228 kilogr. 212.

En 1893, elle avait été de 226 kilogr. 580 ; en 1892, 232 kilogr. 741 ; en 1891, de 236 kilogr. 089, et en 1890, de 234 kilogr. 598.

La consommation du pain, qui est donné à discrétion, varie donc peu d'une année à l'autre.

Notre turbine a très-bien fonctionné et n'a nécessité, depuis qu'elle est construite, aucun frais de réparation.

Elle a suffi comme force motrice à tous les besoins de l'asile : fabrication de la farine, élévation de l'eau du bassin de captation dans les réservoirs du bois, coupage des pommes, pétrissage de la farine.

Elle dépense moins d'eau qu'une roue, imprime moins de secousses au moulin, à la pompe et à la coupeuse de pommes, et sa force motrice est très-facile à graduer, ce qui est très-important, en raison des services multiples auxquels elle est destinée.

Notre pompe hydraulique fonctionne très-mal, exige à chaque instant des réparations très-coûteuses et devra être remplacée, dès que les ressources pécuniaires de l'établissement le permettront, par une pompe plus forte et mieux installée.

Ce remplacement sera d'autant plus nécessaire que les béliers sont usés, exigent plus que la pompe encore de nombreuses réparations, et dépensent beaucoup de force motrice pour la petite quantité d'eau qu'ils montent dans les réservoirs.

Notre turbine, avec une bonne pompe, pourrait suffire à tous les besoins de l'asile, sans l'aide des béliers qui pourraient cependant être conservés, en cas de réparation de la turbine ou de la pompe.

Art. 14. — Viande :

Crédit primitif............ 65,000 »
Crédit supplémentaire...... 10,000 »
                          ─────────
                           75,000 »
Dépense effectuée.......... 73,481 57
                          ─────────
Reste annulé.......... 1,518 43

Nous avons acheté, de gré à gré, les animaux nécessaires à notre abattoir, 12 bœufs, 95 vaches, 5 taureaux, 52 veaux et 91 moutons.

Les bœufs, vaches et taureaux sont revenus au prix moyen de 0 fr. 764 le kilogr. sur pied ; les veaux ont coûté 1 fr. 312 et les moutons 0 fr. 9987.

Les bœufs ont donné un rendement de viande de 54,10 %, les veaux de 72,54 et les moutons de 40,71.

Le prix de revient de la viande nette du bœuf a été, déduction faite des frais d'abattoir, de 1 fr. 374 le kilogr.; celui de la viande de veau de 1 fr. 766 et celui de la viande de mouton de 1 fr. 063.

Le prix moyen de ces trois espèces de viande réunies a été de 1 fr. 450 le kilogr.

En 1803, il n'avait été que de 1 fr. 22 c.

Il a été consommé pendant l'année :

34,208 k.   » de viande de bœuf à 1 fr. 374
             le kilogr.................... 47,125 45
5,474 k. 500 de viande de veau à 1 fr. 766
             le kilogr.................... 9,667 06
2,670 k.   » de viande de mouton à 1 fr. 063
             le kilogr.................... 5,241 21
15,079 k.   » de porc frais à 1 fr. 50 c.
             le kilogr.................... 22,618 50
7,850 k.   » de porc salé à 1 fr. 50 c. le
             kilogr.................... 11,775 »
171 k.   » de volailles et lapins à prix
             divers.................... 350 »
─────────────   ─────────────
65,542 k. 500   96,778 12

La consommation annuelle, par individu, a été de 66 kilogr. 948.

En 1893, elle avait été de 62 kilogr. 773 ; en 1892, de 63 kilogr. 467 ; en 1891, de 64 kilogr. 213 ; en 1890, de 64 kil. 647, et en 1889, de 61 kilogr. 058.

Cette consommation, comme celle du pain, varie peu d'une année à l'autre.

La quantité de viande de boucherie et de porc frais ou salé allouée, d'après le règlement, par semaine, aux indigents, est, pour les hommes, de 1 kilogr. 360, et, pour les femmes, de 1 kilogr. 040.

Elle est aussi restreinte que possible.

Elle est répartie en 8 rations, 6 le matin et 2 le soir.

Art. 15. — Vin et pommes :

Crédit alloué..............	23,500	»
Dépense effectuée..........	23,499	96
Reste annulé..........	0	04

Ce crédit a servi aux dépenses suivantes :

23,262 litres de vin à 23 fr. 85 c. les 100 litres				5,547	93
332 — de vin pr échantillons à prix div.				169	35
4,250 k. de pommes à cidre à 41 fr. les 1,000 k.				174	25
26,820	—	à 42	—	1,126	44
10,610	—	à 49	—	960	88
17,273	—	à 70	—	1,209	11
79,540	—	à 80	—	6,363	20
82,520	—	à 85	—	7,014	20
8,830	—	au prix moyen de			
32 fr. 06 c.....................				283	10
Réparation des tonneaux..............				651	50
Total..........				23,499	96

Nous avons brassé en octobre, novembre et décembre 1893, pour notre provision de cidre de 1894,

238,333 kilogr. de pommes qui nous ont coûté   17,003 04
et qui ont produit 402,731 litres de boisson
à une densité moyenne de 2 degrés.

En ajoutant les frais de brassage, qui ont
été de...............................   1,397 10
et la réparation des tonneaux............   651 50

On obtient.........   19,052 24

ce qui porte le prix de la boisson à 0 fr. 0473 le litre.

100 kilogr. de pommes ont produit 168 lit. 73 de boisson, et 1 hectol., pesant 52 kilogr., 87 lit. 73.

Pour avoir la consommation réelle du personnel et des aliénés, il faut retrancher 400 litres vendus, 0,004 litres de lie et 007 litres de vidange, ce qui réduit notre consommation à 346,688 litres.

Elle avait été de 342,645 litres en 1893.

La quantité de vin dépensée a été de 24,605 lit. 90. Elle avait été de 24,460 lit. 50 en 1893.

Notre brasserie par dialyse continue à nous donner des résultats très-satisfaisants.

Ce procédé est très-simple, épuise très-bien les pommes et donne très-peu de lie.

Les rations réglementaires de vin et de boisson sont les suivantes :

	Hommes.	Femmes.
Vin. — Pensionnaires de la classe exceptionnelle, des deux premières classes, employés et sœurs..........................	0ˡ60	0ˡ50
Cidre .. { Pensionnaires de 3ᵉ classe....	1ˡ50	1ˡ20
Pensionnaires de 4ᵉ classe....	1ˡ00	0ˡ75
Préposés et infirmiers	2ˡ25	1ˡ50

Des rations supplémentaires de cidre sont accordées à tous les malades occupés à des travaux pénibles.

Art. 16. — Comestibles :

Crédit alloué............... 47,000 »
Dépense effectuée.......... 43,283 74
____
Reste annulé.............. 3,716 26

La dépense des comestibles a été de 43,813 fr. 80 c. en 1893, de 45,149 fr. 45 c. en 1892 et de 41,597 fr. 25 c. en 1891.

Les dépenses en argent de ce crédit ont été les suivantes :

Beurre, 380 fr. 54 c.; biscuits, 128 fr.; café, 3,840 fr.; chocolat, 1,313 fr. 40 c.; figues, 240 fr. 30 c.; fromage de Gruyère, 516 fr. 15 c.; fromage ordinaire, 2,875 fr. 80 c.; huile d'olive, 626 fr. 16 c.; huile d'œillette, 1,854 fr. 00 c.; haricots secs, 5,052 fr. 30 c.; lentilles, 279 fr. 52 c.; morue, 837 fr.; œufs, 4,971 fr. 50 c.; pruneaux, 728 fr. 35 c.; pois cassés, 1,314 fr.; poisson frais, 2,474 fr. 30 c.; pommes de terre, 862 fr. 83 c.; raisiné, 1,231 fr. 02 c.; raisins secs, 287 fr. 52 c.; riz, 678 fr. 64 c.; sardines, 340 fr. 40 c.; sel gris, 1,000 fr. 05 c.; sucre, 4,560 fr. 50 c.; saindoux, 4,528 fr. 64 c.; vermicelle, 133 fr. 40 c.; vinaigre, 483 fr.; conserves de poisson, 165 fr. 05 c.; menus articles : caramel, harengs salés, moutarde, fécule, pâtes d'Italie, poivre, sel blanc, tapioca et épices divers, 361 fr. 53 c.

Régime alimentaire des indigents. — 1ᵉʳ repas : soupe; 2ᵉ repas : soupe, viande ou poisson salé, légumes; 3° repas : soupe, légumes, salade ou dessert. Le jeudi et le dimanche, le plat de légumes est remplacé par un plat de viande.

La ration de poisson salé, donnée une fois par semaine, le vendredi, est de 170 grammes pour les hommes et de 130 grammes pour les femmes, comme celle de la viande.

Art. 17. — Pharmacie :

Crédit alloué.............. 2,600 »
Dépense effectuée.......... 2,599 82

Reste annulé.............. » 18

Ce crédit ne comprend que l'achat des médicaments proprement dits, le vin et le sucre étant mandatés : le premier à l'art. 15 et le second à l'art. 16 du budget.

Art. 18. — Tabac :

Crédit alloué.............. 2,800 »
Dépense effectuée.......... 2,778 10

Reste annulé.............. 21 90

Ce crédit est le même depuis 1882.

Art. 19. — Lingerie et vêture :

Crédit alloué.............. 36,000 »
Dépense effectuée.......... 33,491 54

Reste annulé.............. 2,508 46

Cette annulation tient au bas prix auquel ont été adjugées les fournitures concernant cet article.

Art. 20. — Coucher :

Crédit alloué.............. 13,300 »
Dépense effectuée.......... 13,097 24

Reste annulé.............. 202 76

La lingerie, la vêture et le coucher ne sont pas suffisamment approvisionnés, et les crédits concernant ces articles devront être maintenus à un chiffre élevé pendant quelques années.

Art. 21. — Mobilier :

Crédit alloué.............. 24,000 »
Dépense effectuée.......... 23,981 52

Reste annulé.............. 18 48

Le mobilier laisse encore un peu à désirer, bien qu'il augmente chaque année.

Art. 22. — Blanchissage :

Crédit alloué...............	4,000	»
Dépense effectuée..........	3,770 96	
Reste annulé...............	229 04	

La quantité de savon dépensée a été de 0,881 kilogr. en 1894. En 1893, elle avait été de 0,283 kilogr.; en 1892, de 0,168 kilogr.; en 1891, de 0,321 kilogr., et en 1890 de 0,283 kilogr.

Avant l'établissement de notre séchoir, qui a eu lieu en 1885, elle était moitié plus considérable.

Art. 23. — Chauffage :

Crédit alloué...............	23,000	»
Dépense effectuée..........	21,483 35	
Reste annulé...............	1,516 65	

Il a été dépensé en 1894 :

610 bourrées, 66 stères 700 de bois de chauffage, 230 stères de bois de boulangerie, 2,224 kilogr. de charbon de bois, 506,520 kilogr. de charbon de terre, 90 hectolitres de charbon de forge, 64,260 kilogr. de coke et 50 kilogr. de charbon de Paris.

Les bourrées consommées en 1894 ont été récoltées dans la propriété de l'établissement.

Art. 24. — Eclairage :

Crédit alloué...............	3,200	»
Dépense effectuée..........	2,618 85	
Reste annulé...............	581 15	

Cette dépense est aussi restreinte que possible.

Art. 25. — Bâtiments :

Crédit alloué...............	31,000	»
Dépense effectuée..........	30,866 04	
Reste annulé......	133 06	

L'intérieur des bâtiments est en bon état, à l'exception des quelques dallages en ciment et du parquet en chêne de la 7e division des hommes qui est usé et n'a pu encore être remplacé.

Beaucoup d'enduits extérieurs ont besoin d'être refaits, ainsi que le dallage de plusieurs galeries des cours intérieures.

Les principaux travaux, exécutés en 1894, comprennent :

1° La réfection des enduits en plâtre des bâtiments des 8e, 9e, 10e divisions des hommes, de la buanderie, des bains des femmes, sur la façade qui regarde les cours intérieures ;

2° L'appropriation de l'ancienne remise pour les instruments agricoles, en sellerie et en écurie pour les chevaux d'attelage, l'ancien bâtiment affecté à ces deux services ayant besoin d'être complètement refait ;

3° La réfection des cabinets d'aisances situés près de la communauté ;

4° Le pavage en carreaux d'Auneuil de 3 pièces du rez-de-chaussée du pavillon Dalet, le parquetage en chêne des pièces du premier et du second étage de ce pavillon, celui de trois pièces de la direction et celui de deux pièces du logement du concierge ;

5° L'exhaussement des murs situés de chaque côté du préau du pensionnat des hommes pour recevoir la toiture des galeries de ce préau ;

6° La confection de persiennes, pour les soupiraux des caves, sur la façade extérieure des 8e, 9e et 10e divisions du quartier des hommes et de celui des femmes ;

7° La peinture à trois couches des nouveaux enduits en plâtre, pour les préserver de l'humidité de l'intérieur de l'écurie et de la sellerie nouvelles, des plafonds de la 7e et 8e division des femmes, des fenêtres de l'infirmerie des hommes, de toute la cuisine et des deux salles de distribution pour les aliments.

En outre, des réparations nombreuses de maçonnerie, de menuiserie et de peinture ont été faites dans différentes divisions, ainsi qu'aux bains et au moulin.

Le compte-*Matière* donne le détail de toutes les dépenses mandatées sur ce crédit, qu'il serait trop long de rapporter ici.

Art. 26. — Entretien des propriétés (frais de culture) :

Crédit alloué...............	4,000	»
Dépense effectuée..........	3,999	74
Reste annulé......	0	26

Nous avons acheté 1,300 fr. de fumier, 572 fr. 15 c. de graines fourragères, 422 fr. 44 c. de graines potagères et de graines de fleurs, 757 fr. 50 c. d'avoine, 108 fr. 75 c. de paille de seigle pour paillassons et nous avons payé 422 fr. 40 c. pour ferrage de chevaux.

Nous avons, en outre, payé 416 fr. 50 c. pour dépenses diverses de moindre importance, pots à fleurs, ficelle pour paillassons, petit blé, saillies de vaches, soins aux animaux, églantiers, pommiers, tilleuls et pommes de terre.

Art. 27. — Gratifications aux travailleurs :

Crédit alloué...............	10,500	»
Dépense effectuée..........	10,469	28
Reste annulé......	30	72

Dépense à peu près semblable à celle de 1893.

Art. 28. — Fourrage et litière :

Crédit primitif............	8,000	»
Crédit supplémentaire......	3,000	»
	11,000	»
Dépense effectuée..........	10,040	45
Reste annulé	959	55

Nous avons acheté 1,158 fr. 67 c. de paille d'avoine, 252 fr. d'avoine, 7,785 fr. 53 c. de paille de blé, 300 fr.

de menue paille, 380 fr. de son et 41 fr. 25 c. de plants de betteraves.

Nous avons payé, en outre, 123 fr. pour le battage de l'avoine.

Art. 29. — Dépenses imprévues :

Crédit alloué............... 7,425 47
Dépense effectuée.......... 3 »
Reste annulé 7,422 47

Il a été prélevé, à cet article, une somme de 3 fr. pour suppléer à l'insuffisance du crédit de l'art. 12 (Contributions.)

Ce prélèvement a été autorisé par délibération de la commission de surveillance du 21 mai 1804, approuvée par l'autorité préfectorale.

Art. 30. — Restitution de trop perçu :

Crédit alloué............... 600 »
Dépense effectuée.......... 143 80
Reste annulé...... 456 20

Art. 31. — Frais de transfèrement d'aliénés :

Crédit alloué............... 2,000 »
Dépense effectuée.......... 103 70
Reste annulé...... 1,896 30

Les art. 30 et 31 ne comprennent que des dépenses d'ordre qui sont portées, pour les mêmes sommes, aux recettes.

Section II. — Dépenses en nature.

Art. 32. — Produits en nature consommés. 83,715 76

Art. 33. — Travail des aliénés 41,008 20

Ces deux articles correspondent à des articles semblables en recettes.

CHAPITRE II. — DÉPENSES EXTRAORDINAIRES

Art. 34. — Construction du pensionnat des hommes :

Crédit...................... 28,453 58
Dépense 13,065   »
                           ─────────────
Reste annulé 14,488 58

Art. 35. — Ameublement du pensionnat :

Crédit...................... 32,920   »
Dépense 16,024 32
                           ─────────────
Reste annulé...... 16,995 68

Art. 36. — Construction de galeries couvertes et de water-closets dans le préau du pensionnat :

Crédit...................... 21,658   »
Dépense 4,830   »
                           ─────────────
Reste annulé...... 16,828   »

CHAPITRE III. — DÉPENSES SUPPLÉMENTAIRES

Section Ire. — Dépenses extraordinaires.

I. — Construction d'un pensionnat pour les hommes :

Crédit...................... 34,012 55

Il n'a été rien dépensé sur ce crédit, qui a été reporté au budget supplémentaire de 1865, avec les restes annulés des articles 34 et 36.

Ces trois annulations ont été réunies en un seul crédit.

Section II. — Dépenses ordinaires.

Ces dépenses concernant la viande, les fourrages et la litière sont rattachées à celles de même nature du chapitre Ier, aux articles 14 et 28.

Quant à la dépense supplémentaire concernant les revenus en nature, elle ne figure que pour ordre, afin de porter ces revenus en dépenses au même chiffre qu'en recettes.

Récapitulation des Dépenses.

	Prévisions budg. taires.	Droits constatés.	Sommes dépensées.	Restes annulés.
Chap. Ier. Ordinaires.	556.135 47	514.624 98	514.624 98	41.510 49
Chap. II. Extraord^{res}	83.031 58	35.719 32	35.719 32	47.312 26
Chap. III. Sup. ^{tàm res}	58.728 31	22.237 78	22.237 78	36.490 53
Totaux .	697.895 36	572.582 08	572.582 08	125.313 28

Situation financière en fin d'exercice.

Valeur en nature.

Les terrains de l'asile ont coûté....... 481,002 21
Les bâtiments........ .... 2,034,177 62
Le mobilier............ .... 250,342 »
La lingerie................. .... 225,080 22
Le coucher.......................... 321,150 80
Les restants en magasin............... 80,053 38
Total.............. 3,008,805 23

Valeur en argent.

ACTIF

Excédent de l'exercice clos............. 172,224 02
Restes à recouvrer.................. 12,108 99
Total.............. 184,303 01

PASSIF

Néant.

En ajoutant l'actif en argent 184,303 fr. 91 c. à la valeur en nature 3,998,805 fr. 23 c., on a pour l'estimation totale de l'établissement 4,183,109 fr. 14 c., qui est supérieure de 66,416 fr. 24 c. à celle de 1803.

Cette somme comprend :

1° L'augmentation en argent.......... 18,626 40
2° Celle du mobilier.................. 28,994 84
3° Les à-compte payés pour la construction du pensionnat des hommes et pour celle des galeries de ce pensionnat............ 18,705 »

Total................ 66,416 24

L'augmentation du mobilier se serait élevée à 34,143 fr. 43 c., si la lingerie n'avait pas diminué de 5,148 fr. 59 c.

En effet, les meubles ont augmenté de .. 11,852 35
Le coucher, de........................ 14,675 94
Les approvisionnements en magasin, de. 7,615 14

Total................ 34,143 43

Le prix de revient de la journée moyenne de toutes les catégories de malades réunies, qu'on obtient en divisant par le total des journées de présence les prix de pensions payés, diminués des bénéfices réalisés, a été pour 1804 de 1 fr. 197.

Ce prix de revient avait été en 1803 de 1 fr. 172, en 1802 de 1 fr. 199, en 1801 de 1 fr. 203 et en 1800 de 1 fr. 282.

En résumé, tous les services ont fonctionné d'une manière convenable.

Malgré l'absence de mur autour de notre propriété, deux malades seulement se sont évadés.

L'état sanitaire a été satisfaisant, et la mortalité faible, inférieure à la moyenne des autres asiles d'aliénés.

Il n'y a pas eu de décès par accident ou suicide.

Les réparations des bâtiments ont marché avec beaucoup d'activité.

Les économies réalisées se sont élevées à 66,410 fr. 21 c., chiffre assez important, si l'on considère que rien n'a été négligé pour assurer le bien-être des malades.

Elles sont inférieures de 5,634 fr. 47 c. à celles de 1893, qui avaient atteint un chiffre exceptionnellement élevé, par suite du bas prix de toutes les denrées alimentaires, pendant cet exercice, surtout de la viande et des pommes à cidre.

En 1893, nous n'avons dépensé que 64,939 fr. 03 c. pour la viande et 14,237 fr. 43 c. pour les pommes à cidre, tandis qu'en 1894 la dépense du premier article a été de 73,481 fr. 57 c. et celle du second de 23,499 fr. 96 c.

Le tableau suivant indique les économies obtenues, chaque année, depuis 1879 :

1879	25,209 32
1880	18,496 02
1881	58,720 42
1882	51,438 76
1883	57,725 93
1884	42,286 63
1885	48,173 16
1886	73,190 84
1887	61,495 88
1888	50,579 97
1889	59,284 76
1890	26,804 78
1891	53,237 93
1892	64,367 27
1893	72,050 71

Les recettes des pensionnaires n'avaient jamais été si élevées qu'en 1894, ce qui est d'un bon augure pour la réussite de notre pensionnat, qui sera terminé à la fin de l'année.

La commission de surveillance, dans sa séance du 10 juin, a approuvé complètement le rapport suivant de M. Decluny, son président, qu'elle avait chargé d'examiner les comptes de 1894, ainsi que le budget supplémentaire de 1895 et le budget primitif de 1896.

« Les recettes prévues au budget primitif et au budget
« supplémentaire s'élevaient à 743,536 fr. 81 c., les droits
« acquis ont été de 750,975 fr. 99 c., les recettes effec-
« tuées de 744,807 fr. et les restes à recouvrer de
« 12,168 fr. 99 c.

« Les dépenses prévues étaient de 607,895 fr. 36 c.,
« les droits constatés ont été de 572,582 fr. 08 c. et les
« dépenses effectuées de 572,582 fr. 08 c.

 « Les recettes effectuées ayant été de.... 744,807 »
 « Les dépenses de.................... 572,582 08

« l'excédent des recettes est de.......... 172,224 92
 « En ajoutant à cet excédent les restes
« à recouvrer......................... 12,168 99

 « On obtient la somme de 184,393 91
« qui représente l'actif net de l'asile.

 « Cet excédent sera reporté au budget supplémentaire
« de 1895.

 « Nous appelons maintenant, Messieurs, votre attention,

 « 1° Sur les excellents résultats obtenus par l'exploi-
« tation agricole et maraîchère, qui a donné un produit
« de 37,070 fr. 22 c., d'où un excédent de 1,774 fr. 42 c.
« sur l'exercice 1893;

 « 2° Sur les bénéfices produits par la porcherie s'élevant
« à 15,612 fr. 33 c. nets ;

 « 3° Sur les bénéfices importants réalisés, en 1894, sur
« le pain par suite de l'acquisition du blé, de gré à gré,
« ce qui permet de l'acheter dans les conditions les
« plus favorables et les plus économiques, en faisant
« observer que c'est aussi par suite de l'achat du bétail,

« de gré à gré, que l'asile a pu traverser, sans avoir à
« supporter de trop lourdes charges, la période de cherté
« de la viande.

« Enfin, Messieurs, permettez-moi de vous signaler
« toutes les améliorations si importantes apportées à
« l'asile, les travaux d'entretien et de réparation exécutés
« dans des conditions d'économie remarquables par les
« aliénés, enfin les constructions nouvelles, et, malgré
« ces dépenses, la situation si florissante de l'asile, au
« point de vue financier.

« Ces résultats exceptionnels et si remarquables sont
« dus, Messieurs, à la sagesse si prudente, à l'esprit si
« développé d'organisation et d'administration, au zèle
« infatigable de M. le directeur qui, depuis qu'il est placé
« à la tête de l'administration de l'asile départemental
« de l'Eure, a su en faire un établissement de premier
« ordre, sous tous les rapports.

« Aussi la commission de surveillance est heureuse de
« pouvoir lui adresser tous ses remerciements et toutes
« ses félicitations, en le priant d'être son interprète auprès
« de ses collaborateurs et de ses employés.

« Un dernier mot, Messieurs : qu'il me soit permis
« d'émettre le vœu qu'il intervienne promptement une
« loi qui puisse assurer les intérêts pécuniaires des
« aliénés, leur conserver leur patrimoine, en empêchant
« la ruine de leurs propriétés immobilières. C'est une
« grave question d'humanité qui doit, à tous les points
« de vue, préoccuper le législateur, car l'administration
« provisoire, dans l'état actuel, ne peut rien faire, et se
« trouve forcée de rester impuissante.

« Une solution prompte s'impose d'urgence. »

Budget supplémentaire de 1895.

RECETTES

Elles comprennent :

1° L'excédent de l'exercice clos........ 172,224 92

2° Les restes à recouvrer... 12,168 99

Il faut ajouter à cette somme   14 25
dus à ce qu'une pensionnaire de 4ᵉ classe portée en 1893 à 1 f. 45 par jour, comme toutes les aliénées de cette catégorie, a été admise au compte du département de Seine-et-Oise, dont le prix de journée est plus élevé de 0 fr. 05.   12,183 24

Il y a lieu d'admettre en non-valeur..................... 562 85

Une femme qui avait été inscrite d'abord pendant 127 jours à 1 fr. 50 par jour, comme étant présumée appartenir à la Seine-Inférieure, a dû être reportée comme indigente de l'Eure à 1 fr. 25, parce qu'on a reconnu qu'elle avait acquis son domicile de secours à Louviers, d'où une diminution de recette de 31 fr. 75 c.

Une malade, transférée à l'asile de Bonneval (Eure-et-Loir), n'a pu payer une journée de présence de 1 fr. 45 dont elle restait redevable à l'asile.

Une somme de 529 fr. 65 c., due pour la pension d'une malade décédée, a été reconnue irrécouvrable, à la suite de poursuites exercées contre le mari, déclaré insolvable.

Il ne reste donc à recouvrer que 11,620 39   11,620 39

Total.................. 183,845 31

Un état explicatif donne le détail des sommes restant dues à l'asile.

DÉPENSES

Excédent du budget supplémentaire de 1894, reporté au budget primitif de 1895.............. 57,357 21

Section I. — Dépenses extraordinaires.

I. — Construction du pensionnat des hommes, de galeries couvertes avec water-closets pour ce pensionnat................ 65,329 13

Les devis de cette construction se montent à.................... 192,370 50 sur lesquels il a été mandaté.. 116,025 »

Il reste donc à payer...... 76,354 50 dont 11,025 fr. 37 c. sont portés au budget primitif de 1895 et 65,329 fr. 13 c. à ce budget supplémentaire.

Section II. — Dépenses ordinaires

Art. 14. — Viande.................. 9,000 »

Il ne restait, à la porcherie, au 31 décembre 1894, que peu de porcs gras; en outre, le prix des animaux destinés à l'abattoir a été élevé pendant les quatre premiers mois de l'année et l'épidémie intense d'influenza qui a régné à l'asile jusqu'au 1er juin a nécessité beaucoup de rations supplémentaires de viande pour réparer les forces des aliénés qui ont presque tous été atteints à un degré plus ou moins grave par cette épidémie.

Le crédit primitif (viande) est de 73,000 fr.

A reporter...... 131,686 34

Report......... 131,686 34

et au 1er juin, il avait été dépensé, sur ce
crédit, 34,383 fr. 07 c.

Art. 25. — Entretien des bâtiments ....   3,000 »

La réfection des enduits en plâtre du bâtiment de la 7e division des hommes, du côté
de la cour intérieure, celle du dallage de la
galerie intérieure des 1re, 2e, 5e et 6e divisions
et celle des quatre calorifères complètement
usés, hors d'état de fonctionner, nécessitent
une dépense de 15,395 fr. 10 c.

Le crédit primitif étant de 32,000 fr., il
ne resterait donc plus, pour les autres dépenses de l'année, que 16,604 fr. 90 c.,
somme qui serait insuffisante.

Total..................... 134,686 34

Les recettes étant de...... 183,845 31
et les dépenses de 134,686 34

l'excédent des recettes est de.. 49,158 97

Budget primitif de 1896.

Recettes ordinaires en argent.

Ces recettes se montent à 476,110 fr. 80 c. et sont
basées sur un chiffre de 875 aliénés, dont 756 indigents
et 119 pensionnaires.

Les indigents comprennent 576 aliénés de l'Eure, 149
de la Seine, 23 d'autres départements et 8 de l'État.

Le chiffre prévu des indigents de l'Eure correspond
exactement à la moyenne quotidienne de ces aliénés,
pendant l'année 1894 ; celui des autres catégories d'indigents est inférieure de 11 à cette moyenne; nous ne pou-

vons pas en recevoir de nouveaux, par suite de l'encombrement actuel de nos divisions d'agités.

Le nombre des pensionnaires est augmenté de 12, en raison de l'achèvement du pensionnat des hommes et tout porte à penser que cette augmentation pourra facilement être atteinte.

Les autres recettes sont basées sur les résultats du compte de 1894, à l'exception des articles *Trop perçu* et *Remboursement de frais de transfèrement d'aliénés* qui sont augmentés. Ces articles n'influent pas sur le budget, les mêmes chiffres étant portés en dépenses.

Je ne pense pas qu'il y ait lieu d'apporter aucune modification aux prix de pension actuels.

	Hommes.	Femmes.
Indigents :		
De l'Eure....................	1 30	1 25
De la Seine....................	1 40	1 40
D'autres départements, des pays étrangers et de l'État..............	1 50	1 50
Pensionnaires :		
De classe exceptionnelle.........	8 70	8 70
De 1re classe....................	5 70	5 70
De 2e classe....................	4 »	4 »
De 3e classe....................	2 60	2 60
De 4e classe....................	1 50	1 50
Domestiques au compte des familles.	3 »	2 50

Revenus en nature et produit du travail des aliénés consommés à l'établissement.

Ils sont évalués à 125,000 fr. et constituent une recette d'ordre portée pour le même chiffre en dépenses.

Recettes extraordinaires.

Excédent du budget supplémentre de 1895.   49,158 97

Dépenses ordinaires en argent.

Le traitement du directeur-médeciu, du receveur-économe, des employés de l'administration, des fonctiounaires
et employés du service médical, de l'aumônier, des sœurs,
les gratifications aux travailleurs, la dépense du tabac,
sont les mêmes que ceux du budget de 1895.

La solde des préposés et servants est augmentée de
6,000 fr.; mais cette augmentation est compensée par
une diminution d'égale somme du crédit *Entretien des
bâtiments*, qui, de 32,000 fr., est réduit à 26,000 fr.

Les quatre chefs d'atelier : maçou, menuisier, serrurier
et peintre, qui ne sont ni nourris, ni logés, ni habillés,
travaillent à l'asile toute l'année, pour diriger les travaux
exécutés par les aliénés, et leur dépense est mieux placée
au premier crédit qu'au second. La solde des préposés
et servants est élevée, pour ce motif, de 38,800 fr. à
44,800 fr.

Le prix du blé est évalué à 20 fr. les 100 kilogr., ce
qui, avec l'achat de farine de fèveroles et quelques me-
nues dépenses, porte le montant de cette fourniture à
48,600 fr.

Le crédit *Lingerie* est prévu, comme celui de 1895,
à 41,000 fr. Les fournitures concernant cet article sont
insuffisantes, la construction du pensionnat nous ayant
forcé de les réduire le plus possible pour nous permettre
de subvenir à la dépense de cette construction.

Le crédit *Fourrage et litière* est diminué de 2,000 fr., le
prix de la paille ayant été exceptionnellement élevé en 1894.

Les autres crédits sont basés sur les résultats du
compte de ce dernier exercice, avec une légère augmentation pour la viande, les comestibles, le chauffage, les
frais de culture, le prix des fournitures concernant ces
crédits étant impossible à prévoir d'une manière certaine
avant leur adjudication.

Dépenses extraordinaires.

Construction de chambres d'isolement pour le quartier des femmes........................... 71,226 33

Elle sera exactement semblable à celle des hommes, qui est en cours d'exécution. Elle est indispensable pour permettre d'isoler, la nuit, les aliénées bruyantes qui, par leurs cris, privent de sommeil les malades couchant dans le même dortoir qu'elles.

Cette construction a été approuvée en principe par la commission du Conseil général, lors de sa visite de l'asile, l'année dernière, à sa session d'août.

Elle permettra de recevoir un plus grand nombre d'aliénés de la Seine.

Prolongation de la galerie du pensionnat des hommes sur les parties latérales de cette construction et pavage en carreaux de Pont-Sainte-Maxence de la totalité de cette galerie.......................... 8,452 50

La prolongation de cette galerie, sur les parties latérales du pensionnat, et le pavage de la totalité de cette galerie uniformiseront toutes les galeries donnant sur la cour intérieure, faciliteront le service pendant les mauvais temps, préserveront de l'humidité les caves et les fondations de ce pensionnat.

Total des dépenses extraordinaires...... 79,678 83

Les dépenses ordinaires étant de....... 570,590 94

le total des dépenses est de............. 650,269 77
et balance celui des recettes, qui atteint le même chiffre.

Veuillez agréer, Monsieur le préfet, l'hommage de mon respectueux dévouement.

Evreux, le 1er juin 1895.

Le Directeur-Médecin en chef,

BRUNET.

RAPPORT DU DIRECTEUR-MÉDECIN EN CHEF

Sur l'Asile public d'aliénés de l'Eure

Pour 1896

Monsieur le Préfet,

J'ai l'honneur de vous adresser mon rapport annuel sur l'asile d'Evreux que je vous prie de vouloir bien soumettre au Conseil général à sa session d'août.

Ce rapport comprend :

1° Le compte médical de 1895 ;
2° Le compte administratif et moral de la même année ;
3° Le budget supplémentaire de 1896 ;
4° Le budget primitif de 1897.

Compte médical de 1895.

Le 1er janvier 1895, l'asile contenait 876 aliénés. Le nombre des admissions a été de 133 pendant l'année, ce qui porte le nombre total des malades traités à 1009, chiffre inférieur de 28 à celui de 1894.

La moyenne quotidienne des aliénés a été de 858, tandis qu'elle avait été de 874 en 1894 et de 863 en 1893.

Le nombre des décès a été de 99 et celui des sorties de 63. Le total des sorties et des décès étant supérieur de 29 à celui des admissions, le chiffre des aliénés existants, le 31 décembre 1895, a été réduit à 847.

Les 876 aliénés présents au 1er janvier comprenaient : 577 indigents de l'Eure, 154 de la Seine, 33 de divers départements et de l'Etat et 112 pensionnaires, dont 83 de l'Eure.

Le tableau suivant indique la forme d'aliénation mentale dont ces malades étaient atteints :

	Hommes	Femmes	Total
Folie simple, générale ou partielle....	146	188	334
Paralysie générale...................	21	5	26
Démence consécutive à la folie.......	110	120	230
Démence sénile	»	3	3
Démence organique.................	2	1	3
Idiotie et imbécillité simples.........	103	110	213
Epilepsie compliquée de folie ou de démence......................	14	22	36
Epilepsie compliquée d'idiotie on d'imbécillité	9	22	31
	405	471	876

Les cas d'idiotie sont très nombreux à l'asile d'Evreux ; 244 malades étaient atteints de cette forme d'aliénation mentale qui était compliquée d'épilepsie chez 31 d'entre eux.

Au point de vue de leur domicile habituel, les idiots se répartissent de la manière suivante :

	Hommes	Femmes	Total
Eure..........................	100	106	206
Seine.........................	6	25	31
Autres départements.............	6	1	7
	112	132	244

Les 206 aliénés de l'Eure, qui étaient atteints d'idiotie, comptaient 198 indigents de l'Eure et seulement 8 pensionnaires.

Le nombre total des indigents de l'Eure étant de 577 et celui des pensionnaires de 83, l'idiotie est trois fois plus fréquente pour le département, relativement aux autres formes d'aliénation mentale, dans la classe pauvre de la société que dans la classe riche.

Pour les indigents, la proportion est de 35 %, tandis que chez les pensionnaires elle n'est que de 9.

L'idiotie est le résultat de lésions cérébrales diverses qui empêchent le développement normal des facultés intellectuelles et morales. Ces lésions qui surviennent pendant la vie intra-utérine ou la première enfance, sont plus fréquentes dans la classe pauvre, parce que l'enfance n'y est pas toujours entourée des soins qui lui seraient nécessaires et que les excès alcooliques des parents y sont plus fréquents.

Les 133 admissions de 1895 se répartissent entre 82 indigents, dont 69 domiciliés dans l'Eure et 51 pensionnaires.

Sur les 13 indigents étrangers au département, 3 n'ont pas encore de domicile de secours déterminé ; les 10 autres appartiennent : 1 à Seine-et-Oise, 1 à la Marne, 1 au Gard, 1 à la Haute-Loire, 1 au Calvados, 1 à la Seine-Inférieure, 2 au ministère de l'intérieur, 1 au ministère des colonies et 1 au ministère de la justice.

Ces admissions comprennent : 98 folies simples, 12 paralysies générales, 5 démences séniles ou organiques, 11 idioties, 6 épilepsies et 1 cas de non aliénation mentale qui se rapporte à un individu transféré du quartier d'aliénés criminels de Gaillon où il s'était fait admettre en simulant l'épilepsie pour y être mieux traité que dans une maison centrale.

95 individus n'étaient jamais entrés dans un asile d'aliénés avant leur admission à celui d'Evreux ; 6 ont été admis par suite de rechute : 14 par transfèrement d'un

autre asile et 18 ont été réintégrés pour cause de sortie avant guérison.

Les 14 malades transférés venaient : 4 de Gaillon, 1 de la colonie des Douaires, 6 d'un asile public d'aliénés et 3 d'une maison de santé particulière ; 5 appartiennent à l'Eure, 1 au Gard, 1 à la Marne, 1 au ministère de l'intérieur, 1 au ministère des colonies, 4 sont pensionnaires, et le domicile de secours du nommé B..., transféré de Gaillon, n'est pas encore déterminé.

Les admissions pour la première fois comprennent : 67 folies simples, 11 paralysies générales, 5 démences séniles ou organiques, 8 idioties et 4 épilepsies

Elles se répartissent entre 50 indigents de l'Eure, 8 indigents d'autres départements et 37 pensionnaires.

Si on les compare à la moyenne des années qui s'étendent de 1870 à 1894, on constate, comme le montre le tableau ci-dessous, que les admissions des indigents de l'Eure ont diminué de 11,6, celles des indigents des autres départements et de l'Etat de 3 et que celles des pensionnaires ont augmenté de 12,3.

Tableau comparatif de la moyenne annuelle des admissions pour la première fois, de 1870 à 1894, avec la moyenne de 1895.

	PENSIONNAIRES.			INDIGENTS.						PENSIONNAIRES et INDIGENTS.		
				EURE.			Autres départements et Etat.					
	H.	F.	2 sexes	H.	F.	2 sexes.	H.	F.	2 sexes	H.	F.	2 sexes
Moyenne des admissions :												
De 1870 à 1894.......	17	17,7	34,7	31,6	30	61,6	7,5	3,5	11	56,2	51,3	107
De 1895.............	24	23	47	26	24	50	7	1	8	47	48	95
Différences...........	+ 7	+ 5,3	+ 12,3	— 5,6	— 6	— 11,6	— 0,5	— 2,5	— 3	— 9,2	— 3,3	— 12

De 1881 à 1895 nous avons en 1,407 admissions pou[r] la première fois, comprenant 1,264 individus atteints d[e] folie et de démence et 143 idiots.

1,228 étaient domiciliés dans l'Eure et 170 étaient étrangers au département.

Si on examine ces admissions au point de vue des mois où elles ont eu lieu, on constate que celles des individus atteints de folie et de démence ont été plus fréquentes en été et au printemps qu'en automne et en hiver. Cela tient à ce que, dans les deux premières saisons, la vie cérébrale est moins calme, plus active, que les excès alcooliques y sont plus nombreu˙

Les mois de juillet et d˙ ˙˙ sont les mois qui comptent le plus d'admissions ; c˙ x de novembre et d'octobre, ceux qui en ont le moins.

Les tableaux suivants concernent les admissions qui ont eu lieu pour la première fois du 1er janvier 1881 au 31 décembre 1895.

MOIS.	FOLIE et démence.			IDIOTIE et imbécillité.			TOTAL.		
	H.	F.	2 sexes.	H.	F.	2 sexes	H.	F.	2 sexes.
Novembre..	32	34	66	4	3	7	36	37	73
Octobre....	47	45	92	7	6	13	54	51	105
Mars.......	56	43	99	11	5	16	67	48	115
Décembre..	58	45	103	7	4	11	65	49	114
Janvier.....	49	54	103	4	7	11	53	61	114
Février.....	49	54	103	6	4	10	55	58	113
Juin.......	53	54	107	6	8	14	59	62	121
Septembre..	56	54	110	2	6	8	58	60	118
Avril.......	56	57	113	3	4	7	59	61	120
Août.	59	58	117	7	4	11	66	62	128
Mai........	68	55	123	10	9	19	78	64	142
Juillet......	68	60	128	11	5	16	79	65	144
	651	613	1,264	78	65	143	729	678	1,407

La plus grande fréquence des admissions, au printemps et en été, leur prédominance pendant les mois de mai et de juillet, a été coustatée également dans la période qui s'étend de 1869 à 1880.

Les entrées des individus atteints d'idiotie ont été trop irrégulières, sont trop peu nombreuses, pour permettre d'en tirer aucune conclusion.

	ÉTAT CIVIL											
	CÉLIBATAIRES.		MARIÉS.		VEUFS.		DIVORCÉS.	INCONNUS.		TOTAL.		
	H.	F.	H.	F.	H.	F.	F.	H.	F.	H.	F.	2 sexes.
1881..	33	15	22	28	7	11	»	1	»	64	54	118
1882..	23	18	19	18	4	15	»	1	»	47	51	98
1883..	22	30	22	25	3	11	»	2	1	49	67	116
1884..	19	15	29	27	6	9	»	»	1	54	51	105
1885..	18	21	25	16	6	6	»	1	»	50	43	93
1886..	19	11	24	17	5	6	»	1	»	49	34	83
1887..	11	9	26	20	2	11	»	»	»	39	40	79
1888..	18	12	27	19	6	5	»	1	»	52	36	88
1889..	13	9	25	21	2	6	»	»	»	40	36	76
1890..	20	9	21	14	2	6	»	»	»	43	29	72
1891..	16	15	34	19	1	6	»	»	»	51	40	91
1892..	16	17	20	18	4	4	2	»	»	40	45	85
1893..	23	15	21	17	4	9	1	»	»	48	42	90
1894..	13	14	37	31	6	17	»	»	»	56	62	118
1895..	21	11	23	28	3	8	1	»	»	47	48	95
	285	221	376	318	61	134	4	7	1	729	678	1,407

Les célibataires sont au nombre de 506, les veufs de 196, les personnes mariées de 694.

Les célibataires comprennent 140 idiots et 362 fous ou déments.

Le veuvage et surtout le célibat prédisposent beaucoup plus à la folie et à la démence que le mariage qui entraîne à moins d'excès, surexcite moins les sentiments égoïstes.

Au-delà de 20 ans, le nombre des individus mariés est, en effet, plus de quatre fois plus considérable que celui des célibataires, tandis que le nombre des fous et des déments mariés n'atteint pas le double de ces aliénés célibataires.

Instruction.

	Hommes.	Femmes.	2 sexes.
Sachant lire............	32	36	68
Instruction primaire....	450	395	845
Iustruction plus élevée..	47	24	71
Sans instruction.......	166	182	348
Iustruction inconnue ...	34	41	75
	720	678	1,407

Il n'existe aucun rapport de cause à effet entre l'instruction et le développement de la folie qui est due, je ne saurais trop le répéter, à la surexcitation des instincts égoïstes et aux excès alcooliques. Une éducation convenablement dirigée pourrait seule arrêter les progrès chaque jour croissants de l'aliénation mentale, en disciplinant nos sentiments personnels, en mettant un frein à nos passions, en développant nos facultés morales et en recommandant la sobriété.

Professions.

	Hommes.	Femmes.	2 sexes.
Professions libérales....	28	16	44
Professions commerciales ou industrielles......	131	69	200
Professions manuelles ou			
A reporter.....	159	85	244

	Hommes.	Femmes.	2 sexes.
Report........	159	85	244
mécaniques	154	75	229
Professions agricoles ...	103	156	259
Gens à gages..........	239	259	498
Militaires.............	6	»	6
Sans profession	58	83	141
Professions inconnues...	10	20	30
	729	678	1,407

Les gens à gages présentent le plus grand nombre
d'aliénés, parce que ce sont eux qui commettent le plus
d'excès alcooliques.

Répartition, par arrondissement, des aliénés domiciliés dans l'Eure,
admis pour la première fois, de 1881 à 1895.

ARRONDISSEMENTS.	MOYENNE annuelle d'habitants de l'Eure.	FOLIE et démence.			PROPORTION MOYENNE annuelle pour 10,000 habitants.	IDIOTIE et imbécillité.			PROPORTION MOYENNE annuelle pour 10,000 habitants.
		H.	F.	2 sexes.		H.	F.	2 sexes	
Evreux..........	112.026	227	258	485	2.85	20	15	35	0.208
Louviers........	59.970	110	95	205	2.33	15	13	28	0.312
Bernay..........	61.620	81	76	157	1.62	8	12	20	0.217
Pont-Audemer....	65.647	82	67	149	1.52	17	13	30	0.305
Les Andelys	58.266	56	46	10.	1.20	13	4	17	0.194
	357.529	556	542	1,098	2.20	73	57	130	0.242

Les arrondissements d'Evreux et de Louviers ont le
plus grand nombre d'aliénés par rapport à leur population et celui des Andelys le moindre.

Les grandes villes, les centres industriels où se trouvent réunies toutes les causes de dégénérescence mentale, comptent toujours plus d'aliénés que les communes agricoles.

Age au moment de l'admission.

	FOLIE ET DÉMENCE			IDIOTIE ET IMBÉCILLITÉ		
	Hommes	Femmes	2 Sexes	Hommes	Femmes	2 Sexes
De 3 à 20 ans..	20	35	55	40	32	72
De 20 à 25 ans..	40	35	75	10	11	21
De 25 à 30 ans..	60	55	115	8	7	15
De 30 à 35 ans..	83	59	142	5	7	12
De 35 à 40 ans..	103	73	176	4	3	7
De 40 à 50 ans..	147	138	285	6	2	8
De 50 à 60 ans..	98	108	206	4	3	7
De 60 à 70 ans..	61	64	125	1	»	1
De 70 à 92 ans..	39	46	85	»	»	»
Totaux	651	613	1,264	78	65	143

La période moyenne de la vie, de 35 à 50 ans, est celle qui compte le plus d'individus atteints de folie, parce que c'est elle qui présente le plus de causes de surexcitation cérébrale.

La moitié des individus atteints d'idiotie étaient âgés de moins de 20 ans au moment de leur admission.

Sorties. — 25 malades sont sortis pour cause de guérison, 23 pour cause d'amélioration ; 9 ont été transférés dans les asiles des départements où ils avaient leur domicile de secours, et 6 ont été réclamés par leurs familles.

Dans l'hystérie, l'hypnotisation avec suggestion est le meilleur mode de traitement.

Nous avons obtenu plusieurs cas de guérison de cette manière et l'observation suivante en est un nouveau cas intéressant :

La nommée D..., âgée de 32 ans, célibataire, est entrée à l'asile en 1895 pour cause de morphinomanie hystérique.

Son père a eu des troubles cérébraux.

Elle commença à être malade vers l'âge de 18 ans à la suite d'une suppression de règles.

A 19 ans, elle fut prise de crises convulsives répétées et d'attaques de catalepsie. A cette époque, elle resta trois mois sans pouvoir marcher. Elle vint alors en Touraine, dont le climat lui avait été conseillé, et fut guérie une première fois de la passion de la morphine, qu'elle avait contractée pendant sa maladie; sa santé se trouva alors assez bonne. Cependant, lorsque cette malade vint à Evreux, en 1886, elle n'était pas complètement déshabituée de l'opium, dont elle prenait 30 centigrammes d'extrait par jour. Cet extrait opiacé avait pour but de calmer des contractions pharyngiennes qui empêchaient, dans certains moments, la malade de manger. On ne put réduire beaucoup la dose de ce médicament quoiqu'on fût arrivé à modifier favorablement la dysphagie par l'hypnotisation et la suggestion. La malade hypnotisée présentait les phénomènes de la double personnalité.

Elle eut, à cette époque, plusieurs crises de catalepsie, une perte complète de la vision pendant au moins une semaine, plusieurs fois une perte complète de la faculté de marcher, plusieurs fois aussi des phénomènes douloureux d'une extrême intensité dans la poitrine et dans le bras gauche, phénomènes simulant l'angine de poitrine. Il fallut revenir à la morphine pour diminuer les douleurs. La malade ne tarda pas à en abuser. Elle prenait de 0,25 à 0,30 de chlorhydrate de morphine en injections qu'elle se faisait elle-même. Comme tous les morphinomanes, elle est très habile à se procurer de la morphine à l'insu de sa famille, et cette habileté est doublée de l'adresse spéciale des hystériques.

Peu à peu, le besoin de la morphine est devenu chez elle une passion irrésistible qui lui a fait perdre sa liberté morale. Elle a eu recours à des subterfuges, à des abus de confiance, à des indélicatesses graves pour se procurer le médicament dont elle ne peut se passer. Elle a fabriqué de fausses ordonnances médicales, donné de faux noms aux pharmaciens pour obtenir crédit, commis de véritables vols dans sa famille.

Elle est restée six mois en traitement à l'asile. Elle prenait très-peu d'aliments à cause de la dysphagie, avait des hoquets fréquents, des attaques d'hystérie avec convulsions cloniques et perte de connaissance. Elle était sujette à de la céphalalgie, à des hémoptysies. Les règles étaient supprimées.

Le traitement auquel elle a été soumise a consisté dans l'hypnotisation avec suggestion une ou deux fois par jour, avec quelques jours d'intervalle de temps en temps, quand son état était amélioré.

Elle prenait quelquefois de l'extrait d'opium à très-petite dose, 0,05 par jour, ou une injection de 0,02 de chlorhydrate de morphine, quand elle réclamait cette médication avec trop d'instance.

Sous l'influence de ce traitement, la dysphagie, les attaques hystériques, les hémoptysies ont disparu, la menstruation s'est rétablie, et quand elle a quitté l'établissement, on ne constatait plus chez elle qu'un certain degré d'irritabilité nerveuse, qui lui-même a disparu dans sa famille.

Les forces étaient revenues et elle avait repris de l'embonpoint.

Six mois après sa sortie, j'ai reçu des lettres d'elle et de ses parents qui m'annonçaient que la guérison se maintenait et qu'on songeait à la marier.

La péricérébrite chronique à forme expansive, qui se termine presque toujours par la paralysie générale et la mort, peut guérir à sa première période quand elle est traitée par l'emploi du tartre stibié à haute dose, seul ou alternant avec le bromure de potassium. L'observation suivante est un nouveau cas de guérison par ce mode de traitement.

Le nommé L..., né le 1er janvier 1856, employé au chemin de fer, marié, est entré à l'asile le 19 juin 1893.

Son père s'est pendu, sa grand'mère paternelle est morte aliénée.

Il a commis des excès de boisson depuis quatre ou cinq ans et a éprouvé beaucoup de chagrin de l'inconduite de sa femme et de son renvoi du chemin de fer pour indélicatesse.

Il prétend n'avoir jamais eu la syphilis.

Il était d'un caractère gai, vif; son intelligence était assez développée. Il était laborieux, économe, âpre au gain.

Le début de la maladie date de quatre mois.

Il est atteint de manie ambitieuse incohérente, caractérisée par de l'agitation, des idées incohérentes de richesse, des idées de contentement, de l'inégalité pupillaire.

Pupilles contractées, la gauche plus que la droite. Tremblement fibrillaire des mains et de la langue.

Il se croit très-riche, forme toutes sortes de projets chimériques. Il remplit ses poches de cailloux, qu'il considère comme des objets de grande valeur.

Cauchemars la nuit.

Réflexes patellaires abolis; conservation des réflexes iriens.

Embarras de la parole douteux.

Il prend 4 gr. de bromure de potassium le 1er juillet; la dose est augmentée progressivement et portée le 1er septembre à 10 gr., le 9 octobre à 12 gr., le 20 du même mois à 13 gr.

Cette médication, produisant peu d'amélioration, est remplacée par le tartre stibié, le 30 octobre, à la dose de 0,15 cent. par jour, portée à 0,20 le 31 du même mois, à 0,30 le 1er novembre, à 0,40 le 4, à 0,50 le 5, à 0,60 le 7. A la suite de diarrhée et de vomissements, cette médication est suspendue, puis reprise, le 10 novembre à 0,30, à 0,40 le 17, à 0,50 le 18, à 0,60 le 2J. Elle est continuée à cette dose jusqu'au 8 décembre où elle est portée à 0,80, puis à 0,90 le 17, jusqu'au 16 janvier 1894.

La diarrhée, les vomissements font cesser de nouveau cette médication, qui a produit une grande amélioration dans son état mental. Il est devenu calme, présente moins d'idées délirantes. Il conserve une grande émotivité.

Du 20 janvier au 8 février, julep contenant 4 gr. de bromure de potassium et 0,10 de tartre stibié.

9 février. — L'amélioration continue; 4 gr. de bromure de potassium.

1er mars. — Il n'a plus d'idées délirantes. L'inégalité pupillaire persiste. Il ne veut pas travailler.

1er août. — L'inégalité pupillaire a disparu. Pas d'idées délirantes. Refus de travail.

Le 1er octobre 1894, il commence à travailler, et, craignant d'avoir affaire à une simple rémission au lieu d'une guérison complète, nous parvenons à le garder jusqu'au 19 octobre 1895, où il sort de l'établissement complètement revenu à l'état normal.

Un mois après sa sortie, il est revenu nous voir et sa guérison se maintenait.

Décès. — 90 malades ont succombé en 1895, ce qui donne une mortalité de 11,54 % par rapport à la population moyenne, et de 9,81 % par rapport au nombre d'aliénés traités.

La mortalité a été un peu plus élevée en 1895 que pendant la période de 1880 à 1894, mais beaucoup moins que pendant celle de 1866 à 1879.

L'augmentation de la mortalité, par rapport à celle de la période de 1880 à 1894, tient à l'épidémie d'influenza qui a régné pendant le 1er semestre de l'année, a déterminé beaucoup d'affections pulmonaires mortelles, et à un nombre de décès assez élevé par suite de phthisie et de maladies de cœur.

	Hommes	Femmes	2 Sexes
Décès par sexe	50	49	99
Population moyenne........	395	463	858
Proportion % des décès.....	12.66	10.58	11.54
Population traitée.........	473	536	1,009
Proportion % des décès.....	10.57	9.14	9.81

Le tableau suivant donne le détail des causes des décès.

	Hommes	Femmes	2 Sexes
Paralysie générale...............	11	3	14
Congestion cérébrale	2	3	5
Hémorrhagie cérébrale	»	3	3
Hémorrhagie de la protubérance....	1	»	1
Ramollissement cérébral	2	2	4
Attaques d'épilepsie.............	2	1	3
Congestion pulmonaire...........	5	5	10
Bronchite......................	1	1	2
Pneumonie.....................	4	8	12
Pleurésie......................	1	3	4
Phthisie	5	4	9
Maladie du cœur................	4	7	11
Entérite	2	»	2
Dyssenterie....................	3	1	4
Cancer de l'estomac et du foie	1	3	4
Cancer de la langue..............	1	»	1
À reporter....	45	44	89

	Hommes	Femmes	2 sexes
Report........	45	44	89
Cancer des deux seins.............	»	2	2
Dégénérescence amyloïde de la rate.	1	»	1
Hernie inguinale étranglée........	2	»	2
Fracture du tibia en V..........	»	1	1
Goître suffocant.................	»	1	1
Inanition prolongée.............	»	1	1
Sénilité......................	2	»	2
Totaux.............	50	49	99

Paralysie générale. — Elle est toujours produite par une inflammation diffuse chronique du cerveau, ne siégeant le plus souvent que sur le lobe frontal et le lobe pariéto-temporo-sphénoïdal. Cette inflammation est caractérisée par l'épaississement, avec opalescence, des membranes viscérales du cerveau et par les adhérences de ces membranes à la substance corticale injectée, ramollie, atrophiée.

L'atrophie du cerveau est constante dans la paralysie générale, et quand elle prédomine sur un hémisphère, les adhérences des membranes sont également plus prononcées sur cet hémisphère.

Chez un homme atteint de paralysie générale, l'atrophie du cerveau était tellement prononcée que cet organe ne pesait que 000 gr. Sa taille, il est vrai, n'avait que 1^{m}55.

La durée de la maladie à laquelle l'atrophie est proportionnée en même temps qu'au processus inflammatoire avait été de 4 ans et 6 mois.

Dans l'observation suivante, que je crois devoir rapporter en raison de sa rareté, la paralysie générale a été précédée de l'ataxie locomotrice qu'elle est venue compliquer.

Le nommé R..., né à Rouen le 1er mai 1835, marié, dessinateur sur étoffes, séparé d'avec sa femme, domicilié à V..., a été admis à l'asile d'Evreux le 20 avril 1893.

Pas d'antécédents héréditaires.

On ne sait pas s'il a eu la syphilis. Beaucoup d'excès de tabac. Avant d'être malade, il occupait, en Italie, une position lucrative comme dessinateur dans une fabrique industrielle importante.

Il est atteint d'ataxie locomotrice compliquée de paralysie générale.

L'ataxie locomotrice est très-ancienne et aurait débuté, il y a une vingtaine d'années, par des douleurs fulgurantes, surtout du côté gauche, et de l'affaiblissement de la vue. Aujourd'hui, la vue est complètement abolie, les pupilles sont très-contractées, la gauche plus que la droite. Abolition des reflexes iriens et rotuliens : signe de Romberg. Il a été impossible de préciser le début de la paralysie générale qui aujourd'hui est nettement confirmée. Il présente de l'affaiblissement de l'intelligence, de l'agitation légère, des idées d'ambition et de contentement, de l'embarras de la parole, du tremblement fibrillaire de la langue, des doigts et des muscles de la face.

Il se croit très-riche, demande à sortir de l'asile pour aller toucher un chèque de cent mille francs. Il a gagné des millions avec le commerce des pendules et des baromètres.

Il s'imagine avoir un talent remarquable sur la flûte.

Habitudes d'ouanisme auxquelles il se livrait même devant sa domestique.

Depuis un an son caractère est devenu irascible.

Il ne sait pas son âge.

15 mai. — Pas de changement notable dans son état mental. Il va gagner des millions en montant un opéra à V... Sensibilité tactile conservée, sensibilité à la douleur obtuse. Miction fréquente et non-involontaire. Il marche difficilement. Embarras de la parole peu marqué, quoique incontestable.

Septembre. — Paralysie générale expansive et tabès.

8 novembre. — Idées de richesse et de contentement. Loquacité incohérente. Il commence à être malpropre.

1er décembre. — Il s'affaiblit, mange plus difficilement, parle souvent seul ; les idées expansives ont été remplacées par des idées dépressives. Il croit que les Anglais vont l'emporter, qu'on l'a condamné aux travaux forcés à perpétuité, qu'on va le guillotiner.

1er janvier 1894. — Il continue à s'affaiblir, ne peut plus se lever que 3 ou 4 heures par jour. Idées dépressives. Il dit qu'il a plus de 100,000 fr. de dettes, sans qu'il sache comment il les a faites. Embarras de la parole peu prononcé.

Pupilles très-contractées, ponctiformes, la droite est un peu plus large que la gauche. Paralysie incomplète du muscle élévateur de la paupière supérieure droite.

Il élève plus difficilement la paupière de cet œil que celle de l'œil gauche.

1er février. — Il s'affaiblit de plus en plus, répond difficilement aux questions qu'on lui adresse. Il dit qu'il est condamné aux travaux forcés. Il mange difficilement.

1er mars. — Idées mélancoliques. Il a immensément de dettes, n'a plus de lit pour se coucher. Il ne maigrit pas, bien qu'il mange d'une manière irrégulière.

1er avril. — Les idées tristes ont disparu. Il est content de la nourriture, de son bon lit. Il a des moments d'excitation pendant lesquels il pousse des cris perçants sans motif.

1er mai. — On a de la peine à le faire lever quelques heures dans la journée en l'asseyant dans un fauteuil qu'il dit ne pas lui appartenir. Il ne sait pas du tout ce qu'il fait, est malpropre. Pas d'idées ambitieuses. Il n'a pas un sou à lui. Il ouvre difficilement l'œil droit.

Il fait souvent des difficultés pour prendre des aliments. Embarras de la parole peu prononcé.

1er juin. — Excitation intermittente légère. Il passe une grande partie de son temps à faire le simulacre de jouer de la flûte. Il s'affaiblit beaucoup, répond difficilement aux questions.

Juillet. — Les idées ambitieuses sont revenues, mais peu intenses et moins mobiles que dans la paralysie générale ordinaire. Il ne peut plus se tenir debout, mais se sert encore de ses mains. Il crache tout le temps autour de lui. Il prétend voir et entendre des dames, converse avec elles. L'intelligence est tellement affaiblie qu'il est difficile de constater s'il a réellement des hallucinations de la vue et de l'ouïe. Sensibilité normale. Depuis qu'il est à l'asile il n'a pas éprouvé de douleurs fulgurantes. Gâtisme.

Août. — L'intelligence est très-affaiblie. Il parle souvent à des dames auxquelles il adresse des paroles galantes. Idées de contentement.

Octobre et novembre. — Il est de plus en plus malpropre.

Décembre. — Il ne peut plus marcher seul. Parole peu embarrasée; point d'idées délirantes. Vie purement végétative. Agitation légère et intermittente.

Janvier 1895. — Idées de tristesse alternant avec des idées de contentement. Un jour il paraît très-heureux et le lendemain il pousse des cris perçants, comme s'il avait peur qu'on lui fasse du mal.

Février et mars. — Démence complète. Gâtisme.

Avril. — Il s'affaiblit de plus en plus.

24 mai. — Il succombe aujourd'hui après s'être affaibli progressivement. Il n'est resté que 3 jours complètement alité et a présenté des accidents de congestion pulmonaire.

Autopsie : 28 heures après la mort.

Taille 1ᵐ65.

Léger amaigrissement.

Eschares légères au sacrum et au grand trochanter droit

Les os du crâne sont minces, injectés ; les sutures osseuses de la voûte sont presque complètement ossifiées.

Poids de l'encéphale :

Hémisphère cérébral droit.........	475 gr.
— gauche.......	445
Cervelet........................	142
Protubérance	15
Bulbe...........................	7
	1,084 gr.

Les membranes viscérales du cerveau sont un peu épaissies et opalescentes le long du trajet de l'artère sylvienne moyenne.

Sur l'hémisphère droit elles se détachent facilement, excepté à l'extrémité antérieure du lobe sphénoïdal et à l'extrémité antérieure de la face interne de la 1re frontale et de la partie correspondante de la circonvolution du corps calleux où elles entraînent avec elles des portions de substance corticale.

Sur l'hémisphère gauche, les adhérences des membranes viscérales du cerveau à la substance corticale sont beaucoup plus nombreuses. On en constate à la partie inférieure de la pariétale ascendante, à la partie antérieure de la pariétale inférieure, sur la moitié antérieure des 1re et 2e temporales, dans quelques points du tiers postérieur des 3 frontales, à l'extrémité antérieure du lobe sphénoïdal, sur le quart antérieur de la face interne de la 1re frontale et de la circonvolution du corps calleux.

La substance grise paraît peu colorée.

Les sillons qui séparent les circonvolutions de la région motrice sont plus marqués à gauche qu'à droite.

Les nerfs optiques, leur chiasma, leurs racines sont atrophiées, plus consistants qu'à l'état normal et moins opaques.

Les membranes viscérales du cervelet se détachent très-facilement de leur substance corticale.

Pas de granulations de l'épendyme des ventricules.

L'autopsie de la moëlle, des organes abdominaux et thoraciques n'a pu être faite.

Dans cette observation, la réunion du tabès et de la paralysie générale ne saurait être contestée. Les symptômes du tabès étaient bien nets et l'autopsie a montré les lésions caractéristiques de la paralysie générale qui étaient beaucoup plus marquées sur l'hémisphère cérébral gauche que sur le droit. Les lésions peu étendues de ce dernier hémisphère expliquent l'embarras de la parole moins prononcé, la moins grande mobilité, la moindre incohérence des idées délirantes que dans la paralysie générale ordinaire.

Dans l'observation suivante, les lésions de la paralysie générale ont été très-peu étendues, ce qui a fait revêtir à cette affection une forme anormale et l'a fait méconnaître pendant la vie.

La nommée G..., née le 4 septembre 1839, veuve, domiciliée à Paris, a été transférée de l'asile de Villejuif à celui d'Evreux.

Certificats de Sainte-Anne et de Villejuif.

13 janvier 1892. — Léger affaiblissement intellectuel avec dépression mélancolique, culpabilité imaginaire, tendances au suicide. Docteur Magnan.

21 janvier 1892. — Affaiblissement des facultés intellectuelles avec perte de la mémoire et idées mélancoliques vagues, culpabilité imaginaire. Déjà traitée et transférée à l'asile de Nougeat. Docteur Briand.

2 décembre 1892. — Affaiblissement intellectuel avec idées mélancoliques en voie de déclin. Peut être transférée. Docteur Briand.

Asile d'Evreux.

1er janvier 1803. — Troubles intellectuels consécutifs à des ictus fugaces, amnésie, idées de persécution, irritabilité. Elle se dispute avec ses voisines.

22 mars 1804. — Affaiblissement intellectuel. Elle a eu, à trois reprises, des vertiges pendant lesquels elle tremble, devient très rouge. La vue se trouble, la parole est embarrassée quelque temps, elle voit du brouillard. Une fois elle a perdu complètement connaissance.

1er août 1894. — Démence, très léger embarras de la parole.

25 septembre 1804. — Démence, embarras de la parole prononcé, ictus passagers et fréquents, après lesquels elle ne sait pas ce qu'elle fait et s'excite.

Elle s'affaiblit progressivement et succombe le 5 avril 1895.

Autopsie pratiquée 26 heures après la mort.

Taille, 1m 50 c.

Valvules mitrale et aortique légèrement athéromateuses.

Poids de l'encéphale :

Hémisphère cérébral droit...............	485 gr.
— — gauche...........	476
Cervelet..............................	135
Protubérance.........................	15
Bulbe................................	7
	1118 gr.

Membranes viscérales du cerveau légèrement épaissies et opalescentes le long de la partie moyenne inter-hémisphérique.

L'hémisphère cérébral gauche présente de petites adhérences sur le tiers postérieur des trois frontales transverses

Sur l'hémisphère cérébral droit on constate deux petites adhérences sur la pariétale supérieure.

Beaucoup de granulations de l'épendyme des ventricules, surtout sur le plancher du quatrième.

Granulations de Pacchioni très volumineuses et très nombreuses, ayant creusé de petites cavités le long de la partie antérieure de la suture bi-pariétale.

Etiologie de la paralysie générale. — Depuis 40 ans que j'étudie la paralysie générale, j'ai toujours regardé, et je regarde encore aujourd'hui le surmenage cérébral comme la cause principale de cette affection.

Ce point étiologique a été contesté dès 1857, par Esmarch et Jessen, qui attribuent uniquement la paralysie générale à la syphilis.

L'opinion de ces auteurs n'a pas tardé à se répandre à l'étranger, surtout en Allemagne, le plus souvent avec quelques restrictions, tandis qu'en France, bien qu'elle ait été soutenue en 1859, à Strasbourg, dans une thèse de doctorat par un de nos anciens collègues, Hildenbrand, elle a passé presque complètement inaperçue, n'a pas attiré l'attention, et ce n'est guère qu'au congrès de médecine mentale de 1889 qu'elle a commencé à être discutée.

Depuis cette époque, l'origine syphilitique de la paralysie générale a donné lieu à de nombreux travaux et elle semble maintenant gagner beaucoup de terrain, grâce surtout à l'ardeur et au talent avec lesquels elle a été défendue par M. le professeur Fournier, et à l'autorité qui s'attache à ses écrits.

Pour ce professeur, la paralysie générale appartient au groupe de maladies qu'il appelle parasyphilitiques qui seraient d'origine et non de nature syphilitique, en ce sens que, quoique produites par la syphilis, elles seraient rebelles à tout traitement mercuriel et ioduré.

Strümpell explique ce fait par la période tardive de la syphilis à laquelle survient la paralysie générale, les microbes de cette affection ayant alors disparu complètement pour ne laisser que leurs toxines non justiciables du traitement spécifique.

Les maladies parasyphilitiques, quoique produites ordinairement par la syphilis peuvent être dans certains cas dues à d'autres causes.

L'origine syphilitique de la paralysie générale est basée sur des statistiques, sur les rapports intimes de cette affection avec le tabès, et sur la corrélation de fréquence et de rareté de la syphilis et de la paralysie générale dans les mêmes milieux.

Rien n'est difficile comme de connaître exactement le nombre des antécédents syphi'itiques, chez les paralytiques généraux, parce que ces malades, en raison de l'amnésie et des idées délirantes qu'ils présentent, ne peuvent nous donner que des renseignements incertains sur ces antécédents, que leurs parents les ignorent eux-mêmes, qu'il ne leur reste plus de lésions syphiliques et que les traces que ces lésions ont quelquefois laissées ne peuvent pas ordinairement nous donner une certitude absolue sur leur spécificité.

Les médecins qui ont traité les malades pourraient seuls nous renseigner à cet égard, mais ils ne sont pas toujours les médecins de la famille et on ignore souvent leurs noms.

Les partisans de l'origine syphilitique de la paralysie générale trouvent ces antécédents jusqu'à 70 et 80 fois % et reprochent à ceux qui ne les rencontrent que rarement de n'avoir pas mis assez d'insistance, de n'avoir pas employé assez de savoir, pour les trouver plus souvent.

Je reconnais que cette allégation est fondée, pour quelques statistiques, mais je ne pense pas qu'elle le soit pour toutes.

D'un autre côté, n'est-il pas à craindre qu'à force de vouloir trouver la syphilis, on ne se contente, pour constater cette affection, que de signes douteux, de renseignements erronés ?

Le tabès et la paralysie générale ne seraient, dit-on, que les expressions d'une seule et même entité morbide, et l'on admet généralement que le tabès est d'origine syphilitique.

Je ne veux pas nier l'origine syphilitique du tabès, bien qu'elle l'ait toujours été par Charcot et qu'elle vienne de l'être encore par Storbech, d'après les faits recueillis à la clinique du professeur Leyden (années 1889-1895), où il a trouvé à peine 33 % de syphilitiques dans le tabès ; mais ce que je ne saurais admettre, c'est que le tabès et la paralysie générale ne forment qu'une seule et même maladie.

L'association du tabès avec la paralysie générale est loin d'être aussi fréquente qu'on le soutient.

Il est incontestable que le tabès la précède quelquefois, mais les cas en sont peu nombreux et plus rares encore sont ceux où il débute, en même temps qu'elle, ou vient la compliquer.

En faveur de l'unicité de ces deux affections, on invoque la multiplicité des symptômes qui leur seraient communs, et le témoignage de l'anatomie pathologique.

Les symptômes communs seraient les troubles de la motilité, de la sensibilité, de la nutrition, de l'amaurose, l'abolition des reflexes iriens et patellaires.

Je ne crois pas à cette communauté de symptômes.

L'ataxie du tabès est caractérisée par un défaut de coordination des mouvements volontaires, par le signe de Romberg, tandis que l'ataxie de la paralysie générale est de nature convulsive, tonique et clonique.

Le ptosis, le strabisme, la diplopie, l'amaurose, l'amyotrophie, l'artropathie, la chute des ongles, la raréfaction du tissu osseux, la fragilité des os, les troubles de la sensibilité : anesthésie, hyperesthésie, paresthésie, que Fournier et Nageotte considèrent comme des symptômes communs à la paralysie générale et au tabès, n'appartiennent qu'au tabès.

Le seul trouble trophique de la paralysie consiste dans les eschares qui surviennent sur les parties supportant une pression forte et prolongée, eschares qui ne sont pas un signe spécial au tabès.

Les réflexes iriens et patellaires vont ordinairement en s'affaiblissant, dans la paralysie générale, à mesure qu'elle avance vers son terme fatal, et finissent même quelquefois par disparaître complètement, comme dans le tabès. Cette altération des réflexes, le seul symptôme commun à ces deux affections, suffit-elle pour en faire une seule entité morbide ?

Je ne le pense pas, d'autant plus que cette altération se rencontre dans d'autres maladies, la paralysie alcoolique, le diabète, etc.

La paralysie générale est produite par une péricérébrite diffuse chronique, bornée ordinairement aux régions frontales et sphéno-temporo-pariétale. Cette phlegmasie détermine la distension des vaisseaux, des extravasations vasculaires, la prolifération de la névroglie suivie d'une dégénérescence granulo-graisseuse de la substance corticale du cerveau, la destruction des éléments nerveux, des adhérences de cette substance aux membranes viscérales qui la recouvrent et, plus tard, l'atrophie des circonvolutions cérébrales.

Les adhérences des membranes à la couche corticale sont le signe macroscopique caractéristique de la paralysie générale, et je l'ai toujours trouvé dans cette affection quand elle avait suivi sa marche ordinaire.

C'est donc à tort que les partisans de l'unicité du

tabès et de la paralysie générale ne tiennent pas suffisamment compte de ce signe.

Forel, médecin de l'asile d'aliénés de Zurich, aurait vu
ces adhérences manquer dans la moitié des cas, et ne
regarde que l'atrophie du cerveau comme lésion constante
de la paralysie générale, atrophie qui n'existe cependant
pas dans les deux premières périodes de cette affection
et qu'on retrouve souvent dans la démence simple ou
alcoolique.

M. Nageotte a trouvé dans un cas, sur trois cerveaux
d'ataxiques morts à Bicêtre, au niveau du gyrus rectus
et de la convexité du lobe frontal, de la prolifération de
la névroglie, avec absence de fibres à myélines.

Ce cerveau appartenait à un homme âgé de 53 ans, qui
n'avait présenté pendant la vie aucun symptôme de paralysie générale, et M. Nageotte en conclut que beaucoup
de tabétiques sont des paralytiques généraux, sans que
l'on s'en doute. Cette conclusion me semble pour le moins
très-prématurée. Les lésions du cerveau de cet homme
étaient très-limitées; les cellules nerveuses étaient
intactes et la disparition de fibres à myélines est une
lésion très-fréquente qui se rencontre même chez certains
vieillards.

Je ne puis guère comprendre qu'une maladie cérébrale
aussi grave et aussi étendue que la paralysie générale, puisse exister sans entraîner aucun symptôme
psychique.

Les lésions de la moëlle qui compliquent celles du
cerveau, dans la paralysie générale, sont très discutées,
nécessitent de nouvelles recherches ; elles me paraissent
être de nature dégénératives et envahissent d'autres parties que les cordons postérieurs.

M. Nageotte a décrit comme signe du tabès, se retrouvant dans la paralysie générale, la prolifération conjonctive des racines postérieures, mais M. Massary, dans

une communication faite à la Société de biologie, le
26 décembre 1895, a dit avoir constaté cette lésion chez
cinq individus morts d'affections diverses, et la considère comme absolument banale, et n'ayant aucune influence sur la vitalité des neurones sensitifs et moteurs.

La paralysie générale, ajoutent les partisans de l'origine syphilitique de la paralysie générale se rencontre
surtout dans les milieux où sévit la syphilis, et chez les
personnes qui s'exposent le plus à la contagion de cette
affection.

C'est pour cette raison qu'on observe plus la paralysie
générale dans les grandes villes que dans les petites, dans
celles-ci qu'à la campagne, chez l'homme que chez la
femme, chez la femme pauvre que chez la femme riche,
chez la femme de mœurs dissolues que chez la femme
qui mène une vie régulière ; qu'elle est très rare chez les
prêtres, les quakers, les personnes qui vivent dans les
communautés religieuses.

L'on peut objecter à cet argument qu'où sévit la
syphilis sévit également le surmenage et que les religieux
sont préservés de la paralysie générale par leur vie calme,
exempte de passions vives, de suractivité mentale.

Cette corrélation de fréquence dans les mêmes milieux,
entre la syphilis et la paralysie générale, n'existe pas
d'ailleurs dans tous les pays.

En Serbie et en Algérie, la paralysie générale est très
rare, bien que la syphilis y soit très-fréquente.

M. Meilhon, ancien médecin-adjoint de l'asile d'aliénés
d'Aix, a étudié les différents genres de folie qu'ont pré-
sentés les Arabes admis à cet établissement, du 1er janvier
1860 au 31 décembre 1889. Sur 498 de ces aliénés, il n'a
trouvé que 13 paralytiques, dont 2 femmes ; d'où l'on
peut conclure que la paralysie générale est très rare chez
les Arabes, ce qui s'explique facilement par leur indo-
lence, leur sobriété, le dogme fataliste de la religion

musulmane qui modère l'activité cérébrale, entraîne une soumission facile à tous les évèuements de la vie, de quelque nature qu'ils soient.

Les Arabes paralytiques, traités à l'asile d'Aix, menaient la vie européenne, surmenaient comme nous leur cerveau ; on compte, en effet, parmi eux, un aucien militaire, un cafetier, un interprète à la commission d'enquête, un lieuteunant de tirailleurs algériens, un employé au génie militaire, un étudiant, un portefaix héréditaire, trois journaliers dont un héréditaire.

J'ai écrit à M. Heuyer, médecin principal de l'armée, qui a passé 12 ans en Algérie, pour lui demander des renseiguements sur la fréquence de la syphilis et de la paralysie générale chez les iudigèues. Il m'a répoudu qu'il n'avait pas rencontré chez eux un seul cas de paralysie générale, tandis qu'il y avait observé la syphilis, sous toutes ses formes, principalemeut sous la forme tertiaire.

L'hôpital de Tunis affecté aux indigènes contient 40 lits pour les aliénés et 100 pour les iudividus atteiuts d maladies médicales et chirurgicales.

M. Lovy, médecin de cet hôpital a bien voulu me le faire visiter et m'a moutré un cas de syphilis héréditaire et 3 cas de syphilis tertiaire.

Sur les 40 aliéués, pas un seul n'était atteint de paralysie générale.

M. Régis ue nie pas ce fait et l'explique en disant que la syphilis, pour produire la paralysie générale, a besoin d'un terrain neuropathique spécial, d'où il résulterait qu'elle ne jouerait qu'un rôle secondaire, qu'un rôle occasiounel dans sa production.

Le surmenage cérébral peut au contraire, à lui seul, déterminer la paralysie générale ; cela n'est nié par personne, du moins en France, et est prouvé d'ailleurs d'une manière irréfutable par des cas de syphilis survenant chez des paralytiques généraux. M. Lagrange en a cité 2 cas au congrès de Bordeaux et moi-même, j'en ai observé un cas. Or, on sait que la syphilis ne récidive pas, que MM. Fournier et Besnier n'en ont pas trouvé un seul cas authentique, depuis 20 ans qu'ils dirigent sur ce point leurs recherches.

Le tableau suivant résume le mouvement de la population dans tous ses détails :

MOUVEMENT DE LA POPULATION EN 1895

INDIGENTS

MOUVEMENT DE LA POPULATION EN 1895	Eure H.	Eure F.	Seine H.	Seine F.	Seine-et-Oise H.	Seine-et-Oise F.	Autres départements H.	Autres départements F.	Min. Intérieur (Colonies) H.	Min. Intérieur (Colonies) F.	Justice H.	Justice F.	Réclamés étrangers H.	Total des indigents H.	Total des indigents F.
Existants le 31 décembre 1894	278	299	65	89	11	9	4	»	7	»	1	»	1	367	397
Entrés — Admis pour la 1re fois	26	24	»	»	1	»	5	»	1	2	»	»	»	33	26
Rechutes	2	4	»	»	»	»	»	»	»	»	»	»	»	2	4
Réintégrés p' suite de sortie avant guérison	4	4	»	»	»	»	»	»	»	»	»	»	»	4	4
Transférés d'un autre asile	5	»	»	»	»	»	3	»	1	1	»	»	2	11	3
Total des aliénés entrés	37	32	»	»	1	»	8	»	2	1	»	»	1	49	33
Total des aliénés traités	315	331	65	89	12	9	12	»	9	6	1	»	2	416	430
Mutations de classe — 1 indigent du ministère de l'intérieur passé à l'Eure	1	»	»	»	»	»	»	»	»	»	»	»	»	1	»
1 indigent du ministère de la justice passé aux autres départements	»	»	»	»	»	»	1	»	»	»	»	»	»	1	»
14 pensionnaires de 4e classe passés : 13 à l'Eure / 1 aux autres départements	7	6	»	»	»	»	1	»	»	»	»	»	»	8	6
1 pensionnaire de 3e classe passé aux pensionnaires de 4e classe	»	»	»	»	»	»	»	»	»	»	»	»	»	»	»
Total des mutations de classe	8	6	»	»	»	»	2	»	»	»	»	»	»	10	6
TOTAL des aliénés traités et des mutations de classe	323	337	65	89	12	9	14	»	9	6	1	»	2	426	436
Sortis — Guéris	11	5	»	»	»	»	1	»	»	»	»	»	»	12	5
Améliorés	2	5	»	»	»	»	»	»	»	»	»	»	»	2	5
Transférés	»	»	»	1	»	»	6	»	»	»	»	»	»	7	1
Réclamés par leurs familles, etc.	»	2	»	»	»	»	»	»	»	»	»	»	»	»	3
Total des aliénés sortis	13	12	»	1	»	»	7	»	»	»	»	»	»	21	14
Décédés	32	26	8	7	»	1	»	»	»	»	»	»	»	41	34
Total des sortis et des décédés	45	38	8	8	»	1	7	»	»	»	»	»	»	62	48
Mutations de classe — 1 indigent du ministère de l'intérieur passé à l'Eure	»	»	»	»	»	»	»	»	»	»	»	»	»	1	»
1 indigent du ministère de la justice passé aux autres départements	»	»	»	»	»	»	»	»	»	»	»	»	»	1	»
14 pensionnaires de 4e classe passés : 13 à l'Eure / 1 aux autres départements	»	»	»	»	»	»	»	»	»	»	»	»	»	»	»
1 pensionnaire de 3e classe passé aux pensionnaires de 4e classe	»	»	»	»	»	»	»	»	»	»	»	»	»	»	»
Total des mutations de classes	»	»	»	»	»	»	»	»	»	»	»	»	»	2	»
Total des sorties, décès et mutations de classe	45	38	8	8	»	1	7	»	»	»	»	»	»	64	48
Restant le 31 décembre	278	299	57	81	12	8	7	»	7	»	1	»	»	362	388
Nombre de journées de présence pendant l'année	100349	109103	21876	30561	4317	2945	[illegible]	»	[illegible]	[illegible]	»	»	»	132110	142956
Moyenne de la population par jour	274	300	60	84	12	8	7	»	8	1	»	»	»	363	392

PENSIONNAIRES — TOTAUX

MOUVEMENT DE LA POPULATION EN 1895	1re classe H.	1re classe F.	2e classe H.	2e classe F.	3e classe H.	3e classe F.	4e classe H.	4e classe F.	Total des pensionnaires H.	Total des pensionnaires F.	Total pensionnaires et indigents H.	Total pensionnaires et indigents F.	TOTAL GÉNÉRAL
Existants le 31 décembre 1894	3	2	2	6	6	9	27	57	38	74	405	471	876
Entrés — Admis pour la 1re fois	1	»	»	2	4	7	9	14	14	23	47	48	95
Rechutes	»	»	»	»	»	»	»	»	»	»	2	4	6
Réintégrés p' suite de sortie avant guérison	»	1	2	1	1	3	2	4	5	9	8	10	18
Transférés d'un autre asile	»	»	»	»	»	»	»	»	»	»	11	3	14
Total des aliénés entrés	1	1	2	3	5	10	11	18	19	32	68	65	133
Total des aliénés traités	4	3	4	9	11	19	38	75	57	106	473	536	1009
Mutations de classe — 1 indigent du ministère de l'intérieur passé à l'Eure	»	»	»	»	»	»	»	»	»	»	1	»	1
1 indigent du ministère de la justice passé aux autres départements	»	»	»	»	»	»	»	»	»	»	1	»	1
14 pensionnaires de 4e classe passés : 13 à l'Eure / 1 aux autres départements	»	»	»	»	»	»	»	»	»	»	8	6	14
1 pensionnaire de 3e classe passé aux pensionnaires de 4e classe	»	»	»	»	»	»	1	»	1	»	1	»	1
Total des mutations de classe	»	»	»	»	»	»	1	»	1	»	11	6	17
TOTAL des aliénés traités et des mutations de classe	4	3	4	9	11	19	39	75	58	106	484	542	1026
Sortis — Guéris	»	»	»	»	»	3	3	2	3	5	15	10	25
Améliorés	2	»	»	2	1	4	»	7	3	13	5	18	23
Transférés	»	»	»	»	1	»	»	»	1	»	8	1	9
Réclamés par leurs familles, etc.	»	»	»	»	»	»	1	2	1	2	1	5	6
Total des aliénés sortis	2	»	»	2	2	7	4	11	8	20	29	34	63
Décédés	»	1	»	»	3	3	6	11	9	15	50	49	99
Total des sortis et des décédés	2	1	»	2	5	10	10	22	17	35	79	83	162
Mutations de classe — 1 indigent du ministère de l'intérieur passé à l'Eure	»	»	»	»	»	»	»	»	»	»	1	»	1
1 indigent du ministère de la justice passé aux autres départements	»	»	»	»	»	»	»	»	»	»	1	»	1
14 pensionnaires de 4e classe passés : 13 à l'Eure / 1 aux autres départements	»	»	»	»	»	»	8	6	8	6	8	6	14
1 pensionnaire de 3e classe passé aux pensionnaires de 4e classe	»	»	»	»	1	»	»	»	1	»	1	»	1
Total des mutations de classes	»	»	»	»	1	»	8	6	9	6	11	6	17
Total des sorties, décès et mutations de classe	2	1	»	2	6	10	18	28	26	41	90	89	179
Restant le 31 décembre	2	2	4	7	5	9	21	47	32	65	394	453	847
Nombre de journées de présence pendant l'année	137	[illegible]	965	2370	1966	4400	5069	17920	11617	25917	111076	164903	[illegible]
Moyenne de la population par jour	2	3	2	7	8	12	22	49	32	71	395	463	858

Compte administratif.

RECETTES

Chapitre Ier. — Recettes ordinaires

Section Ire. — Recettes en argent.

Article 1er. —. Intérêts de fonds placés au
Trésor............................... 3,507 08
Les fonds provenant des comptes *asile* et *pécule* des aliénés ont produit 3,199 fr. 58 c. et ceux des comptes *dépôt*, 307 fr. 50 c.

Art. 2. —. Aliénés de l'Eure........... 267,077 45
La moyenne quotidienne de ces aliénés est inférieure de 2 à celle de 1894, ce qui a produit une légère diminution de recettes.

Art. 3. — Aliénés de la Seine......... 73,446 80
Cette recette est inférieure de 6,408 fr. 80 c. à celle de 1894. Nous n'avons pu recevoir de nouveaux malades de cette catégorie, pour remplacer ceux qui sont sortis ou décédés, à cause de l'encombrement de nos divisions d'agités.

Art. 4. — Aliénés au compte d'autres
départements........................... 14,613 »
Cette recette a été produite par une moyenne de 27 aliénés, dont 20 de Seine-et-Oise.

Le nombre de ces aliénés avait été de 26 pendant l'exercice précédent.

Les 7 aliénés, autres que ceux de Seine-et-Oise, comprennent un homme des Hautes-Pyrénées, qui est à l'asile depuis onze ans, et des aliénés de passage qui ont été ou doivent être transférés dans les asiles des départements ou des pays étrangers où ils ont leur domicile de secours.

Art. 5. — Aliénés de l'Etat............ 5,323 50

Cette recette est due à 8 aliénés du ministère de l'intérieur, à 1 du ministère des colonies et à 1 prévenu, qui ont produit une moyenne de 10 individus.

Cette moyenne avait été de 8 en 1894.

Art. 6. — Pensionnaires de 1re classe... 12,277 10
Art. 7. — Pensionnaires de 2e classe.... 13,808 »
Art. 8. — Pensionnaires de 3e classe.... 16,926 »
Art. 9. — Pensionnaires de 4e classe.... 39,646 50
Art. 10. — Domestiques particuliers.... 3,937 50

Total............. 84,595 10

Cette recette est inférieure de 77 fr. 50 c. à celle de 1894, qui a été la plus forte de celles de tous les exercices depuis la fondation de l'asile.

Art. 11. — Vente d'os et objets hors de service................................... 891 76

3,700 kilogrammes d'os à 0 fr. 08 c. ont rapporté 296 fr. La vente des chiffons a été de 305 fr. 84 c. et celle des savates et de la vieille fonte de 289 fr. 92 c.

Art 12. — Vente de produits excédant les besoins................................... 2,983 32

Cette recette provient de la vente de 6 veaux, de 138 peaux de lapin, de 15 porcs gras et de 27,220 kilogrammes de foin.

Nous n'avons pu dépenser pendant l'été la viande de tous les porcs que nous avons engraissés et la récolte de nos fourrages a été très abondante.

Cette recette n'avait été que de 366 fr. 50 c. en 1894.

Art. 13. — Recettes accidentelles...... 9,796 12

Cette recette comprend :

4,125 kilogr. de cuir de bœuf à 75 fr. 12 c. les
100 kilogr.............................. 3,098 91
450 kilogr. de cuir de veau à 115 fr. 89 c.
les 100 kilogr........................... 521 53
383 kilogr. de peaux de mouton à 64 fr. 49 c.
les 100 kilogr........................... 247 »
2,456 kilogr. de suif de bœuf à 38 fr. 90 c.
les 100 kilogr........................... 955 48
205 kilogr. de suif de mouton à 38 fr. 76 c.
les 100 kilogr........................... 79 47
132 hectol. de braise de boulangerie à
1 fr. 75 c. l'hectol...................... 231 »
Chaussures fournies au personnel et aux
aliénés................................. 500 12
Vin fourni au personnel et aux aliénés.. 1,009 60
Lait   id   .. 74 »
Pommes à cidre et boisson fournies au
personnel et aux aliénés................. 223 06
Autres fournitures diverses fournies au
personnel et aux aliénés................. 200 05
Chocolat fourni aux aliénés............. 614 40
Café   id.   .... 860 »
Régime supplémentaire fourni aux aliénés 438 »
Inhumations de pensionnaires .... 670 »
Douches données à des personnes étran-
gères à l'asile.......................... 64 50

Total............. 9,706 12

Cette recette avait été en 1894 de 9,470 fr. 19 c., en
1893 de 10,102 fr. 31 c., en 1892 de 11,137 fr. 31 c., et
en 1891 de 11,309 fr. 37 c.

Le prix des cuirs de bœuf et de veau a un peu augmenté
en 1895, tandis que les suifs et les peaux de mouton ont

baissé; les suifs de bœuf ont baissé de 0 fr. 0225 le kilogramme, ceux de mouton de 0 fr. 0229.

Les cuirs de bœuf et de veau ont été vendus à 4 fr. les
100 kilogrammes au-dessous du cours de la maison
Lévêque fils, les peaux de mouton en laine à 0 fr. 75 c.
le kilogramme, les peaux de mouton rasées à 1 fr. 75 c.
la pièce et les suifs au prix de la cote officielle de Paris.

Art. 14. — Restitution de trop perçu.... 456 55

Art. 15. — Remboursement de frais de transfèrement
d'aliénés.............................. 262 50

Ces deux recettes sont portées pour les mêmes sommes
en dépenses.

Les recettes totales en argent, prévues au budget pour
la somme de 476,011 fr., n'ont été que de 452,953 fr. 18 c.,
par suite de la diminution du nombre des aliénés de la
Seine.

Moins élevées que celles de 1894, qui avaient atteint le
chiffre de 465,530 fr. 72 c., elles dépassent celles des
autres exercices précédents.

*Section II. — Revenus en nature et produit du travail
des aliénés.*

Art. 16. — Revenus en nature......... 85,599 80
Les bénéfices nets de notre exploitation agricole et
maraîchère, que l'on obtient en retranchant les dépenses
des produits récoltés, ont été de.......... 34,708 09
Ils se répartissent de la manière suivante entre
les diverses parties de cette exploitation : porcherie
14,675 fr. 06 c., vacherie 3,433 fr. 55 c., basse-cour
628 fr. 90 c., jardinage et grande culture 15,070 fr. 58 c.
Ils ont été un peu moins élevés qu'en 1894, par suite
des fortes gelées du premier trimestre qui ont détruit les
légumes existant alors dans notre jardin.

Art. 17.— Produit du travails des aliénés. 40,098 60
Le tableau suivant indique le nombre des travailleurs

la nature de leurs travaux, l'estimation approximative de ces travaux, qui est inférieure à leur valeur réelle, et la quantité de journées de travail.

NUMÉROS D'ORDRE.	NATURE DES TRAVAUX.	NOMBRE DE		ÉVALUATION de la journée de travail.	MONTANT.
		Travailleurs.	Journées.		
	HOMMES				
1	Jardinage et culture	37	10.562	0.55	5.809 10
2	Terrassements.................	65	14.381	0.35	5.033 85
3	Cordonnerie...................	21	5.415	0.50	2.707 50
4	Maçonnérie....................	8	2.161	0.60	1.296 60
5	Menuiserie	6	1.750	0.60	1.050 »
6	Serrurerie	5	1.438	0.60	862 80
7	Peinture......................	2	771	0.50	885 50
8	Couture, raccommodage	3	924	0.50	462 »
9	Meunerie, boulangerie........	5	1.513	0.60	907 80
10	Cuisine.......................	7	2.077	0.50	1.038 50
11	Cave et bûcher...............	3	952	0.60	571 20
12	Buanderie	3	924	0.50	462 »
13	Conciergerie	1	308	0.50	154 »
14	Bureaux	5	1.469	0.60	881 40
15	Service intérieur.............	75	17.698	Diverse	3.582 75
	Totaux........	236	62.343	»	25.204 50
	FEMMES				
16	Buanderie....................	49	12.333	0.55	6.783 15
17	Repassage....................	9	2.513	0.50	1.256 50
18	Lingerie.....................	57	13.600	0.50	6.800 »
19	Vestiaire	74	15.322	0.40	6.128 80
20	Cuisine	16	3.825	0.30	1.147 50
21	Service intérieur............	71	14.634	Diverse	2.678 15
	Totaux........	276	62.227	»	24.794 10

Récapitulation. { Hommes........ 25.204 50
Femmes........ 24.794 10

Sur 846 indigents traités, 512 ont été occupés à des travaux divers.

Les travaux d'entretien des bâtiments ont presque tous été exécutés par les aliénés, sous la direction et avec l'aide de chefs d'ateliers, à l'exception de ceux de la toiture qui sont trop dangereux et de ceux qui exigent des connaissauces spéciales, comme les réparations des conduites d'eau, de la pompe, du moulin.

Les principaux travaux de terrassement exécutés dans le courant de l'année ont été les suivants :

Creusement des caves des chambres d'isolement du quartier des hommes ;

Etablissement et empierrement d'un chemin traversant la propriété Dalet ;

Comblement de l'ancienne pièce d'eau de cette propriété ;

Extraction de ravine et de gros cailloux dans la cour intérieure des hommes.

CHAPITRE II. — RECETTES EXTRAORDINAIRES

Néant.

CHAPITRE III. — RECETTES SUPPLÉMENTAIRES

Elles comprennent :

1° L'excédent de l'exercice 1894........ 172,224 92
2° Les sommes à recouvrer de cet exercice
et des exercices antérieurs.................. 11,620 39

Total..................... 183,845 31

Sur les restes à recouvrer il a été perçu 9,071 89
et il reste à percevoir..................... 2,548 50
qui seront reportés au budget additionnel de 1896.

Récapitulation des Recettes.

	P évisions budgétaires.	Droits constatés.	Recettes effectuées.	Restes à recouvrer.
Chap. Iᵉʳ. Ordinaires.	603.911 »	598.531 58	591.567 43	6.981 15
Chap. II. Extraordᵉˢ.	» »	» »	» »	» »
Chap. III. Supplémᵗˢ.	183.845 31	183.845 31	181.296 81	2.548 50
Totaux....	789.756 31	782.396 89	772.861 24	9.532 65

DÉPENSES

CHAPITRE 1ᵉʳ. — DÉPENSES ORDINAIRES

Section Iʳᵉ. — Dépenses en argent.

Art. 1ᵉʳ. — Traitement du directeur-médecin en chef :

Crédit alloué................ 8,000 »
Dépense effectuée.......... 8,000 »

Art. 2. — Traitement du receveur-économe :

Crédit alloué................ 3,250 »
Dépense effectuée.......... 3,250 »

Art. 3. — Traitement des employés de l'administration :

Crédit alloué................ 7,400 »
Dépense effectuée.......... 7,400 »

Art. 4. — Traitement des fonctionnaires et employés du service médical :

Crédit alloué................ 5,600 »
Dépense effectuée.......... 5,506 66

Reste annulé....... 3 34

La légère annulation do ce crédit tient à un jour de vacance des fonctions de l'interne.

Art. 5. — Traitement de l'aumônier :

Crédit alloué.............. 1,500 »
Dépense effectuée.......... 1,500 »

Art. 6. — Vestiaire des sœurs :

Crédit alloué.............. 4,400 »
Dépense effectuée.......... 4,376 12
Reste annulé............ 23 88

L'annulation de ce crédit tient à 43 jours de vacance de l'emploi d'une sœur.

Art. 7. — Solde des préposés et servants :

Crédit alloué.............. 38,800 »
Dépense effectuée.......... 36,761 85
Reste annulé........ 2,038 15

Cette annulation est due au retard apporté à l'achèvement du pensionnat des hommes, qui n'a pu être ouvert qu'en 1896, retard qui a rendu inutile l'augmentation des 3 infirmiers prévus au budget de 1895.

Le tableau suivant indique le nombre des fonctionnaires, employés, préposés ou infirmiers, avec le traitement et les avantages en nature qui leur sont alloués, ainsi que les dépenses qui ont été effectuées.

Articles du budget	FONCTIONS et EMPLOIS.	TRAITEMENT EN ARGENT.		AVANTAGES en NATURE.	ÉVALUATION des avantages en nature.	RÉTRIBUTION totale.
		Prévu au budget.	Payé.			
1	*Directeur-médecin....*	8.000 »	8.000 »	Logement, chauffage. éclairage............	800 »	8.800
2	*Receveur-économe....*	3.250 »	3.250 »	Id............	825 »	3.575
3	*Employés d'administ^{on} :*					
	Secrétaire..........	2.000 »	2.000 »	Logement, déjeuner....	500 »	2.500
	Commis de direction .	800 »	800 »	Nourriture, logement, chauffage, éclairage, blanchissage........	580 »	1.880
	1er commis d'économat	1.900 »	1.900 »	Logement, déjeuner....	500 »	2.400
	2e commis d'économat	1.500 »	1.500 »	Déjeuner.	250 »	1.750
	Dépensier..........	1.200 »	1.200 »	Id................	250 »	1.450
4	*Service médical :*					
	Médecin-adjoint.....	3.000 »	3.000 »	Nourriture, logement, chauffage, éclairage..	900 »	3.900
	Interne	1.200 »	1.196 66	. Id............	819 »	2.015
	Employé chargé de la tenue des cahiers de visite.............	400 »	400 »	Néant...............	»	400
	Surveillant en chef ..	1.000 »	1.000 »	Nourriture, logement, chauffage, éclairage, habillement, blanchissage...........	912 50	1.912
5	*Aumônier..........*	1.500 »	1.500 »	Logement, chauffage, éclairage	150 »	1.650
6	*Sœurs (22)........*	4.400 »	4.376 12	Nourriture, logement, chauffage, éclairage..	15.972 »	20.848
7	*Préposés et servants :*					
	15 préposés (hommes)	9.100 »	9.051 60	Nourriture, logement, chauffage, habillement, blanchissage, éclairage	8.132 80	17.184
	11 préposées (femmes)	4.200 »	4.131 40	Id............	5.609 80	9.741
	29 infirmiers........	16.900 »	14.985 80	Id............	17.315 20	32.301
	22 infirmières.......	8.6 0 »	8.593 05	Id............	12.499 20	21.092
	Totaux........	68.950 »	66.884 63		65.515 50	132.400

Le nombre de journées d'aliénés traités ayant été de
312,070, la dépense totale du personnel a été, pour

chaque aliéné, de 0 fr. 423, elle a été de 0. fr. 407 en 1894.

Le traitement moyen en argent des préposés est, pour les hommes, de 646 fr. 54 c., et, pour les femmes, de 375 fr. 58 c.

Celui des infirmiers est de 516 fr. 75 c. et celui des infirmières de 300 fr. 59 c.

Dans la section des hommes, le service est purement laïque, tandis qu'il est mixte dans la section des femmes, où 22 sœurs ont sous leur direction 11 préposées et 22 infirmières.

Art. 8. — Frais de culte :

Crédit alloué................	300 »
Dépense effectuée..........	299 55
Reste annulé.......	0 45

Art. 9. — Frais de sépulture :

Crédit alloué..............	360 »
Dépense effectuée..........	346 17
Reste annulé.......	13 83

Les faibles annulations des articles 8 et 9 ne nécessitent aucune observation.

Art. 10. — Frais d'administration, de bureau, d'impressions et de bibliothèque :

Crédit alloué...............	3,500 »
Dépense effectuée..........	3,236 19
Reste annulé.......	263 81

Ce crédit a été employé aux dépenses suivantes :

Lithographie......................	572 49
Impressions......................	354 63
A reporter......	927 12

Report.........	727	12
Fournitures de bureau.............	858	16
Livres de médecine ou de littérature..	258	40
Reliures......................	24	82
Journaux.....................	201	40
Timbres divers..................	545	20
Association des médecins aliénistes ...	100	»
Dépenses diverses	231	09
Total	3,236	19

Art. 11. — Contributions :

Crédit alloué................	600	»
Dépense effectuée............	576	67
Reste annulé .....,	23	33

La dépense de ce crédit est inférieure de 26 fr. 33 c. à celle de 1804. Pendant cette dernière année, on avait payé deux taxes annuelles syndicales de l'Iton, celle de 1893 n'ayant été réclamée qu'en 1894 ; en outre, les impôts fonciers, mobiliers et de main-morte ont été un peu moins élevés en 1895 qu'en 1894.

Art. 12. — Assurance contre l'incendie :

Crédit alloué..............	1,800	»
Dépense effectuée...........	1,500	80
Reste annulé....	299	20

Même dépense qu'en 1894 et 1893.

Art. 13. — Blé et farine :

Crédit alloué.............	54,000	»
Dépense effectuée........	48,543	»
Reste annulé...	5,457	»

Ce crédit a servi à acheter :

240,000 kilogrammes de blé adjugé à 10 fr. 98 c. les
100 kilogrammes........................ 47,052   »
   900 kilogrammes de blé acheté pour échantillon à 18 fr. 81 c. les 100 kilogrammes..   171   »
   1,500 kilogrammes de farine de fèveroles
à 28 fr. les 100 kilogrammes............   420   »

            Total................ 48,543   »

Prix de revient de la farine fabriquée à l'asile.

Il a été livré au moulin :

40,100 kilogrammes de blé restant au magasin au
31 décembre 1804, à 18 fr. 13 c. les 100 kilogrammes 7,270 13
   220,000 kilogrammes achetés par adjudication à 10 fr. 08 c. les 100 kilogrammes. 43,056   »
   809 kilogrammes achetés de gré à gré à
18 fr. 81 c. les 100 kilogrammes......... 152 19
   320 kilogrammes de farine de fèveroles à
26 fr. 50 c. les 100 kilogrammes........   84 80
   1,300 kilogrammes de farine de fèveroles
à 28 fr. les 100 kilogrammes............   364   »

                            51,827 12

En ajoutant les frais de mouture, qui comprennent la moitié du traitement du menuier-
boulanger, le pécule d'un aliéné et des réparations diverses au moulin................   744 70

   On a pour dépense totale 52,571 82

La recette comprend :

19,400 kilogrammes de gros son à 11 fr.

les 100 kilogrammes...................... 2,134 »
47,515 kilogrammes de petit son à 9 fr.
10 c. les 100 kilogrammes............... 4,323 86
5,875 kilogrammes de recoupe à 9 fr. 20 c.
les 100 kilogrammes...................... 540 50
185,441 kilogrammes de farine à 24 fr.
5757 les 100 kilogrammes............... 45,573 46

Total................. 52,571 82

100 kilogrammes de blé ont produit 70 k. 63 de farine.

Prix de revient du pain.

Le boulanger a reçu 165,010 kilogrammes de farine confectionnée pendant l'année à 24 fr. 5757 les 100 kilogrammes.............................. 40,552 36
et 6,450 kilogrammes de farine restant en magasin au 31 décembre 1894 à 22 fr. 466 les 100 kilogrammes........ .... 1,449 05
Les frais de boulangerie se sont élevés à. 2,393 37

Total................. 44,394 78

Dont il faut déduire, pour avoir la dépense réelle, 247 hectolitres de braise estimée à 1 fr. 75 c. l'hectolitre.................... 432 25

Reste................. 43,962 53

On a fabriqué 220,220 kilogrammes de pain dont le prix est revenu à 0 fr. 19783 le kilogramme.

100 kilogrammes de farine ont produit 129 k. 60 de pain.

Les frais de boulangerie comprennent :

Moitié du traitement du boulanger-meunier en argent

et en nature...........................	715	»
Pécule de trois malades...............	118	80
1,190 kilogrammes de sel gris à 0 fr. 15 c. le kilogramme.......................	178	40
95 kilogrammes de recoupe...........	7	93
203 stères 74 de bois de boulangerie à prix divers...........................	1,373	24
	2,303	37

Le prix du pain, d'après la taxe de la ville d'Evreux, a été pendant l'année en moyenne de 0 fr. 27416 le kilogramme, par conséquent de 0 fr. 0733 supérieur à celui de l'asile, ce qui donne un bénéfice de 16,962 fr. 05 c.

La valeur locative du moulin et de la boulangerie n'est pas comprise dans le prix de revient de la fabrication du pain.

La moyenne de la population à nourrir ayant été de 965 individus, y compris le personnel, et la quantité de pain dépensée de 220,220 kilogrammes, la consommation individuelle et annuelle a été de 228 kilogrammes 200.

En 1894, elle avait été de 228 k. 212, en 1893 de 226 k. 580, en 1892, de 232 k. 741 et en 1891 de 236 k. 989.

La consommation du pain, qui est donné à discrétion, varie donc peu d'une année à l'autre.

Art. 14. — Viande :

Crédit primitif............	73,000	»
Crédit supplémentaire......	9,000	»
	82,000	»
Dépense effectuée.........	77,022	27
Reste annulé...	4,077	73

Nous avons acheté de gré à gré les animaux nécessaires à notre abattoir, 10 bœufs, 92 vaches, 5 taureaux, 51 veaux et 84 moutons.

Les bœufs, vaches et taureaux sont revenus au prix moyen de 0 fr. 7364 le kilogramme sur pied ; les veaux ont coûté 1 fr. 2247 et les moutons 0 fr. 9703.

Les bœufs ont donné un rendement de viande de 54,63 %, les veaux de 72,29 et les moutons de 50,49. Ce rendement est le même que celui de 1894.

Le prix de revient de la viande nette de bœuf a été, déduction faite des frais d'abattoir, de 1 fr. 265 le kilogramme ; celui de la viande de veau de 1 fr. 629 et celui de la viande de mouton de 1 fr. 8470.

Le prix moyen de ces trois espèces de viande réunies a été de 1 fr. 347 le kilogramme.

En 1894, il avait été de 1 fr. 459.

Il a été consommé pendant l'année :

34,709 k. 500 de viande de bœuf à 1 fr. 265 le kilogramme.............	43,907 51
5,647 k. 500 de viande de veau à 1 fr. 629 le kilogramme.............	9,171 54
2,550 k. » de viande de mouton à 1 fr. 8470 le kilogramme........	4,728 77
15,619 k. » de porc frais à 1 fr. 50 c. le kilogramme................	23,428 50
6,917 k. » de porc salé à 1 fr. 50 c. le kilogramme................	10,375 50
252 k. » de volailles et lapins à prix divers.....................	510 »
65,704 k. »	92,130 82

En 1894, la quantité de viande consommée avait été 65,542 k.500, qui étaient revenus à 96,778 fr. 12 c.

La consommation annuelle pour le personnel et les aliénés réunis a été de 68 k. 087 par individu.

En 1894, elle avait été de 66 k. 948.

La quantité de viande de boucherie et de porc frais ou salé allouée, d'après le règlement, par semaine, aux indigents est, pour les hommes, de 1 k. 360, et, pour les femmes, de 1 k. 040.

Elle est aussi restreinte que possible.

Elle est répartie en 8 rations, 6 le matin et 2 le soir.

Art. 15. — Vin et pommes :

Crédit alloué.............	23,500	»
Dépense effectuée........	18,813	66
Reste annulé...	4,686	34

Ce crédit a servi aux dépenses suivantes :

26,455 litres de vin à 26 fr. les 100 litres..	6,896	50
225 — de vin p^r échantillons à prix div.	111	35
51,675 k. de pommes à cidre à 50 fr. les 1,000 k.	2,583	75
149,590 — à 55 —	8,227	44
45 litres de bière à prix divers........	19	50
Réparation des tonneaux..............	975	12
Total.................	18,813	66

En 1804, cette dépense avait été de 23,400 fr. 96 c.

Nous avons brassé, du 20 octobre au 15 janvier, 207,405 kilogrammes de pommes, qui nous ont coûté........................... 11,141 84
et qui ont produit 418,900 litres de boisson à une densité moyenne de 2 degrés.

En ajoutant les frais de brassage qui ont été de............................. 1,383 02
et la réparation des tonneaux.......... 975 12
on obtient............................. 13,499 98

Ce qui porte le prix de la boisson à 0 fr. 0321.

100 kilogrammes de pommes ont produit 201 lit. 88 de boisson et 1 hectolitre pesant 52 k., 104 lit. 98.

Pour avoir la consommation réelle du personnel et des aliénés, il faut retrancher 150 litres vendus et 7,300 litres de lie ou de vidange, ce qui réduit notre consommation à 348,236 litres.

Elle avait été de 346,688 litres en 1894.

La quantité de vin dépensée a été de 26,047 lit. 40.

Elle avait été de 24,605 lit. 90 en 1894.

Notre brasserie par dialyse continue à nous donner des résultats très-satisfaisants.

Ce procédé est très-simple, épuise très-bien les pommes et donne très-peu de lie.

Les rations réglementaires de vin et de boisson sont les suivantes :

		Hommes.	Femmes.
Vin. — Pensionnaires de classe exceptionnelle des deux premières classes, employés et sœurs		0^l60	0^l50
Cidre .. { Pensionnaires de 3ᵉ classe....		1^l50	1^l20
Pensionnaires de 4ᵉ classe...		1^l00	0^l75
Préposés et infirmiers.......		2^l25	1^l50

Des rations supplémentaires sont accordées à tous les malades occupés à des travaux pénibles.

Art. 16. — Comestibles :

Crédit alloué...............	47,000	»
Dépense effectuée..........	46,357	08
Reste annulé	642	92

La dépense des comestibles a été de 43,283 fr. 74 c. en 1894, de 43,813 fr. 80 c. en 1893 et de 45,149 fr. 45 c. en 1892.

Les dépenses en argent de ce crédit ont été les suivantes :

Beurre, 438 fr.; biscuits, 162 fr.; café, 4,797 fr.; chocolat, 1,214 fr. 40 c.; caramel, 13 fr. 14 c.; fécule de pommes de terre, 18 fr. 80 c.; figues, 205 fr. 02 c.; fromage de gruyère, 568 fr. 48 c.; fromage ordinaire, 2,511 fr. 90 c.; homard, 213 fr.; huile d'olive, 1,009 fr. 60 c.; huile d'œillette, 1,884 fr. 43 c.; haricots secs, 5,886 fr. 28 c.; harengs, 105 fr.; lentilles, 210 fr.; morue, 1,000 fr. 60 c.; moutarde, 46 fr. 68 c.; œufs, 5,358 fr. 60 c.; pâtes d'Italie, 23 fr. 20 c.; poivre, 106 fr.; pruneaux, 618 fr. 06 c.; pois cassés, 1,401 fr. 27 c.; pommes de terre, 252 fr. 84 c.; poisson frais, 2,093 fr. 45 c.; raisiné, 1,768 fr. 05 c.; raisins secs, 208 fr. 10 c.; riz, 660 fr.; sardines, 440 fr. 75 c.; sel blanc, 90 fr.; sel gris, 1,500 fr.; sucre, 5,230 fr. 35 c.; Saindoux, 4,439 fr. 65 c.; vermicelle, 162 fr. 41 c.; vinaigre, 523 fr. 40 c.; dépenses diverses, 131 fr. 12 c.

Régime alimentaire des indigents. — 1er repas : soupe; 2e repas : soupe, viande ou poisson salé, légumes; 3e repas : soupe, légumes, salade ou dessert.

Le jeudi et le dimanche, le plat de légumes est remplacé par un plat de viande.

La ration de poisson salé, donnée une fois par semaine, le vendredi, est de 170 grammes pour les hommes et de 130 grammes pour les femmes, comme celle de la viande.

Art. 17. — Pharmacie :

Crédit alloué................	2,600 »
Dépense effectuée...........	2,599 83
Reste annulé......	0 17

Ce crédit ne comprend que l'achat des médicaments proprement dits, le vin et le sucre étant mandatés, le premier à l'article 15, et le second à l'article 16 du budget.

Art. 18. — Tabac :

Crédit alloué..............	3,200	»
Dépense effectuée..........	1,922	40
Reste annulé........	1,277	60

Cette annulation, très-élevée, est due à la diminution du prix du tabac de cantine, en vertu du décret du 9 juin 1895.

Art. 19. — Lingerie et vêture :

Crédit alloué..............	41,000	»
Dépense effectuée..........	35,417	95
Reste annulé........	5,582	05

Art. 20. — Coucher :

Crédit alloué..............	13,300	»
Dépense effectuée..........	11,348	71
Reste annulé........	1,951	29

Art. 21. — Mobilier :

Crédit alloué..............	24,000	»
Dépense effectuée..........	18,006	91
Reste annulé........	5,993	09

Les importantes annulations des articles 19, 20 et 21 tiennent à ce que nous avons réduit, autant que possible, les dépenses concernant ces articles afin de nous permettre d'obtenir un excédent de recettes suffisant pour la construction des chambres d'isolement dans la section des femmes.

Art. 22. — Blanchissage :

Crédit alloué..............	4,000	»
Dépense effectuée..........	3,678	83
Reste annulé........	321	17

La quantité de savon dépensé a été de 5,531 kilogrammes en 1895.

En 1894, elle avait été de 6,881 kilogrammes; en 1893,
de 6,283 kilogrammes; en 1892, de 6,168 kilogrammes;
et, en 1891, de 6,321 kilogrammes.

Avant l'établissement de notre séchoir, qui a eu lieu
en 1885, elle était moitié plus considérable.

Art. 23. — Chauffage :

Crédit alloué..............	23,000	»
Dépense effectuée..........	21,380	90
Reste annulé......	1.619	10

Il a été dépensé en 1895 :

581 bourrées, 76 stères de bois de chauffage, 213 stères
740 de bois de boulangerie, 2,284 kilogrammes de charbon
de bois, 573,620 kilogrammes de charbon de terre, 85 hectolitres de charbon de forge et 82,334 kilogrammes de
coke.

Les bourrées consommées en 1895 ont été récoltées
dans la propriété de l'établissement.

Art. 24. — Eclairage :

Crédit alloué..............	3,200	»
Dépense effectuée..........	2,576	20
Reste annulé.......	623	80

Cette dépense est aussi restreinte que possible et varie
peu chaque année. Elle a été en 1893 de 2,841 fr. 50 c.
et en 1894 de 2,618 fr. 85 c.

Art. 25. — Bâtiments :

Crédit primitif............	32,000	»
Crédit supplémentaire......	3,000	»
	35,000	»
Dépense effectuée..........	30,089	55
Reste annulé.......	4,910	45

L'annulation de ce crédit n'aurait dû être que de 3,009 fr. 08 c., parce qu'il reste dû à MM. Denis, entrepreneurs de maçonnerie, 1,810 fr. 77 c. pour travaux d'entretien des bâtiments.

Art. 26. — Entretien des propriétés (frais de culture) :

Crédit alloué................	4,000 »
Dépense effectuée..........	3,999 95
Reste annulé.......	0 05

Nous avons acheté 982 fr. de fumier, 247 fr. 24 c. de graines potagères, 407 fr. 59 c. de graines fourragères et de graines de fleurs, et nous avons mandaté 263 fr. 90 c. pour ferrage de chevaux.

Nous avons, en outre, payé 2,000 fr. 22 c. pour dépenses diverses : pots à fleurs, paille de seigle, arbustes et églantiers, saillies de vaches, pommes de terre, visites du vétérinaire, petit blé pour la basse-cour et avoine pour semence.

Art. 27. — Gratifications aux travailleurs :

Crédit alloué..............	12,500 »
Dépense effectuée..........	12,457 »
Reste annulé.......	43 »

Ce crédit a été employé à payer 124,570 journées de travailleurs pour les deux sexes, à raison de 0 fr. 10 c. la journée, prix réglementaire et aussi minime que possible.

Art. 28. — Fourrage et litière.

Crédit alloué..............	8,000 »
Dépense effectuée..........	4,722 30
Reste annulé.......	3,277 70

Cette annulation considérable est due au bas prix de la paille en 1895.

Nous avons acheté 3,503 fr. 44 o. de paille de blé, 208 fr. 37 o. de paille d'avoine, 230 fr. 60 o. d'avoine, 256 fr. 14 o. de menue paille et de paille de seigle.

Le reste de la dépense concerne des achats de plants de betteraves, de son, d'orge et le paiement du battage de l'avoine récoltée à l'établissement.

Art. 20. — Dépenses imprévues :

Crédit alloué..............	3,006 51
Dépense effectuée..........	100 »
Reste annulé.......	2,006 51

La somme de 100 fr., dépensée sur cet article, a été réclamée par M. le ministre de l'intérieur comme subvention aux frais du concours des médecins-adjoints des asiles d'aliénés.

Art. 30. — Restitution de trop perçu :

Crédit alloué..............	600 »
Dépense effectuée..........	456 55
Reste annulé.......	143 45

Art. 31. — Frais de transfèrement d'aliénés :

Crédit alloué..............	600 »
Dépense effectuée..........	262 50
Reste annulé.......	337 50

Les dépenses des articles 30 et 31 sont portées, pour les mêmes sommes, aux recettes.

Section II. — Dépenses en nature.

Art. 32. — Produits en nature consommés. 85,599 80

Art. 33. — Travail des aliénés......... 49,998 60

Ces deux articles correspondent à des articles semblables en recettes.

CHAPITRE II. — DÉPENSES EXTRAORDINAIRES

Art. 34. — Construction du pensionnat des hommes et calorifère :

Crédit...................... 15,025 37
Dépense 15,009 44
Reste annulé........ 15 93

Il a été payé 11,025 fr. 37 c. pour le pensionnat et 3,984 fr. 07 c. pour le calorifère installé dans ce pensionnat.

Art. 35. — Construction de chambres d'isolement des hommes :

Crédit...................... 71,226 33
Dépenses................... 33,600 »
Reste annulé 37,626 33

L'annulation de 37,626 fr. 33 c. est reportée au budget supplémentaire de 1896 et servira à solder les travaux d'achèvement de cette construction.

CHAPITRE III. — DÉPENSES SUPPLÉMENTAIRES

Section Ire. — Dépenses extraordinaires.

Art. 34. — Construction du pensionnat des hommes et de galeries couvertes, avec water-closets pour ce pensionnat :

Crédit...................... 65,320 13
Dépense.................... 64,128 88
Reste annulé....... 1,200 25

Cette somme de 1,200 fr. 25 c. est restée sans emploi

après le règlement des mémoires des entrepreneurs du pensionnat qui est terminé.

Section II. — *Dépenses ordinaires.*

Ces dépenses sont rattachées à celles de même nature du chapitre Ier.

Quant à la dépense supplémentaire concernant les revenus en nature, elle ne figure que pour ordre afin de porter ces revenus en dépenses au même chiffre qu'en recettes.

Récapitulation des Dépenses.

	Prévisions budgétaires.	Droits constatés.	Sommes dépensées.	Restes annulés.
Chap. Ier Ordinaires.	577.016 51	537.573 93	537.573 93	39.440 58
Chap. II. Extraord^{res}.	86.231 70	48.609 44	48.609 44	37.642 26
Chap. III. Supplém^{res}	83.928 93	74.750 93	74.750 93	9.177 98
Totaux.....	747.197 14	660.036 32	660.936 32	86.260 82

Les recettes prévues au budget primitif et au budget supplémentaire s'élevaient à 789,756 fr. 31 c., les droits acquis ont été de 782,306 fr. 89 c., les recettes effectuées de 772,864 fr. 24 c. et les restes à recouvrer de 9,532 fr. 65 c.

Les dépenses prévues étaient de 747,197 fr. 14 c., les droits constatés ont été de 660,936 fr. 32 c. et les dépenses effectuées de 660,936 fr. 32 c.

Les recettes effectuées ayant été de.....	772,864 24
Les dépenses de......................	660,936 32
l'excédent des recettes est de............	111,927 92
En ajoutant à cet excédent les restes à recouvrer...............................	9,532 65
On obtient la somme de...............	121,460 57

qui représente l'actif en argent de l'asile.

Cet excédent sera reporté au budget supplémentaire de 1898.

Les bénéfices réalisés ont été de 66,410 fr. 37 c.

Le mobilier comprenant la lingerie, le coucher, les meubles, a augmenté de 20,188 fr. 60 c., les bâtiments de 112,738 fr. 32 c.

Les approvisionnements en magasin ont diminué de 1,703 fr. 44 c. et l'actif en argent de 66,507 fr. 55 c.

Le prix de revient de la journée moyenne de toutes les catégories de malades réunies, qu'on obtient en divisant, par le total des journées de présence, les prix de pensions payés, diminués des bénéfices réalisés, a été, pour 1895, de 1 f. 107; il est le même que celui de 1894.

Ce prix de revient avait été en 1893 de 1 fr. 172, en 1892 de 1 fr. 199, en 1891 de 1 fr. 203 et en 1890 de 1 fr. 282.

Tous les services ont suivi une marche régulière.

Une seule évasion a eu lieu; le nommé V..., atteint du délire des persécutions, qui, depuis longtemps, travaillait au jardinage avec beaucoup d'activité et d'intelligence, s'est évadé le 5 juin 1895. Il s'en est allé chez lui et a été réintégré par les soins de l'administration le 1er juillet.

Il n'y a pas eu de mort par suicide ou accident.

La commission de surveillance, après avoir examiné tous les comptes de l'exercice 1895, a constaté que tous les services avaient parfaitement fonctionné.

Elle adresse ses remerciements aux employés, préposés et servants, qui se sont bien acquittés des emplois dont ils étaient chargés.

Elle est heureuse de pouvoir adresser ses félicitations à M. le directeur-médecin en chef pour la manière intelligente dont il dirige l'asile, pour les améliorations par lui apportées continuellement à cet établissement, pour les constructions nouvelles édifiées avec les économies réalisées, qui font de l'asile départemental de l'Eure un établissement modèle.

Budget supplémentaire de 1896.

RECETTES

Elles comprennent :

1° L'excédent de l'exercice clos.......... 111,927 92

2° Les restes à recouvrer.... 9,532 05

Il y a lieu de déduire de ces restes la somme de........... 106 50 comme étant irrecouvrable.

Les frais de pension de la nommée H..., femme L..., entrée à l'asile le 12 avril 1894, sortie le 28 décembre 1895, se sont montés à....... 930 30 sur lesquels il a été payé............... 883 25

Le restant de ces frais............... 47 05 ne peut être recouvré, tout ayant été vendu chez elle à la mort de son mari.

Les frais de pension, 49 fr. 45 c., du nommé D..., placé d'office à l'asile le 21 septembre 1892, sorti le 24 octobre suivant, ont été mis à sa charge par l'autorité préfectorale, et n'ont pu être recouvrés par le receveur de l'établissement, parce que le domicile de cet individu, depuis sa sortie, est resté inconnu.

Il ne peut donc être recouvré que....................... 9,426 15   9,426 15

Total des recettes supplémentaires.. 121,354 07

DÉPENSES

CHAPITRE III. — DÉPENSES SUPPLÉMENTAIRES

Reste à payer :

Entretien des bâtiments.................... 1,810 77

Des travaux d'entretien des bâtiments, comprenant la réfection en plâtre des enduits de la façade des septièmes divisions des hommes et des femmes qui donnent sur la cour intérieure, et le pavage en carreaux de Pont-Sainte-Maxence de la galerie des hommes tranquilles, ont été mis en adjudication le 8 avril 1805 et adjugés à MM. Denis frères, entrepreneurs à Evreux.

Le devis se montait à................. 11,802 »

et la dépense n'a été que de............. 10,110 77

Il a été payé comme à-compte à ces entrepreneurs la somme de.................... 8,300 »

et il leur est redû....................... 1,810 77

Le total de la dépense n'a pu être mandaté, parce que le décompte des travaux n'a pas été présenté assez tôt pour être soumis à l'approbation préfectorale avant la clôture de l'exercice 1895.

Section I. — Dépenses extraordinaires.

Construction de chambres d'isolement pour la section des hommes.......................... 37,626 33

Le devis de cette construction se monte à..................... 71,226 33

il a été payé comme à-compte. 33,600 »

et il reste, par conséquent à

Section II. — *Dépenses ordinaires.*

Viande   1,000   »

Le crédit primitif étant de 75,000 fr., la dépense totale prévue sera de 76,000 fr.

Il a été dépensé en 1895 sur ce crédit 77,022 fr. 27 c., mais les jeunes porcs destinés à l'engraissement coûtent moins cher cette année que l'année dernière.

Comestibles   4,000   »

Le crédit est de 45,000 fr., ce qui portera la dépense à 49,000 fr. En 1895, elle n'a été que de 46,357 fr. 08 c., mais la sècheresse de cette année nuit beaucoup à notre culture maraîchère, dont les produits viennent en déduction des fournitures achetées.

Lingerie et vêture 5,690 64

Ce crédit supplémentaire assez élevé est dû à ce que le prix des fournitures de cet article, pour 1896, dépasse de 5,592 fr. celui de 1895.

Budget primitif de 1897.

Recettes ordinaires en argent.

Ces recettes se montent à 499,441 fr. et dépassent de 36,487 fr. 82 c. celles de 1895. Cet excédent considérable de recettes tient à ce que la construction du pensionnat de la section des hommes et celle des chambres d'isolement de cette section permettront de recevoir, en plus, 100 aliénés de la Seine, dont les recettes se trouveront ainsi augmentées de 51,100 fr.

Les recettes des indigents de l'Eure, quoique basées sur la moyenne quotidienne de ces aliénés pendant l'exercice 1895, sont inférieures de 15.665 fr. 45 c. à celles de cet exercice, par suite de la diminution du prix de journée de 0 fr. 10 c. pour les hommes et de 0 fr. 05 c. pour les femmes votée par le Conseil général.

Les autres recettes sont basées sur les résultats de l'exercice 1895.

Je ne pense pas qu'il y ait lieu d'apporter aucune modification aux prix de pension actuels.

Prix de pension.

Indigents :	Hommes.	Femmes.
De l'Eure....................	1 20	1 20
De la Seine....................	1 40	1 40
D'autres départements, des pays étrangers et de l'Etat..............	1 50	1 50
Pensionnaires :		
De classe exceptionnelle..........	8 70	8 70
De 1re classe....................	5 70	5 70
De 2e classe....................	4 »	4 »
De 3e classe....................	2 60	2 60
De 4e classe....................	1 50	1 50
Domestiques au compte des familles	3 »	2 50

Revenus en nature et produit du travail des aliénés consommés à l'établissement.

Ils sont évalués à 141,000 fr. et constituent des recettes d'ordre qui sont inscrites pour la même somme en dépenses.

Recettes extraordinaires.

Excédent du budget supplémentaire de 1896.................................... 71,226 33

Le total de toutes les recettes s'élève à.. 712.167 33

Dépenses ordinaires en argent.

Le tableau suivant donne le détail comparatif de ces dépenses avec cell·s du budget primitif de 1896, augmentées des additions du budget supplémentaire de la même année :

Numéros des articles.	Nature des dépenses.	Budget de 1896.		Prévisions budgétaires de 1897.	
1.	Traitement du directeur	8,000	»	8,000	»
2.	— du receveur-économe	3,250	»	3,250	»
3.	— des employés de l'administration	7,400	»	7,600	»
4.	Traitement des fonctionnaires et employés du service médical	5,600	»	6,800	»
5.	Traitement de l'aumônier	1,500	»	1,50	»
6.	Vestiaire des sœurs	4,400	»	4,400	»
7.	Solde des préposés et servants	44,800	»	44,900	»
8.	Frais de culte	300	»	300	»
9.	Frais de sépulture	360	»	360	»
10.	Frais d'administration, de bureau, d'impressions et de bibliothèque	3,500	»	3,500	»
11.	Contributions	800	»	800	»
12.	Assurances contre l'incendie	1,800	»	2,000	»
13.	Blé ou farine	48,600	»	56,000	»
14.	Viande	76,000	»	86,000	»
15.	Vin et pommes	25,500	»	23,000	»
16.	Comestibles	49,000	»	56,000	»
17.	Pharmacie	2,600	»	3,000	»
18.	Tabac	3,200	»	1,500	»
19.	Lingerie et vêture	45,690	64	47,000	»
20.	Coucher	13,000	»	15,000	»
21.	Entretien et renouvellement des meubles et ustensiles	24,000	»	26,600	»
22.	Blanchissage	4,000	»	5,000	»
23.	Chauffage	23,000	»	25,000	»
24.	Eclairage	3,200	»	3,200	»
25.	Entretien des bâtiments et murs	26,000	»	26,200	»
26.	Entretien des propriétés (frais de culture)	4,500	»	5,000	»
27.	Gratifications aux travailleurs	12,500	»	14,000	»
28.	Fourrage et litière	8,000	»	8,000	»
29.	Dépenses imprévues	5,180	94	4,686	08
30.	Restitution de trop perçu	600	»	600	»
31.	Frais de transfèrement d'aliénés	1,000	»	1,000	»
32.	Remplacement de la pompe hydraulique		»	4,544	92
		456,281	58	499,941	»

Les traitements du directeur-médecin, du receveur-économe, de l'aumônier, des sœurs, les frais de culte, de sépulture, d'administration, les contributions, les fourrages et litières, la restitution de trop perçu, les frais de transfèrement d'aliénés, sont les mêmes dans le budget de 1807 que dans celui de 1806.

Art 3. — Traitement des employés de l'administration........................ 7,600 »

Augmentation de 200 fr. en faveur du dépensier, dont le traitement n'a pas changé depuis son entrée en fonction le 1er novembre 1883.

Son traitement serait porté de 12 à 1,400 fr.

Art. 4. — Traitement des fonctionnaires et employés du service médical..................... 6,800 »

Augmentation de 1,200 fr. Le médecin-adjoint qui est de 1re classe, aura le 1er janvier 1807, le temps d'exercice nécessaire pour être promu à la classe exceptionnelle, dont le traitement est de 4,000 fr., tandis que le traitement de la 1re classe n'est que de 3,000 fr.

En outre, une augmentation de 200 fr. est proposée pour le surveillant en chef dont le traitement est resté le même depuis 1882; son traitement serait élevé de 1,000 à 1,200 fr.

Art. 7. — Solde des préposés et servants.   44,000 »

Augmentation de 100 fr. en faveur de l'organiste qui est en même temps chef de la fanfare de l'asile depuis le 1er mai 1800. Son traitement actuel qui n'est que de 300 fr. serait porté à 400 fr.

Le dépensier, le surveillant en chef et l'organiste s'acquittent bien des fonctions dont ils sont chargés et l'augmentation proposée pour eux a été approuvée par la commission de surveillance dans sa séance du 11 mai.

Art. 12. — Assurance contre l'incendie..   2,000 »

L'augmentation de cet article a pour but de permettre l'assurance du pensionnat et des chambres d'isolement de la section des hommes.

Les articles 13 *Blé et Farine*, 14 *Viande*, 15 *Vin et Pommes*, 16 *Comestibles*, 17 *Pharmacie*, 19 *Lingerie et Vêtures*, 20 *Coucher*, 21 *Entretien et renouvellement des meubles et ustensiles*, 22 *Blanchissage*, 23 *Chauffage*, 26 *Frais de culture*, 27 *Gratifications aux travailleurs;* présentent une augmentation notable par suite de l'admission de 100 nouveaux aliénés de la Seine.

La diminution de l'article 18 Tabac est due au prix moins élevé des tabacs de cantine.

L'augmentation du crédit de frais de culture, tient à l'achat d'une plus grande quantité de fumier, pour donner plus d'extension à la culture maraîchère que nécessite l'élévation du chiffre des aliénés.

Il n'a été dépensé sur le crédit fourrage et litière en 1895, que 4,722 fr. 30 c., mais il est à craindre, en raison de la sècheresse de l'année, qu'au lieu d'avoir un excédent de fourrage, nous soyons forcés d'en acheter en 1897.

De plus, le prix de la paille sera probablement beaucoup plus cher.

Les crédits *restitution de trop perçu* et *frais de transfèrement des aliénés,* sont portés pour les mêmes sommes aux recettes.

Art. 32. — Remplacement de la pompe hydraulique.................................. 4,544 92

Il y a lieu de remplacer la pompe hydraulique actuelle qui est en mauvais état, produit beaucoup de chocs et, par suite, une rapide usure de ses organes, donne un faible rendement, par une pompe mieux construite, à piston plongeur, dont le mécanisme est plus doux et le rendement bien plus considérable.

Ce remplacement est d'autant plus nécessaire que le volume d'eau de la rivière de l'Iton va toujours en diminuant, que nos béliers, très usés, ne peuvent plus monter au réservoir qu'une très faible quantité d'eau, 70 mètres cubes en 24 heures, avec une dépense d'eau presque aussi grande que celle de notre pompe, qui en élève 383 mètres cubes dans le même laps de temps, malgré ses défectuosités.

En outre, les béliers puisent leur eau dans la rivière qui est souillée par tous les détritus qu'on y jette, tandis que l'eau de la pompe est de l'eau de source puisée dans un bassin de captation, construit dans la cour du moulin.

Si on ne remplace pas notre pompe actuelle par une nouvelle pompe à meilleur rendement, le moulin ne pourra plus suffire, faute d'eau, à fabriquer toute la farine nécessaire à l'asile.

Les dépenses ordinaires en argent sont égales aux recettes de même nature.

Dépenses extraordinaires.

Construction de chambres d'isolement pour la section des femmes...................... 71,226 33

Le projet de cette construction a été déjà présenté l'année dernière, au Conseil général, mais a dû être ajourné, par suite de la diminution du prix de journée des indigents de l'Eure, qui a réduit beaucoup les recettes annuelles de l'établissement.

L'excédent des recettes de l'exercice 1805 permettra de subvenir à cette dépense pendant l'exercice 1807.

Cette construction comprend 25 chambres d'isolement, plus 2 chambres de gardiennes, et sera entièrement semblable à celle des hommes qui est en cours d'exécution.

Elle permettra de désencombrer la division des femmes

agitées, d'isoler la nuit les agitées bruyantes qui, par leurs cris, privent de sommeil les malades couchant dans le même dortoir qu'elles, se livrent parfois envers elles à des actes de violence, et retardent ou empêchent ainsi leur guérison ; elle permettra en outre de recevoir 50 aliénées de la Seine, dont le bénéfice annuel atteindra de 10 à 12,000 fr., suivant les prix des denrées alimentaires.

M. l'architecte ne pense pas que le prix de cette construction puisse être réduit, en raison de la solidité, du défaut de résonnance qu'exigent des chambres d'agitées, et de la profondeur à laquelle se trouve le terrain solide sur lequel doivent être fondés les murs, profondeur qui est la même que celle du côté des hommes.

La déclivité du terrain rendra la construction apparente au-dessus du sol plus importante,

Pour plus de certitude dans l'évaluation, M. l'architecte a pris le montant exact des métrés qui lui ont été fournis, jusqu'à ce jour, pour les chambres d'isolement des hommes.

Les murs extérieurs sont en briques repressées rouges et blanches. Des murs en moëllons avec enduits de chaux coûteraient moins cher, mais ces enduits se détériorent très vite à Navarre, sous l'influence des pluies et des vents du sud-ouest, qui prédominent dans la région ; ils ont besoin d'être refaits au bout de peu d'années, en sorte que, si la dépense primitive d'une semblable construction est moins élevée que celle en briques, les frais d'entretien sont plus grands.

Ces chambres d'isolement sont bâties sur caves, pour les préserver de l'humidité, et ces caves, qui assainiront les chambres, suppléeront à l'insuffisance de nos caves actuelles, pour la conservation, pendant l'hiver, des produits de notre récolte maraîchère, ne constituent qu'un faible supplément de dépense, puisque leur niveau ne

Les cloisons qui limitent le corridor intérieur de cette construction et séparent les chambres les unes des autres, sont en murs de moëllons de 0 ^{m} 35 c. d'épaisseur au lieu d'être en briques simples, comme on le fait dans les constructions ordinaires, ces cloisons n'étant pas assez solides et étant trop sonores pour des agitées.

Au lieu de faire descendre les murs intérieurs jusque sur le terrain solide, comme les murs extérieurs, on aurait pu les faire reposer sur des poutres en fer supportées par des colonnes en fonte, mais la dépense n'en aurait pas été diminuée, et la sonorité des chambres en aurait été beaucoup augmentée. La grande sonorité des chambres avec cloisons en briques, reposant sur un plancher en fer, peut du reste facilement être constatée dans la section des femmes, où deux petits pavillons ont été construits de cette manière, par suite du défaut d'espace, et de la nécessité d'avoir des sous-sols spacieux non cloisonnés, pour le repassage et le dépôt de linge destiné à la buanderie.

Les croisées sont en fer, et le parquet en chêne est posé sur bitume.

Veuillez agréer, Monsieur le Préfet, l'hommage de mon respectueux dévouement.

Evreux, le 1er juin 1896.

Le Directeur-Médecin en chef,

BRUNET.

Evreux, Ernest Quettier, imprimeur. — 889-96.